# 中國學術思想 研究輯刊

二十編

林慶彰 主編

第 **19** 冊

## 《左傳》弒君考

陳萱綸 著

花木蘭文化出版社

國家圖書館出版品預行編目資料

《左傳》弒君考／陳萱綸 著 -- 初版 -- 新北市：花木蘭文化出
版社，2015〔民104〕
目 2+244 面；19×26 公分
（中國學術思想研究輯刊 二十編：第 19 冊）
ISBN 978-986-404-008-7（精裝）
1. 左傳 2. 研究考訂
030.8                                                         103026879

ISBN-978-986-404-008-7

9 789864 040087

中國學術思想研究輯刊
二十編　第十九冊　　　　　　　ISBN：978-986-404-008-7

## 《左傳》弒君考

作　　者　陳萱綸
主　　編　林慶彰
總 編 輯　杜潔祥
副總編輯　楊嘉樂
編　　輯　許郁翎
出　　版　花木蘭文化出版社
社　　長　高小娟
聯絡地址　235 新北市中和區中安街七二號十三樓
　　　　　電話：02-2923-1455／傳眞：02-2923-1452
網　　址　http://www.huamulan.tw 信箱 hml 810518@gmail.com
印　　刷　普羅文化出版廣告事業
封面設計　劉開工作室
初　　版　2015 年 3 月
定　　價　二十編 21 冊（精裝）台幣 38,000 元

# 《左傳》弒君考

陳萱綸　著

## 作者簡介

陳萱綸，私立銘傳大學應用中文研究所畢業。曾任職於私立銘傳大學師資培育中心、國立陽明高級中學、國立桃園高級農工進修學校。

## 提　要

　　本文主要研究對象為《左傳》載錄的春秋時代所有弒君事件，因此研究範圍以《左傳》所載的弒君事件為中心，並分析弒君事件發生之因素。在架構上分為六章來研究：

第一章：緒論。此章說明本論文研究動機及目的、研究範圍與方法、前賢研究成果探討。

第二章：弒君之界定與因素。此章解析「弒君」、「弒君事件」、「弒君因素」涵意，並表列本文篩選出載於《左傳》中的所有弒君事件。

第三章：春秋前期弒君事件。此章簡述魯隱公至魯閔公年間弒君事件，並分析其弒君因素。

第四章：春秋中期弒君事件。此章簡述魯僖公至魯成公年間弒君事件，並分析其弒君因素。

第五章：春秋後期弒君事件。此章簡述魯襄公至魯哀公年間弒君事件，並分析其弒君因素。

第六章：結論。此章比較、歸納所有弒君事件的因素異同，驗證孔子成春秋之深意，並闡明春秋時代君權交替現象。

目
次

# 第一章　緒　論

## 第一節　研究動機及目的

人類自從能用文字表達之後，便開始使用文字，記錄過往及當代的事件，透過專職者的角度，記錄成爲歷史，以作爲人類存活痕跡的證明。在文本歷史的流傳過程，經由不同的角度記錄、分析、解讀，隨著年代演變，相隔越久遠的時段，對於歷史的眞相也越模糊。史有名言《舊唐書‧列傳‧魏徵》云：「夫以銅爲鏡，可以正衣冠；以古爲鏡，可以知興替；以人爲鏡，可以明得失。」〔註1〕後世的人們，爲了拉近古今距離，依舊不停嘗試分析匯聚雕琢的歷史事例，期望從中挖掘出可以殷鑑警戒的歷史教訓，作爲生活依據，用以避免重蹈覆轍。

從周初分封各諸侯國開始，各分封國便成爲周王朝的屏障，隨著各諸侯國的權勢逐步強盛，至周平王東遷後，公認的天下共主周王，權勢已經式微，在有名無實的狀況下，造成各諸侯國演繹出霸權更迭的春秋時代。後世解讀春秋時代各種禍亂，多數歸因在「禮崩樂壞」。以春秋時代的觀念來看，周朝所建立的典章制度，是安邦定國的根本，絕對不可毀棄。若從歷史變化的角度來看，可以將「禮崩樂壞」視爲是春秋時代各方面的制度，皆慢慢產生變化的總合現象。這些現象，包括從早期的青銅器時期，漸漸演變爲鐵器時期；從井田制度，漸漸演變爲私有土地制；從以周室主掌天下，漸漸演變爲各諸

---

〔註1〕《舊唐書》，卷71，〔後晉〕劉昫撰，景印摛藻堂四庫全書薈要本，史部第32冊，臺北市，世界書局，1988年2月初版，頁216。

侯國爭權奪勢；官位世襲制，漸漸演變爲選賢任能制，社會、文化、政權無一不在轉型、變化。面對這種看似失序的變化，春秋時代想要救世的知識份子，莫不紛紛想方設法，企圖改善現有的亂況，因而造就春秋戰國時代，諸子百家爭鳴的空前盛況。對於春秋時代的歷史記錄，基本上以《春秋》爲主，旁及號稱「春秋三傳」的《左傳》、《公羊傳》、《穀梁傳》，以及有「春秋內傳」之稱的《國語》。

孟子認爲《春秋》是孔子所成，而孔子成《春秋》後，亂臣賊子懼。〈滕文公〉云：「世衰道微，邪說暴行有作，臣弒其君者有之，子弒其父者有之。孔子懼，作《春秋》。《春秋》，天子之事也。是故孔子曰：『知我者其惟《春秋》乎！罪我者其惟《春秋》乎！』……孔子成《春秋》而亂臣賊子懼。」〔註2〕而且孔子有意以《春秋》替代《詩》的美刺，以齊桓公、晉文公的事跡，彰善紬惡而使後世戒懼。《春秋》微言大義，據史爲文，褒貶美刺隱藏在事件當中，隨著時間潮流的前進，使得其旨隱微。〈離婁〉云：「王者之迹熄而詩亡，《詩》亡然後《春秋》作。晉之《乘》，楚之《檮杌》，魯之《春秋》，一也。其事則齊桓、晉文，其文則史。」〔註3〕根據〈十二諸侯年表〉記載，《春秋》中褒貶美刺「不可以書見」，孔子只好口受，傳旨給各弟子。然而傳抄、理解的不同，使得各家懷擁自見，孔子原義未明。左丘明因此詳載春秋時代事跡，彰顯《春秋》的微言大義，而成《左傳》。

> 是以孔子明王道，干七十餘君，莫能用。故西觀周室，論《史記》舊聞，興於魯而次《春秋》。上記隱，下至哀之獲麟，約其辭文，去其煩重，以制義法。王道備，人事浹。七十子之徒，口受其傳指。爲有所刺譏褒諱挹損之文辭，不可以書見也。魯君子左丘明，懼弟子人人異端，各安其意，失其眞。故因孔子《史記》，具論其語，成《左氏春秋》。〔註4〕

後世普遍認爲《左傳》專主事跡，《公羊傳》、《穀梁傳》專明微旨。雖然公認不一定代表最原先的歷史眞相，「春秋三傳」相比之下，《左傳》的確是將春秋時代，由魯隱公元年至魯哀公二十七年間的事跡，載錄的較爲詳盡。

---

〔註2〕《孟子注疏》，《十三經注疏》第8冊，〔清〕阮元校勘，〔清〕嘉慶20年（1815年）江西南昌府學刊本，臺北縣，藝文印書館，1976年5月6版，頁117至118。
〔註3〕《孟子注疏》，頁146。
〔註4〕《史記會注考證》，〔日〕瀧川龜太郎，臺北市，萬卷樓圖書股份有限公司，1996年10月初版，頁235。以下見引，皆據此本。

透過《左傳》敘事方式，可以從當代歷史人物，反映出當代的環境、觀念，呈現當代人們，如何面對變化中的社會，所衍出之問題。

對於春秋時代的各諸侯國而言，國家最大的問題，在於國勢動亂不安，總歸可分為內憂、外患兩大類，其中亂臣賊子引發的以內憂為多數，而一國的內憂，又以君主見弒最嚴重。觀看《左傳》的記錄，其中篡弒禍亂，屢見不鮮。從弒君事件中展現的政權交接，可以得知當時各諸侯國的君位興替；從弒君事件中展現的言形舉措，可以得知歷史人物的取捨得失。君臣尊卑關係的消長，倫理綱常的變化，全部都可以從《左傳》這面鏡子深入挖掘。

面對春秋時代的弒君事件，前賢多從《春秋》義例探討，驗證《春秋》弒君的褒貶準則，是否一一合例；並著眼在「弒君三十六」說法的可信度，討論《春秋》的弒君事件範圍。層出不窮的弒君者和被弒者，在《春秋》、《左傳》及各家的解釋下，原因、人物、事件過程各有異同。如果將弒君事件，視為是春秋時期，禮崩樂壞最明顯的表徵，透過分析這些弒君事件，在由古至今不斷循環的權力紛爭中，也許可以更明確地，提供相應的解決方案，具體展示孔子成《春秋》，作為殷鑑的實用性。

根據《左傳》魯桓公十八年的記載，周朝辛伯曾對周王提出諫言。辛伯認為「竝后、匹嫡、兩政、耦國」四項因素，是造成國家動亂的主因。若上位者，可以盡力避免這四項因素的產生，國家穩定度將會提高許多。《左傳》桓公十八年云：「竝后、匹嫡、兩政、耦國，亂之本也。」〔註5〕雷同的說法，在晉國狐突的言論中再次出現，並且化用辛伯見解，將「竝后、匹嫡、兩政、耦國」順應當時局勢，引伸解釋為「內寵竝后、外寵二政、嬖子配適、大都耦國」四項禍亂國家的因素。《左傳》閔公二年云：「內寵竝后，外寵二政，嬖子配適，大都耦國，亂之本也。」〔註6〕筆者求學時期，留意到盧師心懋講述《左傳》時，這段相似的文字出現在兩處，這種重出的狀況，引起筆者閱讀上的好奇，也產生企圖與弒君事件結合研究的興趣，這是本論文深入研究《左傳》弒君事件的主要動機。

再者，參考辛伯的觀點，根據他所提出的四項動搖國本的因素，分析動搖國家政權的弒君事件，或許可以歸納、整合成為具體的概念，並且用確切

---

〔註5〕 《春秋經傳集解》，〔晉〕杜預註，相臺岳氏本，臺北市，七略出版社，1991年9月2版，頁67。後文見引，僅標明頁碼。

〔註6〕 《春秋經傳集解》，頁87。

的數據，來驗證孔子成《春秋》和「亂臣賊子」之間的關係。同時又可以用
人們寄予深望的周代典章制度，從周人對於政權移轉觀點的看法，解釋春秋
時代君主見弒、君權轉移的方式，並提供品評在位者的優缺標準，以及對後
人的殷鑑警誡。

## 第二節　前賢研究成果探討

　　《左傳》是研究春秋時代歷史頗爲重要的典籍之一，因此研究《左傳》
的相關著作，比比皆是，可以參照張高評〈臺灣近五十年來春秋經傳研究綜
述〉（上）〔註7〕、〈臺灣近五十年來春秋經傳研究綜述〉（下）〔註8〕，以及
沈明得〈近三十年來臺灣地區對左傳研究概況〉〔註9〕等資料得知臺灣地區
研究《左傳》的概況。本文以研究《左傳》中所載春秋時代弒君事件爲主，
因此研究《左傳》其他層面的相關著作則缺略不論；於此僅舉與《左傳》中
「弒君事件」主題有直接、間接相關的前賢研究成果，簡短介紹於後。囿於
個人能力有限，僅能略舉，其餘未全之處，還望他賢拓展補充。

## 一、專　書（依年代先後排列）

### （一）顧棟高輯，《春秋大事表》〔註10〕

　　此書內輯〈春秋亂賊表〉一卷，對春秋時代弒君、逐君事件，依據《春
秋》筆法分類說明。另錄短篇〈孔子成春秋而亂臣賊子懼論〉、〈春秋逐君以
自奔爲文論〉、〈許世子止弒其君論〉、〈孔子請討陳恆論〉、〈附先師高紫超先
生公羊賊不討不書葬論〉諸文，討論春秋時代弒君、逐君之看法。

### （二）朱堅章，《歷代篡弒之研究》〔註11〕

　　此書在「權力」概念的影響下，以二十五史爲主要根據，研究分析秦朝

〔註7〕〈臺灣近五十年來春秋經傳研究綜述〉（上），張高評，漢學研究通訊，第23
　　　卷第3期，2004年8月，頁1至18。
〔註8〕〈臺灣近五十年來春秋經傳研究綜述〉（下），張高評，漢學研究通訊，第24
　　　卷第3期，2004年11月，頁1至10。
〔註9〕〈近三十年來臺灣地區對左傳研究概況〉，沈明得，中興史學，第3期，1997
　　　年5月，頁49至81。
〔註10〕《春秋大事表》，顧棟高輯，北京市，中華書局，1993年6月初版。
〔註11〕《歷代篡弒之研究》，朱堅章，臺北市，嘉新水泥文化基金會，1964年初版。

至金朝，中國二百六十一件篡弒案例。並在文末附錄中，補上神農帝至秦惠公之子，共九十一件篡弒案例。

## 二、學位論文（先博後碩，再依出版年先後排列）

### （一）林翠芬，《先秦儒家名實思想之研究》〔註12〕（博士論文）

此文主要探討對象是儒家名實思想，藉由宋督和齊崔杼的弒君事件，說明君臣倫常的正名觀，研究孔子正定名分的意圖，並標明孔子名實思想，在學術思想史上的意義。

### （二）黃耀崇，《左傳霸者的研究》〔註13〕（碩士論文）

此文以春秋霸者為研究的主題，探討霸者與春秋時代之間，相互關係及影響，並研究霸者與各國政權，往下遞移現象的關聯性。

### （三）吳宗孟，《左傳王者形象研究》〔註14〕（碩士論文）

此文則從深植於文人心中的儒家「聖王」形象，分析《左傳》中的周天子與諸侯的行為，藉由討論找出當時的王者形象。

### （四）吳秉坤，《左傳敘事與弒君凡例之關系》〔註15〕（碩士論文）

此文通過分析弒君事件，指出《左傳》敘事與弒君凡例，可能因為《左傳》在敘事、解經的同時，表達敘事者自身思想，從而造成《左傳》敘事與解經義例之間，存在不相吻合的情況。

### （五）莊坤成，《先秦儒法忠論研究》〔註16〕（碩士論文）

此文則是從儒家對忠的見解，藉由個人品德的修養，逐步達到禮治的目標，藉此來力挽春秋以來，臣弒君的僭禮背義亂象；再從法家對忠的見解，加強士人對君主的效忠，以穩定君權、增強國力。

### （六）王桂蘭，《左傳忠孝思想研究》〔註17〕（碩士論文）

此文藉由忠孝原始義的探討，分析《左傳》中有關君臣關係，與父子關

〔註12〕《先秦儒家名實思想之研究》，林翠芬，國立中正大學，中國文學所，2005 年。
〔註13〕《左傳霸者的研究》，黃耀崇，中國文化大學，中國文學研究所，1993 年。
〔註14〕《左傳王者形象研究》，吳宗孟，中國文化大學，中國文學研究所，2004 年。
〔註15〕《左傳敘事與弒君凡例之關系》，吳秉坤，北京清華大學，歷史系，2006 年。
〔註16〕《先秦儒法忠論研究》，莊坤成，國立中山大學，中國文學研究所，2006 年。
〔註17〕《左傳忠孝思想研究》，王桂蘭，國立臺北教育大學，語文與創作學系語文教學碩士班，2008 年。

係的章節，進而闡釋古代中國人，實現忠孝大義的價值觀；其在第四章整理《左傳》裡的君臣關係，藉以說明春秋時代「忠」的倫理內涵，並探討君主之道、賢臣之道、君臣失道等應對方式。

### （七）葉惠雯，《左傳人倫思想研究》〔註18〕（碩士論文）

此文解析春秋時代德、禮關係，詳析三德在《左傳》中的內涵與影響。文中在第四章，析論以道事君的三種方式：和而不同、不諫無道、不可弒君，用來探討《左傳》治國思想研究。

### （八）謝霖生，陸淳《春秋集傳纂例》研究〔註19〕（碩士論文）

此文考徵《春秋集傳纂例》內諸義例，與《春秋》三傳之關係，對《春秋》經義說解的正確度，以明《春秋》的優劣得失。在〈殺例〉的研究中，舉出弒君二十五例，說明篡弒的方式和筆法。

## 三、單篇論文（依出版年先後排列）

### （一）黃漢昌，〈左傳「弒君」凡例試論〉〔註20〕

此文從《左傳》弒君凡例，探究孔子政權轉移之微意，展示孔子修《春秋》以正名用心，突顯《左傳》弒君凡例有功於儒學在政權轉移的主張。

### （二）盧師心懋，〈左傳「弒君凡例」淺析〉〔註21〕

此文從弒君條例淺析，嘗試證明凡例之說必有其道，並強調解釋條例應注意之處，期能澄清凡例之說，進而使《春秋》、《左傳》價值得到應有肯定。

### （三）施之勉，〈春秋之中弒君三十六亡國五十二〉〔註22〕

此文詳列眾說和《公羊傳》弒君及亡國事件，用以駁證梁玉繩專據《左傳》，未詳考《春秋》另二傳，專斷認定不合者皆誤之說。

---

〔註18〕《左傳人倫思想研究》，葉惠雯，國立臺灣師範大學，國文學系，2009年。
〔註19〕陸淳《春秋集傳纂例》研究，謝霖生，國立臺灣師範大學，國文學系碩士論文，2008年。
〔註20〕〈左傳「弒君」凡例試論〉，黃漢昌，孔孟月刊，第20卷第12期，1982年8月，頁39至45。
〔註21〕〈左傳「弒君凡例」淺析〉，盧心懋，孔孟月刊，第24卷第5期，1986年1月，頁31至34。
〔註22〕〈春秋之中弒君三十六亡國五十二〉，施之勉，大陸雜誌，第74卷第1期，1987年1月，頁29至31。

**（四）謝德瑩，〈春秋書弒例辨〉**〔註23〕

此文從「弒例」分析《春秋》弒君事件，並條舉證明各家弒君事件數目差異，證明太史公「弒君三十六」數目無誤，以知《春秋》筆法，在立忠臣孝子大則、明君爲民主之大分。

**（五）鄭力爲，〈「崔杼弒莊公」之價值判準的商榷〉**〔註24〕

此文從梁任公新史學角度切入，分析《史記》所載「崔杼弒莊公」一事，齊太史之例，評論已往史家對於史事所取的判準，是否亦有可以商榷的地方。

**（六）王貴民，〈春秋弒君考〉**〔註25〕

此文從歷史唯物主義角度，解釋春秋時代的社會狀況，分析春秋時代弒君史實起因，進而區別、分類弒君事件性質，探討當代人對弒君事件的看法，以明史官本職的優良傳統觀念。

**（七）陳逢源，〈春秋書弒例辨析〉**〔註26〕

此文從《春秋》書弒例，以文字結構探討經文書法，分析三傳歧異得失，期望從中呈顯其內涵，和後人詮釋彌合的過程。

**（八）盧師心懋，〈論左傳所見「弒其君」與「出其君」之意義〉**〔註27〕

此文比較分析弒君、逐君觀點異同、影響，以明《左傳》記事動機，並深入了解春秋時代人心變化。

**（九）藍麗春，〈「齊崔杼弒其君光」探究——兼論左傳之解經特色〉**

〔註28〕

此文據《左傳》崔杼弒君事件，探討崔杼弒君之原因、過程，並藉此說

〔註23〕 〈春秋書弒例辨〉，謝德瑩，孔孟月刊，第25卷第6期，1987年2月，頁14至36。

〔註24〕 〈「崔杼弒莊公」之價值判準的商榷〉，鄭力爲，鵝湖，第13卷第6期，1987年12月，頁44至46。

〔註25〕 〈春秋弒君考〉，王貴民，紀念顧頡剛學術論文集（上），成都巴蜀書社，1990年4月，頁323至341。

〔註26〕 〈春秋書弒例辨析〉，陳逢源，致理學報，第9期，1995年11月，頁145至171。

〔註27〕 〈論左傳所見「弒其君」與「出其君」之意義〉，盧心懋，銘傳大學1999學理與應用學術研討會論文集，1999年，頁69至81。

〔註28〕 〈「齊崔杼弒其君光」探究——兼論左傳之解經特色〉，藍麗春，嘉南學報，第27期，2001年11月，頁318至327。

明《左傳》解經特色及其價值。

### （十）趙生群，〈春秋經義的失落與衍生——以弒君之事為例〉[註29]

此文從弒君事件入手，分「經義失落例」及「經義衍生例」兩處論析，嘗試探求《春秋》之義的失落與衍生。

### （十一）藍麗春，〈春秋經「晉趙盾弒其君夷皋」書法探究〉[註30]

此文從弒君者「趙盾與趙穿」角度，陳述弒君事件始末過程，再從被弒者「晉靈公不君」角度，探討孰是孰非，然後析論「經書趙盾弒其君」撰寫書法，用以探索孔子作此記錄的內蘊意義，與筆削用心。

### （十二）吳景傑，〈試論「弒君三十六」〉[註31]

此文列舉各家解釋，歸納《春秋》、《左傳》弒君事件記錄、書法異同原由，並驗證太史公「弒君三十六」說法真實性；再以古人對數字偏好習慣，分析「三十六」用法的特殊性作結。

### （十三）余蕙靜，〈「戊申，衛州籲弒其君完」考辨——以《四庫全書‧春秋類》為範圍〉[註32]

此文從清代紀昀等所纂《欽定文淵閣四庫全書》，分析「衛州籲弒其君完」一文文意，提出戊申、稱衛、不書公子、及書弒四點，並分析歸納各家不同觀點，對照《春秋》經文其他歷史資料，期能還原真正意涵。

目前可見之論著，多半是在以《春秋》為主，旁及春秋三傳、《史記》，討論春秋時代王霸君主差異、政權轉換方式、君臣倫理關係、古代忠孝思想、儒家正名觀點、歷代篡弒事件、史書筆法凡例等的時候，才會略微提及弒君問題。在學位論文部分，以探討忠孝倫理、君主形象為多，部份著重在探討弒君和傳統倫理忠孝思想之間的衝突，以及當代人們的對應方式；部份著重在描述春秋時代君主舉措，藉以圖顯儒家聖王形象。在單篇論文方面，部分

---

[註29]〈春秋經義的失落與衍生——以弒君之事為例〉，趙生群，經學研究論叢，第11輯，2003年6月，頁195至205。

[註30]〈春秋經「晉趙盾弒其君夷皋」書法探究〉，藍麗春，嘉南學報，第29期，2004年12月，頁334至350。

[註31]〈試論「弒君三十六」〉，吳景傑，93學年度畢業製作論文集，國立暨南大學中國語文學系，2005年，頁35至58。

[註32]〈「戊申，衛州籲弒其君完」考辨——以《四庫全書‧春秋類》為範圍〉，余蕙靜，國立高雄海洋科大學報，第22期，2008年2月，頁145至167。

學者從《春秋》、《左傳》凡例研究著手，藉弒例的義涵，來界定「弒君事件」的數目，以明弒例的規準；也有一些學者從單一、著名、有爭議的「弒君事件」，討論弒君兇手是否真為經傳所載之人，分析弒君起因、過程、後果及心理、環境因素等，交織出的政權移轉現象，用以驗證史書筆法的真意。整體而言，未見直接以《左傳》的「弒君事件」為研究主體的專書及論文，故本文以《左傳》的弒君事件為主體作研究，當可補其缺漏。

## 第三節　研究範圍與方法

　　孔子成《春秋》的時候，將褒貶美刺隱藏在歷史事件當中，《左傳》又是公認詳載春秋時代事件的史料，只要分析《左傳》所載錄的歷史事件，應該能明白孔子強調春秋時代「亂臣賊子」的劇烈禍亂，以及作為後世借鏡的深意。本文研究的對象是《左傳》中所記載的君主見弒事件，引用《左傳》弒君事件原文的出處，以晉人杜預所撰《春秋經傳集解》〔註33〕作為引用文本，旁參《十三經注疏》〔註34〕中的《左傳》、《公羊傳》、《穀梁傳》，以及日人瀧川龜太郎的《史記會注考證》〔註35〕，和《國語》〔註36〕等書，載錄的相關弒君記錄。

　　本文研究方法，主要採取文獻分析法、歸納法與比較法。針對魯隱公元年至魯哀公二十七年（公元前七二二年至公元前四六八年），前後二百多年間，《左傳》列出所有非自然死亡的君主，再根據本文所定義的「弒君」，挑選出相符的弒君事件，全數列出、逐一分析君主見弒的前因後果。

　　再以辛伯所提四項亂國根本的概念，從中衍繹、歸納出弒君因素，來檢視弒君事件。最後統計各項因素數據，以便驗證孔子成《春秋》，和「亂臣賊子」間的關聯性。同時，分別從時間、國別、弒君因素及動機，比較春秋時代弒君事件隱藏的意義。嘗試解析春秋時代君位移轉的方式，並作為評判在

---

〔註33〕《春秋經傳集解》，〔晉〕杜預註，相臺岳氏本，臺北市，七略出版社，1991年9月2版。

〔註34〕《十三經注疏》，〔清〕阮元校勘，〔清〕嘉慶20年（1815年）江西南昌府學刊本，臺北縣，藝文印書館，1976年5月6版。

〔註35〕《史記會注考證》，〔日〕瀧川龜太郎，臺北市，萬卷樓圖書股份有限公司，1996年10月初版。

〔註36〕《國語》，〔周〕左丘明著，黃永堂譯注，臺北縣，臺灣書房出版，2009年8月初版。

位者優劣的規準，以明孔子成《春秋》作為後世鑑誡的用心。

　　本文主要研究《左傳》中所載的弒君事件，在架構上分為六章來探討。首章簡介寫作動機、目的、研究範圍及方法，並且探討前賢的研究成果。第二章先定義何謂「弒君」，以便挑選出作為分析主體的弒君事件；其次，從辛伯「並后、匹嫡、兩政、耦國」亂國根本概念，推衍、界定出弒君因素的義涵，以便用於解析弒君事件。

　　針對已經挑選出的弒君事件，將魯桓公至魯隱公十二位君主，以每四位君主為一期，分為春秋前期、春秋中期、春秋後期三個階段，依序分析各期的弒君事件，於第三、四、五章詳細解釋，使能明確認知各時期君主見弒的因素。第六章則是歸結所有弒君事件的因素，藉由比較論述春秋時代君主見弒各項因素之異同，闡明春秋時代君權交替現象，並提出具體數據，證明「亂臣賊子」和「孔子作《春秋》」之關連性。

# 第二章　弒君之界定與因素

　　西周時期，藉由宗法、禮樂、封建制度，架構出層層相扣的繼承、倫理、身份制度種種的社會規範，來穩定國家的運作和存在。隨著西周禮崩樂壞，社會制度的土崩瓦解，層出不窮的弒君事件，在春秋時代不斷上演，導致各個國家政權的動亂。常態來說，弒君事件至少牽涉兩項概念，怎樣才算是具有君主身份？怎樣的方式才算弒君？歷來學者對於弒君事件的看法、定義皆有所不同，本章即在界定本文所指《左傳》弒君事件的範圍。

## 第一節　弒君定義

　　孔子成《春秋》以微言大義、寓褒貶來警誡世人，這些都是源自孔子希冀以「正名」的方式，樹立是非善惡標準，明辨真偽虛實的分際。這些隱藏褒貶美刺的筆法，由後人統列出所謂的「凡例」，從凡例的評判論斷，進而使「亂臣賊子」警惕，使在位者戒慎，不再追求個人慾望而任意妄行。藉由凡例的褒貶，期望殷鑑不遠，能讓後世有個前車之鑑的範本，盡力避免相同的錯誤一再重蹈。

　　對於想藉由凡例明示先賢褒貶的作法，董仲舒曾指出「《春秋》無達例」，何休也強調執著凡例將陷於誤解，這正是學者不斷解析凡例的主因及盲點。由於對弒君凡例的認知不同，進一步促使眾人質疑太史公「弒君三十六」的說法。

　　歷來學者研究早期歷史，多以《史記》的記載為依據，認同太史公在古代歷史的貢獻。《經》《傳》中的弒君事件，學者多半普遍認定「弒君三十六」

的說法，而此一說法，正是源自太史公。依據太史公的說法，《春秋》總共有三十六位君主被殺害，有五十二個國家被滅亡，至於逃亡到其他國家的諸侯、大臣不計其數。〈太史公自序〉云：「春秋之中，弒君三十六、亡國五十二，諸侯奔走不得保其社稷者，不可勝數。」〔註1〕從這些粗略的數字可知，當時的世局動盪不安。問題是，太史公並未明說弒君事件是哪三十六件，使得後世對於三十六件弒君事件認定不一，甚至對弒君事件件數的數目存疑。

根據陳逢源的研究，認同與太史公「弒君三十六」說法相異者，包括顧棟高輯錄的〈春秋亂賊表〉，只列出三十四件弒君事件；〔註2〕盧師心懋〈左傳弒君凡例淺析〉，列出有關弒君之經文，有二十五件弒君事件；〔註3〕黃漢昌〈左傳弒君凡例試論〉，認為據《左傳》、《公羊傳》，皆為二十六件弒君事件；據《穀梁傳》，則為二十五件弒君事件。〔註4〕王貴民〈春秋弒君考〉，則列舉三十四件弒君事件。〔註5〕

根據陳逢源的研究，梁玉繩根據《左傳》作《史記志疑》，卻認為只有三十四件弒君事件。近代學者王秉謙〈春秋三十六辨〉，甚至主張只有二十四件弒君事件。然而，除太史公外，採「弒君三十六」說法者，尚有董仲舒，在其《春秋繁露·滅國》中可見「弒君三十六、亡國五十二」一語。另外，顏

〔註1〕 《史記會注考證》，〔日〕瀧川龜太郎，臺北市，萬卷樓圖書股份有限公司，1996年10月初版，頁1370。《史記會注考證》考證云：「《春秋繁露·滅國篇上》：『弒君三十六，亡國五十二。』蘇輿《繁露義證》云：『舊本三十六誤作三十一。弒君上，疑奪《春秋》二字。』……《漢書·楚元王傳》引劉向《封事》云：『春秋二百四十二年之間，弒君者三十六，亡國五十二，諸侯奔走不得保其社稷者，不可勝數也。』皆與史文同。蓋史公依董生，而劉向襲之也。〈楚元王傳〉顏注：『一一舉其名。』梁玉繩駁之云：『通《經》、《傳》而數之，弒君者三十七，亡國止四十一。』顏強合其數。說見《志疑》。」，頁1370。據此則知瀧川龜太郎舉梁玉繩《志疑》，以「弒君者三十七」駁斥「弒君三十六」的沿襲說法；又與下文所列陳逢源〈春秋書弒例辨析〉一文中舉梁玉繩《志疑》認為弒君止三十四件，說法歧異。

〔註2〕 《春秋大事表》，顧棟高輯，北京市，中華書局，1993年6月初版，頁2501至2511。

〔註3〕 〈左傳「弒君凡例」淺析〉，盧心懋，孔孟月刊，第24卷第5期，1986年1月，頁32至33。

〔註4〕 〈左傳「弒君」凡例試論〉，黃漢昌，孔孟月刊，第20卷第12期，1982年8月，頁39。

〔註5〕 〈春秋弒君考〉，王貴民，紀念顧頡剛學術論文集（上），成都巴蜀書社，1990年4月，頁325至330。

師古在《漢書・楚元王傳》中，詳細注列三十六件弒君事件。〔註6〕

　　另外，吳景傑在研究中，列舉太史公「弒君三十六」的說法，還可以在劉安《淮南子・主術訓》，劉向〈條災封異事〉、《說苑・建本》中得見，但一樣未列明是哪三十六件。吳景傑還列出，大體提到有三十六件弒君事件的資料，包括《後漢書》、《晉書》、《前漢紀》、《東觀漢紀》、《通典》、皮日休〈春秋決疑〉、孫郃〈春秋無賢臣論〉等。〔註7〕此外，包括施之勉〈春秋之中弒君三十六亡國五十二〉，以《公羊傳》詳列三十六件弒君事件。〔註8〕林翠芬〈春秋時代弒君現象的文化根源及其現代意義〉，詳舉三十六件弒君事件。〔註9〕謝德瑩〈春秋書弒例辨〉，詳析三十七件弒君事件，最後仍認為弒君事件為三十六件。〔註10〕眾說紛紜的弒君事件件數，究其根本原因，是眾人對弒君事件的界定差異引起。

　　綜觀上述略舉的論點，可以發現對於弒君事件的認知不一，部份認同太史公「弒君三十六」的說法，部份則舉例駁斥。究其原因，首先是太史公未言明，弒君事件是哪三十六件，以及弒君事件的定義。其次是眾學者對「君」的認定，以及對「弒」字的意義看法，有所差異引起。為了能夠更全面地，觀察春秋時代的紊亂，本節擬先定義何謂「君」，再以此條件列出，魯隱公元年至魯哀公二十七年年間（公元前七二二年至公元前四六八年），《左傳》所載錄君主非自然死亡的所有事件，從中選擇符合本節對「弒」字定義的弒君事件，以便界定本文應該分析的弒君事件。

# 一、釋「君」

## （一）君義及其指稱對象

　　許慎解釋「君」字是由「尹」和「口」組成。〔註11〕從「尹」是表示治

---

〔註6〕　〈春秋書弒例辨析〉，陳逢源，致理學報，第9期，1995年11月，頁147。

〔註7〕　〈試論「弒君三十六」〉，吳景傑，93學年度畢業製作論文集，國立暨南大學中國語文學系，2005年，頁39。

〔註8〕　〈春秋之中弒君三十六亡國五十二〉，施之勉，大陸雜誌，第74卷第1期，1987年1月，頁30。

〔註9〕　〈春秋時代弒君現象的文化根源及其現代意義〉，林翠芬，95年度鼓勵性研究計畫，國立虎尾科技大學研究發展處技術合作組，2006年，頁5。

〔註10〕　〈春秋書弒例辨〉，謝德瑩，孔孟月刊，第25卷第6期，1987年2月，頁15至26。

〔註11〕　《說文解字》云：「君，尊也，從尹口。」見《說文解字注》，〔漢〕許慎著，

事，從「口」是表示發佈命令。二者合併起來的意思，可視爲是指發號施令，治理國家。從魯昭公二十八年的傳文得知，賞罰是君主的職責。《左傳》昭公二十八年云：「賞慶刑威曰君。」杜注：「作威作福，君之職也。」〔註12〕另外，《左傳》還提及許多身爲君主該具備的才德，以及權利義務，本節暫略不詳述。從《儀禮》則可以看出，天子、諸侯、卿大夫這些階級，凡是擁有土地的都可以被稱爲君。《儀禮·喪服》云：「君，《傳》曰：『君，至尊也。』」注云：「天子諸侯及卿大夫有地者，皆曰君。」〔註13〕進一步而言，君主要有地有臣，凡能掌控領土的貴族階級，就會被他們的臣子稱爲「君」；士的階級雖然領有土地卻沒有臣子，因此不能被稱爲君。《儀禮注疏》疏云：

> 《釋》曰：「卿大夫承天子諸侯，則天子諸侯之下，卿大夫有地者皆曰君。」案《周禮·載師》云：「家邑任稍地，小都任縣地，大都任畺地。」是天子卿大夫有地者，若魯國季孫氏有費邑，叔孫氏有郈邑，孟孫氏有郕邑，晉國三家亦皆有韓、趙、魏之邑，是諸侯之卿大夫有地者皆曰君，以其有地則有臣故也。……，《詩》云：「三事大夫」謂三公則大夫中含之也。但士無臣，雖有地不得君稱。〔註14〕

對於「君」字，《漢語大字典》的第一個解釋：「古代大夫以上據有土地的各階級統治者的通稱。」和《儀禮注疏》說法同，並且細指「君」字可以指稱帝王、諸侯、大夫。〔註15〕綜合以上觀點，得知古人認爲可以稱爲君的，必須具有領土、領臣，以及賞罰的權力，用以發號施令，治理領土內的臣民。

西周時期，施行宗法制度，併以分封建國，完成層層相扣的家天下緊密組織。天子是天下的大宗、諸侯是本國的大宗、卿大夫則是本家的大宗，各自掌管采邑的人民和土地，各種宗族組織構成由上至下的層層統治結構。各級貴族都擁有軍隊，由族長統領。族長同時身兼宗廟的主祭者、宗族成員的庇護者。各國的卿大夫掌管著軍政大權，還有家臣助其打理各種事務。然而，宗法制度促使諸侯國權力日漸膨脹，導致周天子對采邑的控制權逐漸喪失。

---

〔清〕段玉裁注，臺北市，萬卷樓圖書有限公司，2000年9月初版，頁57。
〔註12〕《春秋經傳集解》，頁364。
〔註13〕《儀禮注疏》，《十三經注疏》第4冊，〔清〕阮元校勘，〔清〕嘉慶20年（1815年）江西南昌府學刊本，臺北縣，藝文印書館，1976年5月6版，頁346。
〔註14〕《儀禮注疏》，頁346。
〔註15〕《漢語大字典》，漢語大字典編輯委員會編，臺北市，建宏出版社，1998年10月初版，頁250。

西周初期各諸侯國領土大多很小，但是東周以後，周天子地位大不如前，各諸侯互相吞併，形成春秋時代諸侯國和周王室，分庭抗禮的局面。由於天子的王權由周王室掌握，加之春秋時代，諸侯地位漸漸與周王室平齊，甚至超越的局面來看，本文認爲《春秋》及《左傳》針對中原地區，「王」字是用來指稱周天子，「君」字用來指稱各諸侯國國君，並不包括卿大夫的階級。至於吳、楚等諸侯稱「王」，史家保留其稱僭稱「王」的名號，是爲了彰顯其僭越的行爲。

### （二）君位移轉交接的方式

本文界定《春秋》及《左傳》中的「君」字，是專指各諸侯國國君。之後，還必須確認，這些君主在權位交接的時候，到底哪些人才具有君位繼承權？當君位繼承人是複數的時候，誰才是優先繼承人？唯先確立儲君的身份，才能夠明確地列舉，那些遭到篡弒的君主。《左傳》所載君位移轉方式，簡述如後：

#### 1、嫡庶制度

自西周時代，君位的傳承多半依據嫡長子繼承制，由正室所生下的兒子爲嫡子，妾妃所生的兒子爲庶子；嫡子中最年長的爲嫡長子，其餘爲嫡子；庶子中最年長的爲庶長子，其餘爲庶子。對於君位繼承的方式，瞿同祖指出，在春秋時代的封建社會中，基本上只有嫡長子才有繼承權。

因此，嫡長子不一定是君主兒子中最年長，不一定是君主最喜愛的兒子，不一定是最有賢才，完全是憑藉出生身份的優越性，取得繼承權。如果嫡長子死亡，就往後順延一代，給嫡長子的嫡長子，也就是嫡長孫，若嫡長孫死亡，就再往後順延一代，以此類推，直到嫡長子一系有人繼承。萬一嫡長子一系都死盡，或是子嗣中斷，才輪到其他嫡子，依長幼順序取得繼承權。若是嫡子又全死盡，或是子嗣中斷，才輪到庶子。庶子取得繼承權的方式，有立長、立賢兩派說法，瞿同祖則認爲，是從君父的喜惡來決定，當喜惡不能判斷的時候，就用卜筮來決定。最壞的狀況，就是嫡庶子皆死盡，或是完全沒有子嗣的時候，就只能另立君主的手足，或是從同宗裡，尋找血緣關係最近的人來繼承。〔註16〕從《左傳》記載中發現，當沒有子嗣的時候，多數是以尚在國內，或是出奔到國外，其他的嫡庶兄弟依序遞補。春秋時代雖然沿

---

〔註16〕詳參《中國封建社會》，瞿同祖撰，臺北市，里仁書局，1984年6月，頁170至176。

用這種嫡庶長幼遞補的繼承方式，卻只是一種君位傳承的基本原則，並非絕對。

### 2、指定世子

為了避免死後受困於政局的影響，或是對嫡庶長幼順序認定不一，致使嫡庶長幼繼承方式無法順利完成，於是春秋時代衍生出，由現任君主在位時，事先指定儲君人選的方式，以減少君位繼承的爭議。這種由現任君主正式直接指定的方式，其原則全憑現任君主個人的主觀意識決定，指定的人選不一定是嫡長子。畢竟現任君主的權勢最大，即使不符合嫡庶長幼之序，仍被視為絕對的君位繼承人，優先擁有繼承權。這種被事先指定的繼承人，《左傳》多稱為「大子」、「太子」或「世子」，為避免與周王室的大子混稱，本文一律採用「世子」稱之。不過，既然是憑藉現任君主的主觀指定，往往會出現有改變原先指定人選，另外再重新指定的情況。《左傳》所記各國廢原世子、再立新世子的事件，屢見不鮮。

### 3、立位事實

春秋時代是個倫常崩廢的時代，即使有優先繼承人存在，依然會有人利用各種方法，廢除、鏟滅下任儲君。儲君人選不是依照嫡庶長幼順序或指定世子的方式產生者，大致可以分成他人擁立、自我代立兩種。無論是他人擁立或自我代立，都是基於無視現任君主之權，以及下任儲君身分的正統性，進而以廢立、驅逐、殺害等各種手段，迫害現任君主以及下任儲君，然後以其他人選取代。這些取而代之的新任君主，在經傳中不見得能看到「書即位」、「稱君」的記載，事實上卻已取代原定人選掌握君權，就算只有在位一天，都無法抹除曾經立於君位的事實。因此，這些篡奪君位者，即使身負罪名，依然有立位為君的事實，故對於這些人物，本文採取承認其為君的觀點。

### （三）弒君事件篩選對象

對於君主的認定，經傳多半以稱「君」為主。本文認定的君主，則以《左傳》所提各諸侯國的國君為主，並符合下列三項條件其一者：

1、根據嫡庶長幼繼承順序，具君位優先繼承者。

2、具有「世子」身份者。

3、曾立於君位之事實者。

根據上述三項條件，本文認為《左傳》所提諸侯國的君主，大致可分兩

種：一者為現任君主，一者為儲君。而這些君主、儲君，只要是《春秋》、《左傳》提及，在魯隱公至魯哀公年間，以非自然情況死亡，都屬於本文弒君事件的篩選對象。

本文所指非自然情況死亡，排除自然老死、自然病死的死亡原因，凡是由人為直接、間接造成君主死亡的情況，都屬於非自然死亡。病死按理應為自然死亡，但是君主的病因，可以是人為無心或有意造成，例如用藥錯誤而死，就屬於非自然死亡。同理，自殺雖為君主自絕性命，但是君主自殺之因，若是出於人為直接、間接促成，也屬於非自然死亡的情況，例如魯僖公五年（公元前六五五年）晉驪姬嫁禍申生，導致申生自殺。另外，魯僖公二十七年（公元前六三三年），根據《史記》記錄，衛國公子開方拋下自身世子身份，在齊國任官，然後殺害齊孝公子嗣另立。〔註17〕雖然齊孝公子嗣符合本文君主界定，也是非自然死亡情況，因為經傳未載，事跡見於《史記》，因此不列入表中。

總計《春秋》、《左傳》所載事跡，時間介於魯隱公至魯哀公年間，符合本文界定的君主，具有非自然死亡情況者共有五十六件。區域分佈於衛、魯、宋、晉、陳、鄭、齊、楚、莒、曹、吳、薛、蔡、許等諸侯國，實際發生時間則起於魯隱公四年，迄至魯哀公十六年（公元前七一九年至公元前四七九年）。然而這些只是非自然死亡君主的事件，並不一定是弒君事件，因此本節將繼續探討「弒」字的意義，篩選出屬於弒君部分的事件來分析。

## 二、釋「弒」

前述對於弒君事件的認知不一，在於各家對《春秋》微言大義的解釋角度不同。因對「弒君」的看法頗有差距，導致對弒君事件件數說法的分歧。前文已界定君義，並且列出非自然死亡情況的，計有五十六位君主。此處則欲界定「弒」字意義，以別君主非自然死亡事件，和君主見弒事件的範圍。

### （一）弒義及其內容涵意

《春秋》用字精簡，對於字詞使用也特別斟酌，《左傳》則是建基在《春秋》上，來詳述事件的前因後果。許慎依據《易經》的說法，認為「弒」字

---

〔註17〕〈齊太公世家〉云：「十年，孝公卒，孝公弟潘，因衛公子開方，殺孝公子而立潘，是為昭公。」見《史記會注考證》，頁557。

是指臣殺君的現象。《說文解字》云：「臣殺君也。《易》曰：『臣弒其君。』」〔註18〕殺字，具有致死、殺死、滅除等意思。〔註19〕可見在許慎的觀念中，認為臣子殺死君主，就可以稱為弒君事件。根據段玉裁注「弒」字，認為在經傳之中，殺、弒二字常常混寫，加上研究小學的學者囿於拘泥，致使殺、弒二字用法紊亂。段玉裁認為從事實層面觀察，只要臣子用任何方法殺害君主，在筆法上就可以稱為弒君。因此許慎和段玉裁對「弒」字的意義看法，都明白指稱，是臣下殺害君主的行為。《說文解字注》注云：

> 《經》《傳》殺、弒二字轉寫，既多譌亂，音家又或拘泥，中無定見，多有殺讀弒者。按，述其實則曰殺君，正其名則曰弒君。《春秋》正名之書也，故言弒不言殺。三傳述實以釋經之書也，故或言殺，或言弒，不必《傳》無殺君字也。許釋曰：「臣殺君。」，此可以證矣。〔註20〕

觀看《易經》原文，似乎和許慎所指涉的範圍有差異。在《易經》中「弒」字，不單純指臣殺君，還包括子殺父的現象。《易經・坤卦・文言》云：「臣弒其君，子弒其父，非一朝一夕之故，其所由來者漸矣。」〔註21〕《漢語大字典》據此，解「弒」字為：「古時臣子殺死君主或子女殺死父母稱弒。」〔註22〕此外，《孟子》亦認為「弒」字不單指臣弒君。《孟子・滕文公》云：「臣弒其君者有之，子弒其父者有之。」〔註23〕從孟子的說法來看，「弒」字的意義，可以用來描述臣殺君，和子殺父的舉措。

觀察君臣、父子的關聯性，臣以君為尊，子以父為尊，皆具有身份地位中的上下、尊卑關係。由此可見「弒」字本身具有「以下殺上」、「以卑犯尊」的涵意在內，而這種上下尊卑的關係，可以視作包括身份、地位、職稱、輩份等倫常中相對性的上下尊卑關係。例如，就五倫的概念而言，五倫為君臣、父子、夫婦、兄弟、朋友，五倫中分上下尊卑，則君尊臣卑，父尊子卑，夫

---

〔註18〕《說文解字注》，頁121。
〔註19〕《漢語大字典》，頁904。
〔註20〕《說文解字注》，頁121。
〔註21〕《周易正義》，《十三經注疏》第1冊，〔清〕阮元校勘，〔清〕嘉慶20年（1815年）江西南昌府學刊本，臺北縣，藝文印書館，1976年5月6版，頁20。
〔註22〕《漢語大字典》，頁235。
〔註23〕《孟子注疏》，《十三經注疏》第8冊，〔清〕阮元校勘，〔清〕嘉慶20年（1815年）江西南昌府學刊本，臺北縣，藝文印書館，1976年5月6版，頁117。

尊婦卑，兄尊弟卑等，以此類推；朋友間則以官階大者為尊，輩份高者為尊，年齡長者為尊等，以此類推。既然「弒」字具有「以下殺上」、「以卑犯尊」的基本概念，凡是在君主非自然死亡的狀況下，兇手和君主之間，不具有相對性的上下尊卑關係，弒君事件就不成立；反之，兇手和君主之間，具有相對性的上下尊卑關係，弒君事件即可成立。

### （二）弒君事件篩選結果

對於弒君事件的定義，學者多數以《經》《傳》出現「弒」、「弒其君」的字句為判斷。古人寫作有避諱筆法習慣，有些明明具有弒君事件的事實，卻不見得會出現「弒」或「弒其君」的文詞，導致後世對於弒君事件的件數眾說紛紜。前述可以成立的弒君事件，兇手和君主之間，具有相對性的上下尊卑關係。

本文將弒君事件，視為內憂一部份，則弒君事件，應該是在一國之內發生，如此兇手和君主之間，在事發的時候，必得屬於同一個國家，弒君事件才成立。例如魯襄公二十九年（公元前五四四年），越國的俘虜在吳國當守門人，雖是越國出身，如今卻屬於吳國所有，故越俘守門人殺吳君餘祭，因身份上有尊卑之別，同時又有以下犯上的事實，因此視為弒君事件。

歸結上述，本文所採認的弒君事件，時間起於魯隱公元年，迄於魯哀公二十七年，《左傳》中有記載相關事跡，並且同時符合下列三項條件：

1、見弒君主非自然死亡。

2、弒君兇手和見弒君主當時隸屬於同一個國家。

3、弒君兇手對見弒君主具以下犯上關係的事實。

凡經傳所列五十六位非自然死亡的君主中，其死亡事件完全符合前述要項者，即為本文界定、進行分析的弒君事件。

統計《春秋》及三傳，所見君主死亡事件的件數中，對於君主非自然死亡情況的記載，以《左傳》最多，共有五十二件，但出現書「弒」、「弒其君」的情況最少。常理來說，探討弒君事件，在史家所載君主被殺的紀錄中，有「弒」、「弒其君」的文字出現，自然應為最明顯的弒君事件。其次則是無「弒」、「弒其君」的字詞出現，但是發生事實，卻符合「弒君」意涵，則為不明顯的弒君事件。簡列如【表一】：

### 表一　弒君事件件數統計簡表

| | 君主非自然死亡事件 | 春秋 | 左傳 | 公羊傳 | 穀梁傳 | 採用為弒君事件件數 |
|---|---|---|---|---|---|---|
| 出現「弒」字件數 | X | 24 | 20 | 27 | 25 | X |
| 出現「弒其君」字件數 | X | 23 | 2 | 23 | 23 | X |
| 總計件數 | 56 | 39 | 52 | 39 | 39 | 48 |

（詳參「附錄一：弒君事件件數統計詳表」）

　　為了能夠更全面地觀照春秋時代的弒君事件，本文認定之弒君事件，除了採用出現書「弒」、「弒其君」的情況，也採用發生事實，符合「弒君」意涵的情況。也就是依據前述各要項，從君主非自然死亡事件中，篩選出本文界定的弒君事件。必須補充說明的是，除了時間非介於魯隱公至魯哀公年間外，尚有一些弒君事件，本文不列入研究範圍。究其原因有四：

　　1、《經》《傳》未載

　　包括魯莊公十五年（公元前六七九年）「晉武公殺晉侯緡」，魯僖公二十七年（公元前六三三年）「衛開方殺齊孝公子」，魯襄公十九年（公元前五五二年）「齊莊公殺世子牙」，其事雖屬本文定義之弒君事件，因《經》《傳》未載，故本文不列為討論事件。

　　2、有《經》無《傳》

　　魯定公十三年（公元前四九七年）「薛人殺薛君比」，亦屬本文定義之弒君事件，但此事件僅《春秋》載錄而《左傳》無相關文字記載，屬有《經》無《傳》，故本文亦不列為弒君事件討論。

　　3、非屬同國

　　包括魯桓公六年（公元前七○六年）「蔡人殺陳佗」，魯桓公十八年（公元前六九四年）「齊襄公殺鄭子亹」、「齊彭生殺魯桓公」，弒君兇手與見弒君主之間，不屬於同國，故本文不列為討論事件。

　　4、非下犯上

　　魯僖公五年（公元前六五五年）「晉獻公殺世子申生」，晉獻公是世子申生的父親，因此弒君兇手和見弒君主之間，不具以下犯上的事實，故本文不列為弒君事件討論。

　　據前述理由篩選後，統計魯隱公至魯哀公年間，《左傳》有記載，且符合本文定義的弒君事件，共計四十八件。

## 第二節　弒君因素

　　弒君事件件數確定後，接著要探討、分析弒君事件發生的原因。每件弒君事件，都是關係錯綜複雜，若要一一詳述原因，則四十八位見弒君主，至少就有四十八種不同見弒的原因。依據《左傳》的說法，以簡單的君主有道、君主無道、人臣有罪、人臣無罪之分法，討論弒君事件的歸罪。《左傳》宣公四年云：「凡弒君稱君，君無道也。稱臣，臣之罪也。」〔註24〕然而錯綜複雜、撲朔迷離的弒君事件，光以有道、無道二分說明，似乎顯得過於簡陋。

　　觀看《左傳》中的名言警句頗多，其中辛伯曾經向周桓王勸諫有關立嗣問題，提出「並后、匹嫡、兩政、耦國」〔註25〕亂國四本的論點。這四項亂源概念在《左傳》重出，並由晉國狐突加以衍為「內寵並后，外寵二政，嬖子配適，大都耦國」〔註26〕，用來勸阻世子申生出兵，避免惹禍上身。可見辛伯的見解，確實指出一國動亂現象中的必然原因，具有相當的價值。

　　辛伯說出其見解的時間，是在西周末期，而經傳所載的實際動亂，則發生在東周時期；西周的見解用在東周，可能會因為時代不同而造成觀點、行為上的衝突。然而，春秋時代儒者，認為周代典章制度是完善的，可以寄予厚望的，因此莫不以恢復禮樂制度為目標，以周人對於政權移轉觀點的看法，來解釋春秋時代君主見弒、君權轉移的方式，或許更能顯示春秋時代儒者，灌注在經傳的嚮往和祈盼。是以本節嘗試根據辛伯所論之四項亂源，配合春秋時代的現象，推衍出可供解析弒君事件的弒君因素，分別敘述如後。

---

〔註24〕《春秋經傳集解》，頁154。

〔註25〕《左傳》桓公十八年云：「周公欲弒莊王，而立王子克。辛伯告王，遂與王殺周公黑肩，王子克奔燕。初，子儀有寵於桓王，桓王屬諸周公。辛伯諫曰：『並后、匹嫡、兩政、耦國，亂之本也。』周公弗從，故及。」見《春秋經傳集解》，頁67。

〔註26〕《左傳》閔公二年云：「大子將戰，狐突諫曰：『不可。昔辛伯諗周桓公，云：「內寵並后，外寵二政，嬖子配適，大都耦國，亂之本也。」周公弗從，故及於難。今亂本成矣。立可必乎？孝而安民，子其圖之，與其危身以速罪也。』」見《春秋經傳集解》，頁87。

## 一、伴侶無狀

古代人口稀少，生育不易，形成一夫多妻制度，來確保自身血脈的傳承。在一夫多妻的制度下，常態情況「正妻」只有一位，正妻可稱為妻、嫡妻、正妻、正室等。正妻與丈夫地位平等，在服裝、車馬等禮儀制度各方面，可以享受和丈夫同等待遇，用以昭示正妻的地位崇高，好和其他伴侶做一個分野。因此，古代娶妻，會由新郎親迎，足見對婚禮儀式的重視，以及婚禮隆重的程度，用來彰顯正妻的獨特地位。例如，周天子娶妻，前後歷時一年多，諸侯則超過半年，證明對「妻」的重視，昭顯其地位身份的不同凡響。《禮記注疏》云：「聘則為妻，奔則為妾。」〔註27〕可見，經過正式聘禮迎娶的才能稱為妻，反之則為妾。

依據《周禮》，周王的后妃編制是一后、三夫人、九嬪、二十七世婦、八十一御妻，凡一百二十一人；〔註28〕其中后就是所謂的嫡妻。諸侯一娶九女，且不再娶，可見妾是八個；〔註29〕大夫是一妻二妾；士則是一妻一妾。〔註30〕而庶民，則只許有一妻與之匹配，故而庶民被稱為匹夫匹婦。這些《周禮》的相關記載，有些學者認為很可能是戰國晚期儒家的空想作品，並不見得真是周朝奉為圭臬的制度。無論是否奉行不悖，從這樣的記載可以知道，除正妻以外的其他配偶，通常稱作妾或側室，也就是庶妻。

為了確保子嗣的產生和留存，中國古代的統治者常妻妾成群，不但允許納妾，還有陪嫁制度。周代貴族女子出嫁，時常會有同族的陪嫁女子隨同前往夫家。這些陪嫁而來的女子稱為「媵」，媵是作陪嫁的人的意思。《春秋左傳注》：「古代上層人物娶婦，除婦為嫡妻外，婦家又以其妹或姪女陪嫁，曰媵。」〔註31〕這些陪嫁者的身份，多半是正妻的未婚女性親戚，也可稱為「姪、娣」，例如未出嫁的同族姐妹或姑姪，〔註32〕有時也包括未婚的女性

---

〔註27〕《禮記注疏》，《十三經注疏》第5冊，〔清〕阮元校勘，〔清〕嘉慶20年（1815年）江西南昌府學刊本，臺北縣，藝文印書館，1976年5月6版，頁539。
〔註28〕《禮記注疏》，頁80至81。
〔註29〕《儀禮·喪服》疏云：「謂諸侯一娶九女，夫人與左右媵各有姪娣，二媵與夫人之娣三人為貴妾，餘五者為賤妾也。」見《儀禮注疏》，頁392。
〔註30〕《禮記·內則》疏云：「大夫一妻二妾……士一妻一妾。」見《禮記注疏》，頁534。
〔註31〕《春秋左傳注》，〔民國〕楊伯峻撰，臺北縣，漢京文化事業有限公司，1987年1月，頁1048。
〔註32〕《禮記·曲禮》疏云：「姪是妻之兄女，娣是妻之妹，從妻來為妾也。」見《禮

僕婢。當天子或諸侯娶妻時，甚至會有其他國家的人陪嫁而來。媵制後世雖然鮮見，在春秋時代則十分盛行，而這些陪嫁者，身份上皆屬妾而不是妻。此外，以較簡單的儀式，納為配偶的女性也稱為妾，這些妾多半身份較低微，有可能是戰敗國獻上的降虜，也可能是弱國向強國表示友好的禮物。當然，有一些沒有經過正式婚姻儀式的女性也被稱為妾，或稱侍妾，這些女子像物品一樣隨時可以交換，多半身份低微，擔任婢女、寵姬一職，頗似現代的情婦。

妻、妾的身份地位，在古代有十分明顯的區分，基本上，妻不得為妾，妾不得為妻。但是，當妻亡故之後，君主可以再次娶妻、立妻；因此，妾在妻亡故之後，成為妻是有可能的。隨著春秋時期禮崩樂壞，制度瓦解，許多上位者在妻尚未亡故之前，便立寵妾為妻的情況開始出現。破壞了妻、妾分際，自然也影響到妻、妾所生孩子的身份，為此喪命、付出國亂代價的諸侯還不少，可見兩位妻並存的現象，的確會造成許多問題。

殷商時期曾有過兩位妻並存的情況，到了周朝，為明顯區分、確保身份地位的階級差異，制度上，要求極力避免同時出現兩位妻並存的現象。根據《左傳》魯桓公十八年傳文所記載，辛伯提出「竝后」〔註33〕的概念，杜預注解為「妾如后」，〔註34〕晉國的狐突解釋為「內寵並后」。〔註35〕辛伯四項亂源中「竝后」要件，著眼於后妃妻妾身分，會決定嫡庶子身份，進而和下任君位的繼承者，有直接或間接關係，因此后妃妻妾的差別、區辨，會影響到下任君位繼承者人選。即使是沒有、無法生下國君子嗣的伴侶，也很可能會因為得寵與否，而成為左右朝政，或是受有野心人士利用的對象。本來只有正室才能稱為妻，妻只能有一位，地位凜然不可侵犯。然而，眾所皆知，在這倫理紊亂的春秋時代，禮崩樂壞，妻妾分際已是蕩然無存。

無論是辛伯所說的「竝后」因素，或是狐突對「內寵並后」的解釋，都提醒為君者當心「伴侶」的影響力。即使不曾發生過親密的床第關係，只要身份上是屬於君主的人，勢必會因為有名無實而產生怨懟；至於那些曾經有過親密床第關係，而身份地位較卑賤的，有實無名，想必也會因為無名而產

---

　　　　記注疏》，頁72。
〔註33〕《春秋經傳集解》，頁67。
〔註34〕《春秋經傳集解》，頁67。
〔註35〕《春秋經傳集解》，頁87。

生傷悲。除卻君主自己混亂了妻妾之間的分際，也有妻妾違背自身身份該遵守的儀節，進而影響到國家政治的運作，特別是在君位的爭奪上，常常具有舉足輕重的影響力，甚至直接參與決定君主的廢立存亡。

雖然辛伯和狐突指的「竝后」對象是妻妾，專指女性，但事實上正如同史上著名的龍陽君一般，當時能夠與君主發生親密床第關係的絕不限於女性，也包括男性。晉驪姬嬖，以妾的身份受到晉獻公寵愛；外嬖梁五、東關嬖五兩位，雖是男子，卻也深受晉獻公愛寵。〔註36〕無論同性、異性，有名無實、無名有實，這些曾經身為君主「伴侶」身份的人，一旦只為各自權益而開始採取行動，就有成為亂源的可能性。

齊家、治國、平天下，本該是一位君主具備的基本能力。若是放任這群「伴侶」，直接或間接滿足自身野心、慾望，做出違禮背法的事情，甚至讓他人、他國，利用「伴侶」來達成某些目的，連基礎的家齊都做不到，遑論國治、天下平。因此，本文將辛伯「竝后」的概念，從單純的女性妻妾問題，擴充為跨越性別的伴侶問題，衍為「伴侶無狀」，來詮釋辛伯和狐突的觀點，說明這些君主的伴侶，不守本份，甚至違反禮法，使「伴侶無狀」成為直接或間接的弒君因素之一。

## 二、嗣親奪權

宗法制度，是西周的重要政治制度，以血緣關係為基礎，核心則是嫡長子繼承制，具有維護西周政治制度，和穩定社會秩序的作用。周天子，是天下共主，其王位由嫡長子繼承，至於天子的其它諸子，則被分封為諸侯。各諸侯國的君位，亦由各諸侯傳給各自的嫡長子，各諸侯的其它諸子則被分封為卿大夫。各卿大夫的爵位，亦由各卿大夫傳位給各自的嫡長子，各卿大夫的其餘諸子則封為士，屬於貴族階層中最低等級，沒有封國和采邑。上述這些世襲的嫡長子們，都會成為各級政權的首領。

中國早期是封建社會，爵位和封地財產結為一體，在傳統的父系社會和一夫多妻制中，通常只有兒子才有繼承權，由兒子繼承一切。兒子當中又有嫡出和庶出的分別，於是採取「有嫡立嫡，無嫡立長」的嫡長繼承制。嫡長繼承制在夏朝、商朝時期已經萌發，至周朝時期正式確立。

〔註36〕嬖字，段注：「愛也，卑也，妾也。」見《說文解字注》，頁628。

　　《左傳》記錄辛伯提出「匹嫡」〔註37〕的概念，杜預注解為「庶如嫡」，
〔註38〕晉國的狐突解釋為「孽子配適」。〔註39〕辛伯四項亂源概念中「匹嫡」
和君位的繼承，有最直接的關係，因此辛伯所謂的「匹嫡」該如何解釋，直
接影響到君位繼承人的標準，對於各諸侯國君位的傳遞，是重要的判斷依據。
辛伯是西周時代的人物，當時禮樂制度備全，各諸侯國君位的繼承全依憑著
「嫡庶長幼」的制度來決定下一任正統的繼承人，以防範其他人對君位蠢動
的野心。在這種狀況下，首先確定妻妾地位就變得很重要。由君主正式迎娶
入門的「妻」只有一位，除非妻死才能再立另一位妻，其餘的都只能是妾。
由妻所生出的兒子，一律具有嫡子的地位；由妾所生的兒子，一律是庶子；
無論年齡大小，嫡子地位遠高於庶子，而在嫡子中的嫡長子，才是唯一正統
的君權繼承人。

　　嫡長繼承制，是指正妻有生出兒子而言，立正妻最年長的嫡子繼承，即
為嫡長子繼承；嫡長子不幸亡故，則由正妻所生的其他嫡子，按年齡順序繼
承。當沒有任何嫡子的時候，就立妾所生庶子繼承。嫡長繼承制，因其繼承
人選的確定性，有利於減少紛爭、穩固家業，因此，周朝以後的朝代，仍有
繼續延用的情況，大多遵循嫡長繼承制來制定繼承法和選立儲君。

　　狹義的嫡子，只指嫡長子；廣義的嫡子，則指嫡妻生下的所有子女。同
理，非嫡妻所生子女，通常稱為庶子女，包括妾所生的子女，和其他非婚生
子女。庶子女地位低於嫡子女，基本上無繼承權。甚至有些朝代，庶子還需
要做嫡子的家臣、僕役。此外，嫡女地位會比庶女高。周朝時期，貴族禁止
同姓通婚。但是各等級的貴族，又必須在同等級之內迎娶異性女子，天子、
王姬則可與諸侯通婚。同為天子女兒，嫡出、庶出的陪嫁儀仗不相等，甚至
貴族或平民百姓的嫡女和庶女，出嫁時所能選擇的對象也不同。

　　歸納前述，所謂的嫡長子，一定是由君主和君主的妻所生下嫡長子，才
具備有下任儲君的地位。其他的妾，無論多早生，生了多少兒子，只要妻一
生下兒子，依照嫡庶制度，還是只有嫡長子才能繼承君主一切的身份地位。
即便身為嫡子，只要不是嫡長子，在嫡長子還活著的時候，都不具有繼承權；
至於庶子，除非完全沒有嫡子的存在，否則永遠與君位無關。不過，在沒有

〔註37〕《春秋經傳集解》，頁 67。
〔註38〕《春秋經傳集解》，頁 67。
〔註39〕《春秋經傳集解》，頁 87。

嫡子的情況下，庶子當中誰的繼承權最優先，爭議頗多。《公羊傳》主張庶子的母親地位越尊貴，其繼承權就越優先。《公羊傳》隱公元年云：「立子以貴不以長」〔註40〕主張以生母地位較高的庶子優先繼承，屬於「立貴」取向；以年紀較大的庶子優先繼承，屬於「立長」取向，兩種矛盾取向的繼承法，在歷史上都曾發生，一直沒有定論。

從《左傳》所列的事蹟來看，西周的嫡庶制度，至春秋時代似乎勢微，只要是國君的子嗣，無論是否為正室所生，都具有繼承君位的權利。下一任的國君，可能是深受現任國君喜愛而繼承，可能是受到大臣擁護而繼承，可能是功勳冠國而繼承，可能是倚謀恃權而繼承，不論是何種方法登上下一任君主位子，只要確認是國君的子嗣，基本上都具有繼承權，但是誰才具有最優先繼承權，則衍生許多爭議。此外，會讓其他諸侯、國內臣民起異議的，還包括篡奪已被認可的下任繼承人身份。以各諸侯國來說，在該國現任君主的授意下，不論嫡庶，一旦選出一個指定的下任繼承人「世子」後，其他具有國君血脈的子嗣，當下就不再具有繼承下任君位的權利。在現任國君歸天後，必須安安份份地擁立「世子」成為國君，不能也不該篡奪君位。如同西周的「嫡子」具有絕對的繼承權，春秋時代被現任國君所指定的「世子」，也是絕對的君位繼承者。

依據嫡長繼承制度，除非現任君主特別指定，基本上，凡是諸侯正室的嫡長子，即可視為世子。當現任君主並沒有特別指定「世子」的時候，則視嫡長子為世子，具有最優先繼承權。《左傳》所列春秋時代，各諸侯國間的君位傳遞，與辛伯身處西周的方式有些不同。對於辛伯「匹嫡」觀念，杜注及晉國狐突的解釋，依舊偏向西周時代的「嫡庶長幼繼承制度」看法。既然已經禮崩樂壞，一直執著在「嫡庶」身份上論斷，似乎仍稍嫌不妥。本文將辛伯「匹嫡」的義涵略為放寬解釋，不單純以「嫡庶」度量，而用是否具備「世子」的身份，或是被指定為儲君，來衡量其繼承權。

然而，實際情況是不論嫡子或庶子，不論是否具備「世子」身份，總歸都是君主血脈，只要情況許可，都有可能成為下任君主。若由此看來，辛伯針對西周亂象歸結的「匹嫡」概念，到了表面平衡、內裡失序的春秋時代，

---

〔註40〕《春秋公羊傳注疏》，《十三經注疏》第 7 冊，〔清〕阮元校勘，〔清〕嘉慶 20 年（1815 年）江西南昌府學刊本，臺北縣，藝文印書館，1976 年 5 月 6 版，頁 11。

容易衍生成血親子嗣間的君權爭奪。不單是君主的直系子孫爭奪君權，甚至君主的兄弟叔伯，都有可能參與君位爭奪，因爲往上推溯，眾人仍屬於同君父的血脈。因此本文將辛伯「匹嫡」的概念，從傳統的嫡庶長幼問題，擴充爲血親子嗣之間的問題，衍爲「嗣親奪權」，以詮釋辛伯和狐突的觀點。解說這些流有相同血脈的子嗣手足，基於各式各樣的理由，直接或間接地加入君位爭奪，無形中使「嗣親奪權」成爲弒君因素之一。藉此彰顯爲君者對「嗣親」間的問題，若不能妥當處理，容易成爲不定時炸彈，一不留神，就炸得國滅族亡。

## 三、臣僕專擅

　　辛伯提出「兩政」〔註41〕的概念，杜預解爲「臣擅命」，〔註42〕晉狐突釋爲「外寵二政」。〔註43〕辛伯提及的四項亂源中「並后」、「匹嫡」和君位的繼承直接相關。所謂兩政，意指一國之內，君權、臣權有如兩政並行。因此臣權與君權平齊，甚至凌駕君權，勢必需要擁有龐大、實際權勢的權臣、大族才做得到。《左傳》中許多君主縱使即位，依然無法掌控好臣下，給予臣下過多的權利、機會，甚至增長、製造臣下的反抗意識，常常導致自身君位的不穩定，嚴重的還會造成身死國滅的局面。君主確立，人臣才能有所依歸，可惜對於下任君主的確立，春秋時代失職的現任君主，常會受到人臣的影響，致使下任君主人選更替紊亂。

　　事實上，領土之內，莫非臣僕，即使是普通百姓、奴僕，也算是領土內廣義的臣子，屬於不具官位俸祿的臣民僕隸。人臣勢力不分大小，官階無分貴賤，無論出發點好壞，只要爲臣的目無君令，擅動妄爲，多半容易使國家動亂。常態情況下，擁有實際官位、龐大勢力的權臣，才有動亂的本錢。然而，觀看春秋時代後期，常常都是些身無長物的僕隸臣民弒君，影響君位繼承。〈盡心〉下篇云：「不仁而得國者，有之矣；不仁而得天下者，未之有也。」〔註44〕又云：「民爲貴，社稷次之，君爲輕。是故得乎丘民而爲天子，得乎天子爲諸侯，得乎諸侯爲大夫。諸侯危社稷，則變置。」〔註45〕可見得天

〔註41〕《春秋經傳集解》，頁67。
〔註42〕《春秋經傳集解》，頁67。
〔註43〕《春秋經傳集解》，頁87。
〔註44〕《孟子注疏》，頁251。
〔註45〕《孟子注疏》，頁251。

下在得民心，這些失去臣民之心的君主，最後危身喪命，也就不足爲怪。

依據君臣的倫理觀念，君主就是君主，身爲臣僕可以盡力勸諫，善盡職責，無論如何是不可以對國君出手，失去臣僕該有的分際。《春秋左傳正義》云：「然君雖不君，臣不可以不臣。」〔註46〕由此推論，辛伯提出「兩政」的觀點，的確是在提醒爲君者，臣僕如水，可以載舟，也能覆舟，進而提醒爲君者善盡本份，避免煽動臣僕的反抗；同時也提醒著臣僕應守的原則，不能憑個人主觀意識任意妄爲。因此本文將辛伯「兩政」的概念，從權臣專擅問題，擴充爲人臣、僕隸妄動的舉止，衍爲「臣僕專擅」，來詮釋辛伯和狐突的觀點。說明這些臣僕，因爲個人揣度、經歷、利益，無視、假作君令，直接或間接促成國政動亂、引發君位爭奪，使「臣僕專擅」成爲弒君因素之一。

## 四、都國無別

最後，辛伯提出「耦國」〔註47〕的概念，杜預釋作「都如國」，〔註48〕晉狐突解作「大都耦國」。〔註49〕對於辛伯所提的四項亂源，「竝后」、「匹嫡」對君權有直接影響，「兩政」、「耦國」則是間接相關。一個國家的君主地位是否穩固，可由外在硬體設施作初步辨識，觀察首都和其他都城的形式、範圍、地位是否有分明的區別，用以判斷國內君主，和領地內的下屬勢力分布。

諸侯的領土，多半是西周初期所分封，隨著封建制度完備，周室王土總範圍不變，諸侯卻會因爲子嗣衍生、臣屬建功，導致領地再分封，而使領地破碎分裂。隨著西周滅亡，禮樂崩毀，周室東遷，王權架空，無法控管各諸侯之間的吞併。諸侯彼此之間，連年交戰，原本的封地可能失得循環，使各自領地擴張或縮減。以春秋時代來說，各諸侯國在領地配置上，國都絕對是立於領地中，至高無上的尊位，無論地勢、資源、範圍，照理都該位居全國之冠。即使因子嗣、功臣分封，使得領地破碎，但只要由國都統管，基本上，還能維持一國的完整度。反之，一旦領地內出現地勢、資源、範圍超過國都

---

〔註46〕《春秋左傳正義》，《十三經注疏》第 6 冊，〔清〕阮元校勘，〔清〕嘉慶 20 年（1815 年）江西南昌府學刊本，臺北縣，藝文印書館，1976 年 5 月 6 版，頁369。
〔註47〕《春秋經傳集解》，頁 67。
〔註48〕《春秋經傳集解》，頁 67。
〔註49〕《春秋經傳集解》，頁 87。

地位的都城，擁有這座都城的子嗣、功臣，就會獲得超越君主的各種資源、權勢。如同諸侯國凌駕周王室，這些權勢龐大的卿大夫，也可能凌駕自身的君主。當上下尊卑階級錯置，國家亂象自然產生，雙頭、甚或多頭馬車的現象，更容易將本就破碎的領地嚴重撕裂。

辛伯的「耦國」概念，提醒爲君者地理形式的重要性，尤其越到春秋後期，戰爭越頻仍，連年爭戰不在話下。缺乏良好的戰略位置，還喪失領地資源、經濟的分配權，君主該有的外在權柄淪亡，遑論安然保身定國。可見，辛伯希望爲君者能透徹明白「都國」有別，不只單純展示外在排場的壯闊，更是彰顯權力中樞的尊崇地位，以便有序統率領地內的一切。

「耦國」從外，「竝后、匹嫡、兩政」從內，內外搭配得宜，自然能達到齊家、治國的目標，甚至成爲平天下的春秋霸主，而非提心吊膽，畏懼危身喪國的君主。因此，本文將辛伯「耦國」的概念，衍爲「都國無別」，來詮釋辛伯和狐突的觀點。說明國家首都，與其他都城在各項條件上的區別，用來證明君權威嚴的必要性。沒有區別，等同君主自動放棄聲威，缺乏威信的君權，將不具有至高無上的地位，也容易致使有心者向君權挑戰，造成國家喪失維持平穩的強制力，進而使「都國無別」成爲弒君因素之一。

# 第三章　春秋前期弒君事件

　　本章是將《春秋》魯國十二公，魯隱公、魯桓公、魯莊公、魯閔公、魯僖公、魯文公、魯宣公、魯成公、魯襄公、魯昭公、魯定公、魯哀公，依年代先後四位一組，取前四位魯隱公、魯桓公、魯莊公、魯閔公，併為春秋前期。依據《左傳》的記載，分別析論各國發生的弒君事件，是否符合由辛伯所提「並后、匹嫡、兩政、耦國」四項亂國根本概念，衍生出「伴侶無狀」、「嗣親奪權」、「臣僕專擅」、「都國無別」四項弒君因素。

## 第一節　隱公時期的弒君事件

### 一、衛州吁殺衛桓公（隱公四年，公元前七一九年）

#### （一）弒君事件概述

　　衛莊公生的兒子，根據《左傳》所列，有公子孝伯、公子完、公子晉、公子州吁等人。衛莊公與夫人莊姜，沒有生下兒子；與厲媯生下公子孝伯，卻早夭；與厲媯隨嫁的妹妹戴媯生下公子完，後來由莊姜收為自己的兒子，公子完因此成為嫡長子。衛莊公與寵妾生下公子州吁，[註1] 公子州吁深受衛莊公溺愛，並且喜好兵事。大臣石碏曾勸諫衛莊公，若不立公子州吁為世子，就不該溺愛過度，以避免日後發生禍害，衛莊公不聽。《左傳》隱公三年云：「臣聞愛子，教之以義方，弗納於邪，驕奢淫泆，所自邪也。四者之

――――――――――

〔註1〕　〈衛康叔世家〉云：「莊公有寵妾，生子州吁。」見《史記會注考證》，頁601。

來，寵祿過也。將立州吁，乃定之矣；若猶未也，階之爲禍。……去順效逆，所以速禍也。君人者，將禍是務去，而速之，無乃不可乎？」[註2]石碏的兒子石厚與公子州吁交好爲亂，石碏嚴禁無效。魯隱公三年，衛莊公逝去，由公子完嗣位爲衛桓公，石碏便告老辭官。

　　魯隱公四年春天，公子州吁便殺了衛桓公，自立爲衛君。《左傳》隱公四年云：「春，衛州吁弒桓公而立。」[註3]日後石碏趁機使計，借陳國之力，擒住公子州吁、石厚，分派右宰醜、獳羊肩，前往將二人處死。《左傳》隱公四年云：「九月，衛人使右宰醜，涖殺州吁于濮；石碏使其宰獳羊肩，涖殺石厚于陳。」[註4]再從邢迎接回桓公的弟弟公子晉，[註5]立爲衛宣公。

### （二）弒君因素分析

　　衛莊公的兒子，根據《左傳》所列，以公子完最長，公子州吁最幼。按《史記》所述，日後從邢迎回的公子晉，是公子完的弟弟。〈衛康叔世家〉云：「而迎桓公弟晉於邢而立之。」[註6]綜上所述，三人排行，依序爲公子完、公子晉、公子州吁。若依照西周嫡長子制度來看，除非公子完、公子晉早死，並且沒有任何子嗣，公子州吁才能擁有正統的君位繼承權。公子州吁是寵妾所生，身份上屬於庶子，並非嫡子；偏偏又個性好兵，不受衛夫人莊姜的喜愛。《左傳》隱公三年云：「衛莊公娶于齊東宮得臣之妹，曰莊姜，美而無子，衛人所爲賦碩人也。又娶于陳，曰厲嬀，生孝伯，早死。其娣戴嬀，生桓公，莊姜以爲己子。公子州吁，嬖人之子也，有寵而好兵。公弗禁，莊姜惡之。」[註7]依照嫡長子繼承制，身爲庶子的公子州吁，基本上無緣繼承君位；又不受衛夫人莊姜喜愛，無法像公子完成爲衛夫人名下的兒子，可說是完全與君位絕緣。

　　根據亞佛烈德・阿德勒（Alfred Adler）對「出生序」的說法：「老么永遠是家中的寶貝，通常會是最驕縱的那個。」[註8]身爲么子，一般比較得

---

〔註2〕 《春秋經傳集解》，頁46。
〔註3〕 《春秋經傳集解》，頁47。
〔註4〕 《春秋經傳集解》，頁47。
〔註5〕 《春秋》隱公四年云：「冬，十有二月，衛人立晉。」見《春秋經傳集解》，頁47。
〔註6〕 《史記會注考證》，頁602。
〔註7〕 《春秋經傳集解》，頁46。
〔註8〕 《諮商與心理治療：理論與實務》，Gerald Corey 撰，鄭玄藏等合譯，修慧蘭校，臺北市，雙葉書廊有限公司，2006年12月初版，原文6版，，頁129。

寵，容易過度溺愛，衛莊公過度溺愛州吁，就是一個例子。州吁深得衛莊公喜愛，本身擁有對兵事的高度興趣及才能，在衛莊公的寵溺下，州吁的驕縱不難想見。個性驕縱、擁有才能、國君溺愛，縱使州吁只是個庶子，身上仍流有衛國國君的血，對於只因庶子身份，無法理所當然繼承君位，料想會有不滿，而憑藉衛莊公的寵愛作亂。《春秋左傳正義》疏云：「恃君寵愛，未有不驕；亦既驕矜，必不能自降其心。強降其心，未有不恨，亦既怨恨，必不能自重其身。」〔註9〕同時，成為君位繼承人的衛桓公，個性不夠強勢，缺乏身為君主該有的氣勢度量，在禮教漸失的春秋時代，相對強勢的庶子，產生爭奪繼承君位、取而代之的心思，便不足為奇。更何況，進入春秋時代，西周的禮樂制度已然崩毀，以嫡長子制度來選定下任君主的方式也受到考驗。通常，在現任君主未指定繼承人的狀況下，凡是現任君主的血親，無論嫡庶，都有機會繼承君位。

　　當採用嫡長子繼承制的時候，嫡長子就是繼承君位，唯一人選。然而，在禮崩樂壞的春秋時期，嫡長子繼承制，不再是繼承人唯一的選定方式，只要現任君主，在所有血親子嗣中選立「世子」，這位世子即使不是嫡長子，仍是繼承君位的唯一人選，成為現任君主所特別指定的儲君。因此「世子」身份一確立，就表示下任君主已經確立。

　　若是衛莊公真的寵愛州吁，寵愛到希望他成為下任衛君，其實可以事先指定州吁為世子，避免日後兄弟爭權君位，而自相殘殺，這正是石碏進諫衛莊公，即早立公子州吁為世子的用心。《春秋左傳正義》注云：「言將立為太子，則宜早定；若不早定，州吁必緣寵而為禍。」〔註10〕反之，若衛莊公只是寵愛公子州吁，並沒有要讓州吁繼承君位的話，就應該事先斷絕州吁對君位的覬覦，並且讓州吁對公子完有一定的遵敬和服從，才不會讓州吁目中無兄無君，恃寵為亂。

　　一個殘忍又驕縱的人，緣寵作亂，為了君位而殺害自己親人，不無可能。在兄弟鬩牆禍端發生前，石碏已經事先提醒衛莊公。對於驕奢寵溢的州吁，石碏進諫衛莊公兩條路。其一，不該過度寵逆州吁，讓州吁缺乏長幼有序的

〔註9〕　《春秋左傳正義》，《十三經注疏》第 6 冊，〔清〕阮元校勘，〔清〕嘉慶 20 年（1815 年）江西南昌府學刊本，臺北縣，藝文印書館，1976 年 5 月 6 版，頁 54。

〔註10〕　《春秋左傳正義》，頁 54。

觀念。其二,若要繼續寵溺州吁,應該即早改立州吁爲繼承人。可惜衛莊公不把石碏的建議放在心上,埋下州吁篡逆、兄弟自殘的禍害。《左傳》隱公三年云:

> 石碏諫曰:「臣聞愛子,教之以義方,弗納于邪。驕奢淫泆,所自邪也。四者之來,寵祿過也。將立州吁,乃定之矣;若猶未也,階之爲禍。夫寵而不驕,驕而能降,降而不憾,憾而能眕者,鮮矣!且夫賤妨貴,少陵長,遠間親,新間舊,小加大,淫破義,所謂六逆也。君義,臣行,父慈,子孝,兄愛,弟敬,所謂六順也。去順效逆,所以速禍也。君人者,將禍是務去,而速之,無乃不可乎?」弗聽。其子厚與州吁游,禁之,不可。桓公立,乃老。〔註11〕

辛伯「竝后、匹嫡、兩政、耦國」四項亂國根本概念,在公子州吁弒君事件中,衛莊公過度寵愛公子州吁,賦予公子州吁過度權勢,符合「匹嫡」的情況。此外,衛莊公不事先確立世子人選,導致公子州吁產生奪權野心,親自製造出「嗣親奪權」的禍端,最後促使衛桓公死在州吁手上。已經繼承君位的衛桓公,卻因爲個性懦弱,無形中助長公子州吁篡位自立的想法,致使自己喪失性命,足證身爲君主,衛桓公也有缺失。公子州吁身爲人臣,卻目中無君,妄行篡立,展現「臣僕專擅」的情況。因此,由於衛莊公在自身有過失下,未能預防公子州吁「嗣親奪權」,以致於公子州吁「臣僕專擅」而不可避免地弒君,取而代之。

## 二、衛右宰醜殺衛君州吁（隱公四年,公元前七一九年)

### （一）弒君事件概述

衛莊公特別溺愛州吁,〔註12〕因而未聽從大臣石碏的勸諫,事先立下世子。魯隱公三年,衛莊公逝去,由公子完嗣位爲衛桓公。隔年春天,公子州吁殺衛桓公自立。《春秋》隱公四年云:「春……戊申,衛州吁弒其君完。」〔註13〕同年,退休的衛臣石碏借陳國之力,擒殺衛君州吁和石厚。《春秋》隱公四年云:「冬,十有二月,衛人立晉。」〔註14〕最後從邢地,迎接回衛

---

〔註11〕《春秋經傳集解》,頁46至47。
〔註12〕《左傳》隱公三年云:「公子州吁,嬖人之子也,有寵而好兵。公弗禁,莊姜惡之。」見《春秋經傳集解》,頁46。
〔註13〕《春秋經傳集解》,頁47。
〔註14〕《春秋經傳集解》,頁47。

桓公的弟弟公子晉，擁立爲衛宣公。

## （二）弒君因素分析

衛莊公的兒子，根據史料所列，排行以公子完最長，公子晉次之，公子州吁最幼。意即公子州吁要即位爲衛君，必須等到公子完、公子晉死去，並且沒有任何子嗣後，才能真正擁有君位繼承權。

然而，公子州吁深獲衛莊公寵愛，又對軍事擁有高度興趣及才能，對於因爲庶子地位，而無法理所當然地繼承君位，公子州吁絕對不會甘於現況，必定會憑藉衛莊公的寵愛而作亂。衛莊公沒能事先立世子，防範君位爭奪，最終促使兄弟鬩牆，衛桓公死在公子州吁手上。

對於公子州吁的個性，魯國大夫眾仲曾經表示公子州吁性格殘忍，缺乏民心所向，遲早會導致眾叛親離的結果。《左傳》云：「夫州吁，阻兵而安忍，阻兵無眾，安忍無親，眾叛親離，難以濟矣。」〔註15〕果然，魯隱公四年，衛君州吁殺衛桓公代立後不久，遲遲無法穩定民心，於是讓石厚向父親石碏請教。已經退休在家的石碏，表示陳桓公現時深受周天子寵愛，而且目前衛國和陳國相處和睦，因此建議衛君州吁去到陳國，請求陳國對周天子進言，承認衛君州吁的正統性，再利用周天子的威望來收買衛國的民心。《左傳》隱公四年云：

> 州吁未能和其民，厚問定君於石子。石子曰：「王覲爲可。」曰：「何以得覲？」曰：「陳桓公方有寵於王，陳衛方睦，若朝陳使請，必可得也。」厚從州吁如陳，石碏使告于陳曰：「衛國褊小，老夫耄矣，無能爲也。此二人者，實弒寡君，敢即圖之。」陳人執之，而請涖于衛。九月，衛人使右宰醜，涖殺州吁于濮；石碏使其宰獳羊肩，涖殺石厚于陳。〔註16〕

聞言，石厚和衛君州吁立即出發到陳國。不料，石碏卻暗中向陳國表示，前往的二人是殺害衛桓公的兇手，礙於自己年邁，加上衛國弱小，無力討伐這些弒君賊人，希望陳國可以出手幫忙。對於石碏不惜大義滅親的出賣舉動，陳國協助捉拿石厚和衛君州吁，然後交給衛國人自己討伐。於是衛國人就讓右宰醜和獳羊肩二人，分別前往濮和陳，殺掉衛君州吁和石厚。

此處《左傳》並未明說是哪一位衛國人，但是要能使喚得動右宰這個職

---

〔註15〕《春秋經傳集解》，頁47。
〔註16〕《春秋經傳集解》，頁47。

位，恐怕官階要比右宰高才可行；當官階不足時，名望人脈夠高也有可能，據後者推測是石碏讓右宰醜前往的可能性頗大。然而，傳文後面有明說石碏派自己的家臣去殺兒子石厚，卻未明說是石碏讓右宰醜去殺衛君州吁，如果記下石碏之名，石碏便須背負「弒君」之罪，傳文只記作「衛人」，而不指明，可能也有維護之意。

綜上所述，衛君州吁最大死因，來自先前的篡權奪位，弒君者的身份，使衛君州吁爲君有失，不得民心，最後在石碏的策劃下，死在右宰醜手上。石碏早在衛桓公即位前，就已經告老退休，成爲普通的衛國百姓；在衛君州吁即位後，廣義來說，也算是衛君州吁名份上的臣僕。身爲臣僕，卻設計謀害現任君主，即使打著「討賊」的名義，實質上還是讓一位衛君見弒，因此符合「臣僕專擅」。此外，右宰醜在《左傳》中雖未明說，應該一直都是衛國的臣子，在衛君州吁即位後，沒能協助國君輔國，反而聽從「衛人」的言語，動身到濮地親手弒君，也算得上是另一種「臣僕專擅」的表現。因此，衛君州吁見弒，原因雖起於「臣僕專擅」，實是衛君州吁自身無道，而致見弒。

## 三、魯羽父殺魯隱公（隱公十一年，公元前七一二年）

### （一）弒君事件概述

魯惠公，本來有元配夫人孟子，可惜孟子早亡，而且不曾替魯惠公留有任何子嗣。後來，魯惠公與繼室聲子，生下公子息姑。當初，宋武公生下女兒仲子，仲子天生手掌上有紋路，紋路的形狀像是「魯夫人」三個字，眾人認爲這是個祥兆，於是魯惠公便迎娶仲子，有意讓仲子成爲名副其實的魯夫人。《左傳》云：「惠公元妃孟子，孟子卒。繼室以聲子，生隱公。宋武公生仲子，仲子生而有文在其手，曰爲魯夫人；故仲子歸于我，生桓公而惠公薨，是以隱公立而奉之。」〔註17〕仲子嫁到魯國後，與魯惠公生下公子軌。不久，魯惠公逝去，此時公子軌還年幼，無法勝任君位。最年長的公子息姑，知道魯惠公立仲子爲夫人的心志，於是暫時攝政爲魯隱公，〔註18〕率領全國奉立公子軌，準備等待公子軌成年，便將君位讓給公子軌。

魯隱公十一年，魯國大夫羽父（即公子翬），爲了獲取大宰的官位，向

---

〔註17〕《春秋經傳集解》，頁42。

〔註18〕《左傳》隱公元年云：「春，王周正月，不書即位，攝也。」見《春秋經傳集解》，頁42。

魯隱公進言，請求殺害公子軌來保全魯隱公君位的長久。魯隱公非但沒有應允羽父，反而對羽父表明，未來會將君位讓回給公子軌，自己要到菟裘終老。《左傳》隱公十一年云：「羽父請殺桓公，將以求大宰。公曰：『爲其少故也，吾將授之矣。使營菟裘，吾將老焉。』羽父懼，反譖公于桓公，而請弒之。」〔註19〕羽父擔心自己爲求官而請殺的行止被公子軌得知，一旦公子軌繼位後，會將自己治罪，轉而對公子軌誣陷魯隱公，協助公子軌殺掉魯隱公。

　　同年，魯隱公照例前去祭拜鍾巫神，在社圃齋戒，並在魯國大夫寪氏家中住宿。《左傳》隱公十一年云：「十一月，公祭鍾巫，齊于社圃，館于寪氏。壬辰，羽父使賊弒公于寪氏，立桓公。」〔註20〕壬辰這天，羽父派遣賊人，在魯國大夫寪氏家中殺死魯隱公，改立公子軌爲魯桓公。

## （二）弒君因素分析

　　依照古代禮制，天子的正妻稱爲「后」，諸侯的正妻稱爲「夫人」，大夫的正妻稱爲「孺人」，士的正妻稱爲「婦人」，一般百姓的正妻稱爲「妻」。《禮記·曲禮》云：「天子之妃曰后，諸侯曰夫人，大夫曰孺人，士曰婦人，庶人曰妻。」〔註21〕魯惠公是諸侯，因此元配孟子，可稱爲魯惠公的夫人，也就是一般所謂正室、嫡妻。依禮，同時間只能有一位夫人，因此其餘魯惠公的女人，只能算是妾。此外，古代還有陪嫁的習俗，這些陪嫁的人稱爲「媵」，這些「媵」也算是妾。《儀禮》注云：「媵，送也，謂女從者也。」〔註22〕爲了確保子嗣的產生和留存，諸侯迎娶的夫人，同時會陪嫁兩位媵，總共一次娶三人。這三人，分別又陪嫁一對姪娣，所以總計有九人。《儀禮》疏云：「古者嫁女，必姪娣從，謂之媵。姪，兄之子；娣，女弟也。……古者嫁女，必姪娣從，謂之媵者。媵有二種，若諸侯有二媵外，別有姪娣。……諸侯夫人自有姪娣，并二媵各有姪娣，則九女是媵，與姪娣別也。」〔註23〕以多數的女性協助育子，確保君主的血脈能夠延續，因此陪嫁制度在古代特別興盛。

　　「姪娣」與「媵」隨夫人陪嫁過來，當夫人逝去後，不需再舉辦聘禮，

---

〔註19〕　《春秋經傳集解》註，頁54。

〔註20〕　《春秋經傳集解》，頁54。

〔註21〕　《禮記注疏》，《十三經注疏》第5冊，〔清〕阮元校勘，〔清〕嘉慶20年（1815年）江西南昌府學刊本，臺北縣，藝文印書館，1976年5月6版，頁94。

〔註22〕　《儀禮注疏》，《十三經注疏》第4冊，〔清〕阮元校勘，〔清〕嘉慶20年（1815年）江西南昌府學刊本，臺北縣，藝文印書館，1976年5月6版，頁50。

〔註23〕　《儀禮注疏》，頁54至55。

重新聘娶這八位陪嫁的女子，而是由這八位女子中最尊貴者，就會成為次妃，接管夫人治內的任務，卻不能接任「夫人」這個名銜，以避免嫡庶子的爭端。除了正室的夫人外，魯惠公其他的女人，頂多算妾。但是次妃的身份，和妾又有所不同，因此特別給予一個「繼室」的名銜，〔註24〕來標明次妃低於夫人、高於諸妾的身份、地位。《春秋左傳正義》疏云：

> 諸侯唯有繼室之文，皆無重娶之禮，故知元妃死，則次妃攝治內室。次妃謂姪娣與媵諸妾之最貴者。《釋例》曰：「夫人薨，不更聘，必以姪娣與媵繼室。」是夫人之姪娣與二媵皆可以繼室也。適庶交爭，禍之大者，禮所以別嫌明疑，防微杜漸，故雖攝治內室，猶不得稱夫人；又異於餘妾，故謂之繼室。妻處夫之室，故書《傳》通謂妻為室，言繼續元妃在夫之室。〔註25〕

確定了夫人、繼室、妾的身份、地位，對於她他們所生下的孩子，同時確立嫡庶之分，以及繼承君位的順序和權利。在禮崩樂壞的春秋時代，周朝多數諸侯國，是採用父死子繼、嫡長子繼承制為主的君位繼承方式，也有出現兄終弟及的君位繼承方式，甚至出現隨著現任君主意願，指定人選的繼承方式。

魯惠公與元配孟子沒有子嗣，和繼室聲子生下公子息姑。孟子逝去後，宋國的仲子，因手上紋理的緣故，嫁給魯惠公。由於仲子掌紋的祥兆，魯惠公本有意將仲子立為夫人，卻在仲子生下公子軌不久後逝去，來不及立仲子為夫人，同時也未立世子。在未立世子的狀態下，嗣位的人選，一般以嫡長子繼承；若無嫡長子，則以母親身份尊貴的兒子繼承。《春秋左傳正義》疏云：「繼室雖非夫人，而貴於諸妾。惠公不立大子，母貴則宜為君。」〔註26〕雖然魯惠公有意立仲子為夫人，終究還未立成，同樣不是夫人的狀態下，身為繼室的聲子，身份上自然高過其他妾。因此繼室聲子所生的公子息姑，理所當然成為嗣位的不二人選，成為新任魯君。然而，公子息姑卻為了父親，魯惠公生前有意立疼愛的仲子為夫人的心願，決定放棄即位的權利，讓仲子所生的公子軌繼承君位。可惜，當前公子軌年齡還小，不方便即位，公子息姑

---

〔註24〕《春秋左傳正義》注云：「元妃死，則次妃攝治內室，猶不得稱夫人，故謂之繼室。」，頁29。
〔註25〕《春秋左傳正義》，頁29。
〔註26〕《春秋左傳正義》，頁29。

便先立公子軌爲世子，自己暫時攝政爲魯隱公，等待公子軌長大繼位。〔註27〕

《春秋左傳正義》疏云：

> 正以禎祥之故，仲子手有夫人之文，以其父愛之，有以仲子爲夫人之意。故追成父志，以讓位桓，但爲桓年少，未堪多難，是以立桓爲太子，帥國人而奉之，己則且攝君位，待其年長。〔註28〕

魯惠公雖有意立仲子爲夫人，終究沒有立成，因此仲子仍是妾的身份。魯惠公沒能在生前立仲子爲夫人，但是魯惠公想立仲子爲夫人的心願，成爲魯隱公不即位、只攝政，等待公子軌長大還政的依歸。因此，在魯隱公的孝心下，仲子以妾的身份，獲得夫人的待遇，產生「竝后」的狀況。

公子軌是仲子所生，仲子既然身爲妾，公子軌按理只是庶子。雖然魯惠公有心使仲子成爲夫人，連帶公子軌成爲嫡長子，卻無法在逝去前如願完成；直到一心遵循父親遺願的魯隱公攝政後，特別指定身爲庶子的公子軌成爲世子。正式將公子軌推上儲君地位。如此一來，魯隱公和公子軌的關係形同「匹嫡」，也就是杜預解爲「庶如嫡」、狐突釋爲「嬖子配適」的狀況，埋下日後「嗣親奪權」的隱憂。

魯隱公攝政後，魯大夫羽父（即公子翬），爲了大宰的官位，想殺公子軌向魯隱公獻媚。《左傳》隱公四年云：「秋，諸侯復伐鄭，宋公使來乞師，公辭之。羽父請以師會之，公弗許，固請而行，故書曰：『翬帥師，疾之也。』」〔註29〕魯隱公四年，羽父與諸侯會師事件，充分透露出羽父的性格。這場會師，魯隱公本不答應，而在羽父強烈堅持下，由羽父率領魯軍前往會師。《春秋左傳正義》注云：「公子翬，魯大夫。不稱公子，疾其固請，強君以不義也。諸外大夫，貶皆稱人；至於內大夫，貶則皆去其族，稱名於記事之體。他國可言某人而已，魯之卿佐，不得言魯人，此所以爲異也。翬溺去族，《傳》曰：『疾之。』叔孫豹則曰：『言違命。』此其例也。」〔註30〕《經》、《傳》不書公子翬，而用公子翬的字羽父，主因在於《春秋》「去族」的貶抑的筆法。貶抑的理由，在於如此不遵重君主、違抗君命的臣子，史官以去族的方式記載在史策上，明白表示貶抑的用意。

---

〔註27〕《春秋左傳正義》注云：「隱公，繼室之子，當嗣世。以禎祥之故，追成父志，爲桓尚少，是以立爲太子，帥國人奉之。」，頁29。

〔註28〕《春秋左傳正義》，頁29。

〔註29〕《春秋經傳集解》，頁47。

〔註30〕《春秋左傳正義》，頁55。

　　隱公元年，魯大夫公子豫也曾在沒有魯隱公的命令下，私自出兵會盟。隱公四年，魯大夫羽父則在違背魯隱公的意願下，強迫性的取得命令出兵會師。《春秋》不載錄公子豫的事，卻特別記載羽父的事。料想是表明羽父領令而出，是強取而得，有以下犯上的味道。《春秋左傳正義》云：「案元年《傳》，邾人、鄭人，盟于翼。公子豫請往，公不許，遂行。彼則不書，又不加貶責。此公子翬之行，公亦不許，而書於《經》，又加貶責者。公子豫，公不許，私竊而行；翬師強梁，固請公。事不獲已，令其出會，故以君命而書，又加貶責。」〔註31〕所以記上史策，並去族貶抑，來提醒為人大夫者對君主該有的尊重。

　　初犯，可以寬諒。明知故犯，一犯再犯，其心態昭然若揭。魯隱公十年，羽父再一次帥領魯軍會師。《左傳》隱公十年云：「夏，五月，羽父先會齊侯、鄭伯，伐宋。」〔註32〕相對於隱公四年，魯隱公只讓羽父領兵，這一次魯隱公可是親自出兵，史料記錄會師的人，卻是羽父，不是魯隱公本人。這次會師，羽父同樣領有魯隱公的命令率領軍隊，卻貪圖聲名，硬是領兵先行前往會師。與會的齊侯、鄭伯都是諸侯，身份自然與大夫不同。羽父以一個大夫身份，擅作主張的舉動，讓奉王命討宋的齊侯、鄭伯不滿，於是派遣身份卑微的人前去會師，也不親自參與。《春秋左傳正義》云：「公子翬不待公命，而貪會二國之君，疾其專進，故去氏。齊、鄭以公不至，故亦更使微者從之伐宋。不言及，明翬專行，非鄧之謀也。」〔註33〕羽父不輔助魯隱公，反而貪圖名聲，先行領軍會師，缺乏一個大夫應有的進退；當時的史官，看不慣羽父的作為，再次去族，僅以字號羽父，登載此事於史策上。

　　諸侯出兵參與謀畫稱作「及」，此次借由僅稱「會」來表明貶抑，標出羽父專擅獨行的作為。即使此次記錄，並無「固請」二字，料想是魯隱公四年傳文已載錄，魯隱公十年羽父再犯之時，便省略「固請」二字，實則暗指此次羽父依然是「固請」而為。魯隱公元年，有類似舉動的魯國大夫公子豫，《春秋》未記錄，卻特別記錄魯隱公四年、十年魯國大夫羽父的行為，推測可能是公子豫本身並非公卿之位，而羽父卻是位列公卿，藉以彰顯羽父這種「臣僕專擅」的過份行為。《春秋左傳正義》疏云：

---

〔註31〕《春秋左傳正義》，頁57。
〔註32〕《春秋經傳集解》，頁52。
〔註33〕《春秋左傳正義》，頁77。

羽父先會齊侯、鄭伯，是不待公命也。貪會二國之君，自求其名。時史疾其專進，故貶去公子。公子義與氏同，故以氏言之。中丘之會，計君自親行，今齊、鄭稱人，是使微者從之也。於例，師出與謀曰及，《傳》稱「盟于鄧爲師期。」公旣與謀計，當書及，今乃言會，明其以翬專行，非鄧之謀。《釋例》曰：「王命發宋，羽父不匡君，以速進而先會二國，自以爲名，故貶去其族。齊爲侯伯，鄭伯又爲王卿士，二君奉王命以討宋，惡羽父之專進，故使與微者同伐。動而無功，故無成敗也。」案四年，翬固請而行，故貶去其氏。此直言羽父先會齊侯、鄭伯，無固請之文，亦貶之者。又公子豫會邾人、鄭人，以不待公命，而《經》不書，此翬亦不待公命而《經》書者。翬於四年《傳》稱「固請」，明此先會亦固請也；《傳》於四年，其文已詳，故於此而略耳。豫會邾人、鄭人，本非公卿，故不書；此則公會齊、鄭于中丘，已爲師期，翬又請公先會，先會則是君命，故以書之。〔註34〕

從魯隱公四年、魯隱公十年史冊記載對公子翬的事件，連著二次都用去族貶抑公子翬專任擅爲的動作，不難想見公子翬的個性。雖然魯隱公只是暫時攝政，在當時依舊是魯國最高權位者，身爲人臣的魯國大夫公子翬，專擅獨行，視君主爲無物，依照自己喜好，固執己見，一意孤行，嚴重缺乏對君主的尊重。

位極人臣，對君主缺乏臣子該有的倫理禮儀，就算產生弒君的行爲，也在意料之中。魯隱公雖未即位，仍是當時魯國最高掌權者，等同魯國君主的地位。魯隱公十一年，魯隱公見弒，《春秋》僅記載「公薨」二字，〔註35〕然而，從傳文可以明白知道，魯隱公實際上是被殺害，而非自然死亡。明知魯隱公是被謀害，並非自然死亡，不用「弒」改用「薨」，又不寫明死在何處，是《春秋》筆法上的隱諱。《春秋左傳正義》注云：「實弒。書薨，又不地者，史策所諱也。」〔註36〕不忍心見到君主被弒，不忍心言明死亡之處，因而用詞有心隱匿，有所忌諱而不直書。

魯隱公十一年，羽父向魯隱公請求殺害公子軌，有意推舉魯隱公繼續爲

---

〔註34〕《春秋左傳正義》，頁77。
〔註35〕《春秋》隱公十一年云：「冬，十有一月，壬辰，公薨。」見《春秋經傳集解》，頁53。
〔註36〕《春秋左傳正義》，頁78。

君，以此獻媚，好求得大宰的官位。此處羽父已經萌生弒君之心，只是對象是未來將繼承君位的公子軌。根據記載，當時魯國並沒有「大宰」這個官職，只有周天子六官之中，才有天官大宰這個職位。

羽父本身已經是位列公卿的高官，卻想殺公子軌以求「大宰」，羽父此舉，似乎有讓魯國特別另增「大宰」這個官位給自己，來彰顯自身榮耀的用意。《春秋左傳正義》疏云：「《周禮》天子六卿，天官爲大宰，諸侯則并六爲三而兼職焉。昭四年傳稱，季孫爲司徒，叔孫爲司馬，孟孫爲司空，則魯之三卿無大宰也。羽父名見於經，已是卿矣。而復求大宰，蓋欲令魯特置此官，以榮己耳。」〔註37〕楊伯峻也認爲魯國本身沒有「大宰」這個官職，採用太史公的看法，認爲羽父（即公子揮）所求的「大宰」官職，其實就是宰相之位。《春秋左傳注》云：「魯本無大宰之官，此云將以求大宰者，謂欲以殺桓公求爲執政之卿。故〈十二諸侯年表〉述此事云：『大夫翬請殺桓公，求爲相。』〈魯世家〉亦云：『公子揮諂，謂隱公曰：「百姓便君，君其遂立，吾請爲君殺子允，君以我爲相。」』皆以相釋大宰，得其義矣。」〔註38〕羽父想要求取「一人之下，萬人之上」的尊榮，不惜殺公子軌，以獻媚於魯隱公。

不料魯隱公一心等待公子軌長大，意欲還政公子軌，到菟裘終老一生。羽父擔心公子軌若聽聞此事對自己不利，改而誣陷魯隱公。魯隱公有心讓位給公子軌，卻在羽父的讒言下，讓本無正統繼承權的公子軌，不再相信魯隱公讓位之心，改而與羽父同謀。《史記》云：「揮懼子允聞而反誅之，乃反譖隱公於子允曰：『隱公欲遂立去子，子其圖之，請爲子殺隱公。』子允許諾。」〔註39〕魯隱公十一年，魯隱公依慣例前往祭拜鍾巫，住在魯大夫寪氏館邸，遭到由羽父派遣的人所殺死。魯隱公死後，羽父擁立公子軌，爲魯桓公。

傳文很明確寫出「羽父使賊弒公于寪氏」，可知魯隱公並非寪氏所殺，而是羽父教唆賊人所殺。爲了脫罪，羽父有意讓魯隱公死在寪氏館邸，好嫁禍寪氏。自魯隱公四年、十年、十一年，魯國大夫羽父所作所爲看來，羽父的確具有獨擅獨行、專斷專任的個性。身爲人臣，不知守份，貪名妄爲，絲毫沒有臣子該有的禮儀、倫理。憑一己喜惡，不尊重君主，固執己見而爲，已

〔註37〕《春秋左傳正義》，頁82。
〔註38〕《春秋左傳注》，〔民國〕楊伯峻，臺北縣，漢京文化事業有限公司，1987年1月，頁79。
〔註39〕《史記會注考證》，頁571。

是標準的「臣僕專擅」。

事實上，魯隱公並非寪氏所弒，因此魯桓公若是誅滅寪氏，則是牽連無辜，不討罪寪氏，則缺乏弒君之賊。魯桓公明知魯隱公死在何人之手，卻無可討伐，恐怕也不敢討伐真兇；若要誣罪寪氏，卻又狠不下心來執刑論罰。進退失據，對於魯隱公見弒事件，只能不了了之，魯桓公身為君主，實在失職。《春秋左傳正義》疏云：

> 羽父遣賊弒公，公非寪氏所弒。公在寪氏而死，遂誣寪氏弒君，欲以正法誅之。君非寪氏所弒，故討寪氏之家，僅有死者而已。……欲以弒君之罪加寪氏，則君非寪氏所弒，而復不能以正法誅之。正法謂滅其族，汙其宮也。《傳》言此者「進退無據」；進，誅寪氏，則實非寪氏弒君；退，舍寪氏，則無弒君之人，是其進退無據也。

〔註40〕

馬驌則認為，魯惠公相信手文祥兆，迎娶仲子，並有意讓仲子成為夫人，已然開啟禍端。魯隱公較為年長，公子軌則較年幼，魯隱公卻顛覆長幼尊卑禮法，讓位給公子軌，植下亂種。再者，魯隱公雖然有意讓位，卻尚未直接讓與公子軌，在位十一年之久，而且功蹟卓越，自然使人猜忌。羽父為臣不臣，魯隱公不能遏阻，徒增羽父專擅野心。羽父先是請殺求官，後又派人殺害魯隱公，足證已經目中無君，早就存有弒君之心。公子軌對於未來繼承權的不安感，選擇相信讒言，滋長羽父不臣之心，弒君奪權；而魯桓公聽信讒言，弒兄篡位，罔顧人倫；明知弒君賊人所在，卻無法討伐，徒增亂臣賊子的氣焰。是以《春秋》特別記載魯隱公見弒事件，諫戒君主不可助長亂臣賊子四起。《左傳事緯》云：

> 禮諸侯再娶，不稱夫人。惠以孟子為元妃，以聲子為繼室。有子而長，國之幸也。謬信手文之誣，再娶夫人，已開禍亂之端矣。隱長桓幼，其為尊卑也。微諸大夫，扳隱而立之正也。惠欲與桓，非正也。隱立十有一年，用師宋郊，連兵許國，直與齊僖、鄭莊，並駕中原。國人咸知，惠公有子，亦將以其終為君也。將以讓桓，則直授之，夫以十三歲之莊公，與三歲之襄公，皆不以弱而不立桓也。即幼又復十一年矣。而懦忍不決，用生讒慝，殆鍾巫禍成，蕭牆生變，菟裘之營，吁嗟已晚，掎獨何哉？羽父專命行師，素無臣禮，

> 而始以殺桓獻媚，終以弒隱逞志，有弒一君之名，而有弒二君之心，
> 亂臣賊子，莫此爲甚。桓公，黨惡滅倫，竊居君位，而如齊不反。
> 天道好還，可不畏與！獨是隱公長且賢，南面數載，不聞敗德。非
> 鬼之祭，竟來篡逆。探先君之邪志，啓奸雄之戎心，君弒而賊不討，
> 《春秋》于此，有遺憾焉。〔註41〕

綜觀魯隱公見弒始末，魯惠公寵妾欲立，魯隱公未能制臣，魯桓公無法討賊，三位君主在行爲上，都略有缺失。仲子爲妾，因爲魯隱公的孝心，取得有如夫人的地位，違背應有份際，是爲「伴侶無狀」。公子軌以庶子身份，因魯隱公歸父之志，成爲世子，卻誤信讒言篡立，是爲「嗣親奪權」。羽父個性擅命妄爲，請殺求官不成，轉而進讒弒君，是爲「臣僕專擅」。可見，魯隱公見弒，是從魯惠公開啓一串連鎖反應，加上魯隱公自身行爲缺失，引出「伴侶無狀」、「嗣親奪權」、「臣僕專擅」的局面。

# 第二節 桓公時期的弒君事件

## 一、宋華督殺宋殤公（桓公二年，公元前七一○年）

### （一）弒君事件概述

擔任司馬職位的孔父嘉，有個美貌的妻子。魯桓公元年，孔父嘉的妻子外出，讓華父督看到姣好的容貌。《左傳》桓公元年云：「宋華父督見孔父之妻于路，目逆而送之，曰：『美而豔。』」〔註42〕隔年，華父督便攻殺孔氏一族，殺死孔父嘉，奪走孔父嘉的妻子。《左傳》桓公二年云：「春，宋督攻孔氏，殺孔父而取其妻。公怒，督懼，遂弒殤公。……已殺孔父而弒殤公，召莊公于鄭而立之，以親鄭。」〔註43〕此舉惹惱宋殤公，因畏懼盛怒的宋殤公，華父督乾脆弒君，再迎立宋穆公避居鄭國的兒子公子馮，是爲宋莊公。

### （二）弒君因素分析

魯隱公三年，宋穆公逝去。〔註44〕在病重的時候，宋穆公曾經召見擔任

〔註41〕《左傳事緯》，〔清〕馬驌撰，廣文編譯所校補，〔清〕光緒敏德堂潘校刊本，臺北市廣文書局有限公司，1967 年 6 月初版，頁 77 至 79。

〔註42〕《春秋經傳集解》，頁 55。

〔註43〕《春秋經傳集解》，頁 55。

〔註44〕《春秋》隱公三年云：「八月，庚辰，宋公和卒。冬，……癸未，葬宋穆公。」

司馬職位的孔父，交代下一位繼承君位的人選。宋宣公是宋穆公的兄長，傳位給弟弟宋穆公，而非傳位給兒子與夷。宋穆公爲了繼承這項自殷商以來的傳統，特別交代孔父嘉扶立兄長宋宣公的兒子與夷繼承君位，並讓自己的兒子公子馮，避居到鄭國。八月宋穆公逝去後，與夷即位，是爲宋殤公。《左傳》隱公三年云：

> 秋……宋穆公疾，召大司馬孔父而屬殤公焉。曰：「先君舍與夷而立寡人，寡人弗敢忘。若以大夫之靈，得保首領以沒，先君若問與夷，其將何辭以對？請子奉之，以主社稷，寡人雖死，亦無悔焉。」對曰：「羣臣願奉馮也。」公曰：「不可！先君以寡人爲賢，使主社稷，若弃德不讓，是廢先君之舉也，豈曰能賢。光昭先君之令德，可不務乎！吾子其無廢先君之功。」使公子馮出居於鄭。八月，庚辰，宋穆公卒，殤公即位。君子曰：「宋宣公可謂知人矣！立穆公，其子饗之，命以義夫。〈商頌〉曰：『殷受命咸宜，百祿是荷。』其是之謂乎！」〔註45〕

宋穆公在重病時期，交付輔佐下一位君主的任務給孔父嘉。特別交待要傳位給兄長宋宣公的兒子與夷，而不是傳位給自己的兒子公子馮，主因出在當初宋穆公能即位，是宋宣公捨棄傳位給自己的兒子與夷，改傳位給宋穆公。〈宋微子世家〉云：「十八年，武公卒，子宣公立。宣公有太子與夷。十九年，宣公病讓其弟和曰：『父死子繼，兄死弟及，天下通義也。我其立和。』和亦三讓而受之。宣公卒，弟和立，是爲穆公。」〔註46〕

宋宣公捨子讓弟，宋穆公也效法宋宣公，捨棄自己的兒子，讓位給兄長的兒子。〈宋微子世家〉云：「先君宣公，舍太子與夷而立我，我不敢忘，我死必立與夷也。」〔註47〕、又云：「毋立馮，吾不可以負宣公。」〔註48〕宋穆

見《春秋經傳集解》，頁45。
〔註45〕《春秋經傳集解》，頁46。
〔註46〕《史記會注考證》，頁613至614。楊伯峻引〈宋微子世家〉此段，在「我其立和」一句，「我」字後方多出一個「死」字，未知其源爲何。《春秋左傳注》云：「《史記·宋世家》云：『武公卒，子宣公立。宣公有太子與夷。十九年，宣公病，讓其弟和，曰：「父死子繼，兄死弟及，天下通義也。我死，其立和！」和亦三讓而受之。宣公卒，弟和立，是爲穆公。』據《史記·十二諸侯年表》，穆公立於周平王四十一年（公元前七二八年）。」，頁28。
〔註47〕《史記會注考證》註，頁614。
〔註48〕《史記會注考證》，頁614。

公話中的先君，就是指兄長宋宣公。從宋穆公這些話語中，可以看出宋穆公十分堅持讓位的意志。

根據《春秋左傳注》，魯隱公元年（公元前七二二年），是周平王四十九年，宋穆公七年。〔註49〕因此宋宣公和宋穆公即位的時候，應該都在魯惠公時代。根據〈十二諸侯年表〉，宋宣公即位元年，在魯惠公二十二年。〔註50〕宋穆公即位元年，則在魯惠公四十一年。〔註51〕二位都在魯惠公時代，先於魯隱公時代。《春秋》始於魯隱公元年，未詳錄當時的事，自然《左傳》也沒有，只能參考太史公的記錄。

對於宋國君位，兄弟相讓的事跡，《左傳》特別引用《詩經·商頌·玄鳥》，來稱頌這段相讓的美意，《左傳》隱公三年云：「宋宣公可謂知人矣！立穆公，其子饗之，命以義夫。〈商頌〉曰：『殷受命咸宜，百祿是荷。』其是之謂乎！」〔註52〕對於這兩位兄弟讓位的德行，合仁義的心，給予肯定。〔註53〕依據楊伯峻的看法，宋國爲殷商後代。殷商的君位交接，常見兄長傳位給弟弟的現象，宋宣公傳位給弟弟，頗有追述遠祖的意味。《春秋左傳注》云：「宋爲殷商之後，故引〈商頌〉而贊之。詩見〈玄鳥〉之卒章。……殷商王位，多兄終弟及，宋宣公亦不傳子而傳弟，故引此詩。」〔註54〕因此《左傳》特別引用〈玄鳥〉，來彰顯這段事件。

宋穆公爲了順利傳位給兄長的兒子與夷，特別讓自己的兒子公子馮避居到鄭國。傳文爲「使之出居」，注文卻說「忿而出奔」，其間並沒有衝突，純粹記載角度不同。從宋穆公的角度出發，是父親讓兒子避開宋殤公，到鄭國居住；從公子馮的角度出發，是到鄭國尋求援助而出奔宋國。《春秋左傳正義》疏云：「公子馮出奔鄭，鄭人欲納之。又衛告宋曰：『君若伐鄭，以除君害。』是馮出奔鄭，求入，欲害宋國也。父使居鄭，欲以辟殤公；馮乃因鄭，欲以害殤公。故據父言之，則云：『使之出居。』；據馮之言，則云：『忿而

---

〔註49〕《春秋左傳注》，頁5。
〔註50〕《史記會注考證》，頁242。
〔註51〕《史記會注考證》，頁244。
〔註52〕《春秋經傳集解》，頁46。
〔註53〕《春秋左傳正義》疏云：「宣公之立穆公，知穆公之賢，必以義理，不弃其子。今穆公方卒，命孔父以義事而立殤公，是穆公命令殤公，出於仁義之中。」，頁52。
〔註54〕《春秋左傳注》，頁30。

出奔。』，各從其實而爲之文也。」〔註55〕宋觴公即位後，與衛君州吁，共同出兵攻打鄭國，以防止公子馮回國爭位。〈宋微子世家〉云：「殤公元年，衛公子州吁弒其君完自立，欲得諸侯，使告於宋曰：『馮在鄭，必爲亂，可與我伐之。』宋許之，與伐鄭，至東門而還。」〔註56〕此後，仍多次與鄭國交戰，最根本的原因，在於鄭莊公接納了宋穆公的兒子公子馮，有意在適當時機，護送公子馮回歸宋國登臨君位。

　　《春秋左傳正義》引《公羊傳》的看法，認爲宋國與鄭國交兵不斷，源自宋穆公沒有傳位給自己的兒子公子馮，而是傳位給兄長之子與夷，開啓公子馮的不滿，產生爭位心態。《春秋左傳正義》疏云：「《公羊傳》言宋之禍，宣公爲之，尤其舍子立弟，果令馮有爭心，以馮之爭，爲宣公之過。……馮自爭國，非宣公之罪。」〔註57〕事在人爲，就算父親不傳位給自己，公子馮本身也可以選擇安份守己，不起爭奪意識。

　　然而，宋殤公既然剛即位，就不該對公子馮有太大的動作，不該爲斬草除根輕易舉兵伐鄭，就算公子馮本無爭國心態，在生存威逼下，也不得不開始爭奪。《春秋左傳注》云：「然公子馮出居于鄭，鄭莊實欲納之。宋殤公及孔父之屢與鄭交戰，亦爲公子馮故。」〔註58〕如此一來，雖然宋穆公捨子讓位是導火線，卻不能將一切歸罪到宋穆公的作爲，最終還是公子馮自己要承擔爭國的罪名，宋殤公自己要承擔任意爭戰的民怨。《左傳》隱公四年云：

> 宋殤公之即位也，公子馮出奔鄭，鄭人欲納之。及衛州吁立，將脩先君之怨於鄭，而求寵於諸侯，以和其民。使告於宋曰：「君若伐鄭，以除君害。君爲主，敝邑以賦，與陳、蔡從，則衛國之願也。」宋人許之，於是陳、蔡方睦於衛，故宋公、陳侯、蔡人、衛人，伐鄭，圍其東門，五日而還。〔註59〕

　　自宋殤公在魯隱公三年即位以來，十年之間，總共發生十一場戰事。魯隱公四年，宋殤公連同衛國州吁出兵鄭國，之後又再次進兵鄭國取走稻禾。魯隱公五年，宋殤公出兵取走邾田，邾、鄭連兵攻入宋國郛地，宋殤公再出兵攻鄭。魯隱公九年，鄭莊公奉周天子命令伐宋。魯隱公十年，魯隱公在菅

〔註55〕《春秋左傳正義》，頁53。
〔註56〕《史記會注考證》，頁614。
〔註57〕《春秋左傳正義》，頁53。
〔註58〕《春秋左傳注》，頁85。
〔註59〕《春秋經傳集解》，頁47。

地打敗宋軍，宋殤公再次連衛攻鄭，宋、蔡、衛聯軍攻打戴國，鄭莊公三度進兵宋國。隱公十一年，鄭莊公以虢國軍隊打敗宋軍。《春秋左傳正義》疏云：

> 與夷，隱四年卽位。一戰，伐鄭，圍其東門；再戰，取其禾，皆在隱四年。三戰，取邾田；四戰，邾、鄭入其郛；五戰，伐鄭，圍長葛，皆在隱五年。六戰，鄭伯以王命伐宋，在隱九年。七戰，公敗宋師于菅；八戰，宋、衛入鄭；九戰，宋人、蔡人、衛人伐戴；十戰，戊寅，鄭伯入宋，皆在隱十年。十一戰，鄭伯以虢師，大敗宋師，在隱十一年。是皆在隱公世也。〔註60〕

十年間的十一場戰事，魯隱公四年兩場，宋殤公對鄭國連著出兵兩次。魯隱公五年三場，鄭宋又接連交兵兩次。魯隱公九年一場，鄭宋五度爭戰。魯隱公十年四場，每一場都牽涉鄭宋恩怨在內。魯隱公十一年一場，鄭宋又一次短兵相接。《左傳事緯》云：「十一戰者何？隱四年，圍鄭東門，一也；取其禾，二也。五年，取邾田，三也；邾、宋入其郛，四也；圍長葛，五也。九年，鄭以王命伐宋，六也。十年，敗于菅，七也；入鄭，八也；伐戴，九也；鄭伯入宋，十也。十一年，大敗宋師，十一也。」〔註61〕宋殤公即位十年內，所發生的十一場戰爭，全都在魯隱公時代，十一場中有十場都與鄭國兵戎交接。兩國仇恨堆疊，苦的還是爭役不斷的人民。

連年爭戰，民怨四起，華督父看準機會，將罪名歸到孔父嘉身上。《左傳》桓公二年云：「宋殤公立，十年十一戰，民不堪命。孔父嘉爲司馬，督爲大宰，故因民之不堪命，先宣言曰：『司馬則然。』」〔註62〕在苦不堪言的人民之中，散播著宋殤公好戰，宋國履次出兵，都是擔任司馬官職孔父嘉的主意。《左傳事緯》云：「宋何不幸，疆場日煩，督懷無君，巧鼓民怒，曰十年十一戰。」〔註63〕同樣身爲臣子，國君好戰，身爲臣子理當勸阻；勸阻不成，也只能聽命行事。華督父沒進到諫阻的責任，又將過錯推委給孔父嘉一人，已經完全忘記身爲人臣該有的義務、責任，只記得權臣應有的權力、利益。《春秋左傳注》云：「司馬則然，我則不然也。且司馬爲典軍之官長，督之宣言易於誘人。督以此表明自己于此事不負責任。」〔註64〕這些都擺

---

〔註60〕《春秋左傳正義》，頁90。
〔註61〕《左傳事緯》，頁87。
〔註62〕《春秋經傳集解》，頁55。
〔註63〕《左傳事緯》，頁87。
〔註64〕《春秋左傳注》，頁85。

明宋殤公十年十一戰，華督父是有意縱容君主徒惹民怨，爲自己累積有利的局面。

十年十一戰的歸罪，只是爲了殺掉孔父嘉的伏筆。華督父要除掉孔父嘉，藉由謠言，將自己塑造成除害的良善人員。〈宋微子世家〉云：「乃使人宣言國中曰：『殤公即位十年耳，而十一戰。民苦不堪，皆孔父爲之，我且殺孔父以寧民。』」〔註65〕華督父既然敢施放謠言，自然有計劃除去孔父嘉。由魯桓公元年的記載，可知華督父欲除掉孔父嘉，是爲了孔父嘉有位貌美的妻子。在臣子爭權奪利間，特別牽扯出美女，讓人覺得無辜又突兀，並且有轉移焦點的嫌疑。

宋殤公即位後第九年，華督父才偶然見到孔父嘉的妻子，見色起意，隔年就爲了奪人妻而殺掉孔父嘉。〈宋微子世家〉云：「九年，大司馬孔父嘉妻好，出道遇太宰華督。督說，目而觀之。督利孔父妻……十年，華督攻殺孔父取其妻。」〔註66〕宋殤公即位的八年間，鄭宋交兵多次，不見華督父出言勸諫，日後又將民怨導向孔父嘉，不難想像在宋殤公即位後，兩位臣子間，必定有許多或明或暗的對立。忽略華督父爭權奪利的野心，將一切歸於紅顏禍水，與華督父將十年十一戰全歸罪到孔父嘉身上，不啻是古今異曲同功的相似行爲。

華督父有罪，不代表孔父嘉就是無辜的。在古代，婦女出門，依禮必須遮住容貌。孔父嘉沒有照顧好妻子，讓妻子的容貌爲人所見，可見孔父嘉治內不力。雖說華督父爲亂，不能全歸罪到美色上，但也不能否認，美色常常是爭奪的導火線。身爲臣子，阻擋不了國君好戰，只能聽命行事，是身爲人臣的無奈。前提是，人臣是否真的盡到了勸諫的職責？勸諫君主，最終極的方式是死諫。初即位，宋殤公對公子馮的不放心，忍不住出兵鄭國，孔父嘉擋不住，也算情有可原。連年爭戰下來，民疲兵苦，孔父嘉擔任司馬一職，理該知道再戰不適合，卻任由國君一戰再戰，導致民怨不斷，憑白給予華父督藉口。史冊上未記錄孔父嘉積極進諫的事蹟，更別說激烈的死諫行爲，這些足證孔父嘉確實內外有失，「內不能治其閨門」、「外取怨於民」，因此特別把孔父嘉的名字寫明在史冊上，用來彰顯孔父嘉本身的過失。《春秋左傳正義》疏云：

〔註65〕《史記會注考證》，頁614。
〔註66〕《史記會注考證》，頁614。

不名者，非其罪，則知稱名者，皆有罪矣。杜旣以孔父爲名，因論
爲爲罪之狀。內不能治其閨門，使妻行於路，令華督見之；外取怨
於民，使君數攻戰而國人恨之，身死而禍及其君，故書名以罪孔父
也。……婦人之出，禮必擁蔽其面。孔父妻行，令人見其色美，是
不能治其閨門。及殤公之好攻戰，孔父須伏死而爭，乃從君之非，
是取怨於百姓。事由孔父，遂禍及其君。〔註67〕

宋殤公與夷，爭戰頻繁，引起民怨；華督父有計劃性的弒君，以及除去
孔父嘉。《春秋》桓公二年云：「春，王正月，戊申，宋督弒其君與夷，及其
大夫孔父。」〔註68〕兩人的名字都被寫明，可見與夷罪在擾民無道，華父督
罪在喪失人臣該有的倫理。《春秋左傳正義》疏云：「弒君稱君，君無道也；
稱臣，臣之罪也。故知稱督以弒，罪在督也。」〔註69〕又云：

此言先書弒君，則是仲尼新意。不言仲尼而言君子者，欲見君子之
人意皆然，非獨仲尼也。督有無君之心，而先書弒君者，君人執柄，
臣人畏威，每事稟命而行，不敢妄相殺害。督乃專殺孔父而取其妻，
非有忌君之心，全無敬上之意，不臣之迹在心已久，非爲公怒始興
毒害。若先書孔父，後書弒君，便似旣殺孔父始有惡心。今先書弒
君，後書孔父，見其先有輕君之心，以著不義之極故也。〔註70〕

《春秋》上先記載華父督弒君，再記載華父督殺了孔父嘉，《公羊傳》、
《穀梁傳》亦同。根據《左傳》的記載，華督父實際上是先殺了孔父嘉之後，
才殺了宋殤公，《史記》的記載亦同。《左傳》桓公二年云：「春，宋督攻孔
氏，殺孔父而取其妻。公怒，督懼，遂弒殤公。君子以督爲有無君之心，而
後動於惡，故先書弒其君。」〔註71〕《春秋》將華督父殺掉宋殤公，寫在孔
父嘉之前，爲的是特別顯示，華督父並非臨時起意殺掉宋殤公。《春秋左傳
注》：「《公》、《穀》二《傳》記此事，以爲宋督欲弒殤公而先殺孔父，與《左
傳》所敍有出入。〈宋世家〉全用《左傳》。……督殺孔父在前，弒君在後，
而《經》書『弒其君與夷及其大夫孔父』者，孔父爲顧命大臣，（見隱三年
《傳》），督竟專殺之，則心目中早無君主矣。」〔註72〕華督父有意任宋殤公

〔註67〕《春秋左傳正義》，頁89。
〔註68〕《春秋經傳集解》，頁55。
〔註69〕《春秋左傳正義》，頁89。
〔註70〕《春秋左傳正義》，頁90。
〔註71〕《春秋經傳集解》，頁55。
〔註72〕《春秋左傳注》，頁85。

興兵擾民，已經可以窺見華督父對君主的態度。同處一殿大臣，華督父無視君主的權柄，擅自攻殺孔父嘉，這樣的行爲，已經表明華督父心中無君。

　　既然心中早已無君，華督父又怎會畏懼宋殤公，爲了擅殺孔父嘉而發怒？就算眞的害怕宋殤公的怒氣，卻不出奔他國，反而直接弒君，言行舉止間未免太過詭異。試想，一國之君所在，必定重兵守護，如果沒有事先的萬全準備，怎麼可能光明正大，輕易攻入宮室弒君？可見，華督父絕對是有完善的計劃，萬全的準備，才能這麼順利殺了孔父嘉和宋殤公，也就是華督父早就升起弒君的預謀。

　　擅自殺了孔父嘉，接著又殺掉宋殤公，華父督所作所爲，正是「臣僕專擅」的典型。從宋殤公即位後，華督父以看似無力阻止的方式，放任君主恣意妄爲，讓宋殤公成爲人民眼中的暴君。《左傳事緯》云：「數戰民疑，亂由中作……而流言復興，殤公至此一獨夫耳。」〔註73〕等到民怨四起，華督父散佈流言，讓孔父嘉擔任罪魁禍首，製造出再正當不過的除害理由，讓自己殺掉孔父嘉。最後，華督父再以「公怒，督懼」爲藉口，表現自己在順應民意下的殺臣行爲，導致自己不得不承接君主的怒氣，因爲被過度的恐懼支配，腦袋混亂情況下，不由自主的殺了宋殤公。一切一切，華督父讓自己身處在不得以的有利狀態下，竭盡所能地爭權奪利，滿足個人所求，成爲最後得利的漁翁。

　　華督父從鄭國迎回公子馮繼位，順應支持公子馮繼位的各大臣心願，同時達成鄭莊公的企圖，並替自己取得相位。〈宋微子世家〉云：「迎穆公子馮於鄭而立之，是爲莊公。莊公元年，華督爲相。」〔註74〕爲了避免各國以弒君名義討伐，在眾師會盟稷地，華督父不惜資本，賄賂各國。《春秋左傳注》云：「今華督殺殤公及孔父而迎立公子馮，實鄭莊之所欲。稷之會，實欲成就此事，且樹立華氏之政權，故華氏于各國皆有賄賂。」〔註75〕華督父擅行弒立，聰明地利用賄賂，取得各諸侯國的外援，穩定宋莊公的君位，也鞏固自己的相位。《左傳事緯》云：「奸臣賊子，因換生心，弒殤公而召子馮，以求援于諸國。」〔註76〕這些收賄的國家，依據《左傳》的記載，至少有齊、陳、鄭等國。《左傳》桓公二年云：「以郜大鼎賂公，齊、陳、鄭皆有賂，故遂相

〔註73〕《左傳事緯》，頁88。
〔註74〕《史記會注考證》，頁614。
〔註75〕《春秋左傳注》，頁85。
〔註76〕《左傳事緯》，頁89。

宋公。」〔註77〕足見這些國家和宋國之間，恩怨迭起，外交政治上眞的沒有永遠的敵人。

　　本來，各國會盟在稷，是爲了討弒君賊人，平定宋亂，也就是準備要論罪華督父。卻在利益的賄賂下，使得看似正義凜然的討賊聯軍，變成收賄大隊。《春秋左傳正義》云：「宋亂實不平，而《經》書平宋亂者，蓋以魯君受賂，立華氏。貪貨縱賊，爲惡之甚。時史惡其指斥，不可言四國爲會縱賊取財，故遠言爲會之本意，言會于稷，欲以平宋亂也。」〔註78〕對於弒君的華督父，不但沒有問罪，反而接受了華督父所作所爲，奠定華督父在宋國的政權。徒然給《春秋》所謂「亂臣賊子」，一個作亂無罪無罰的最佳典範。這些收賄而返的諸侯國，即使未來他們國內產生弒君事件，也不足爲奇。在宋殤公無道下，華督父設計殺害宋殤公，迎立公子馮成爲宋莊公後，雖然背負著弒君罪名，卻在巧妙安排下，善用資源，替宋、鄭之間取得邦交，讓華氏一族獲得政治上的力量。華督父也如願以償取得相位，左右著宋國國政，而華督父「臣僕專擅」的弒君惡行，卻成爲平宋亂的功蹟，實在諷刺。

## 二、晉韓萬殺晉哀侯（桓公三年，公元前七○九年）

### （一）弒君事件概述

　　當初晉穆侯和夫人姜氏，生了兩個兒子，長子仇，次子成師。後來由長子仇即位爲晉文侯，晉文侯傳位兒子伯爲晉昭侯。魯惠公二十四年，晉昭侯將叔叔成師，封在曲沃，自此成師被稱爲曲沃桓叔。《左傳》桓公二年云：「惠之二十四年，晉始亂，故封桓叔于曲沃，靖侯之孫欒賓傅之。」〔註79〕晉穆侯的父親籍爲晉獻侯，晉獻侯的父親司徒爲晉釐侯，晉釐侯的父親宜臼爲晉靖侯。欒賓是晉靖侯的庶孫，成爲曲沃桓叔的宰相。

　　魯惠公三十年，晉大夫潘父殺掉晉昭侯後，想迎立曲沃桓叔，以失敗告終。〔註80〕晉人立晉昭侯的兒子平，是爲晉孝侯。《左傳》桓公二年云：「惠之三十年，晉潘父弒昭侯而納桓叔，不克，晉人立孝侯。」〔註81〕魯惠公三

〔註77〕《春秋經傳集解》，頁55至56。
〔註78〕《春秋左傳正義》，頁90。
〔註79〕《春秋經傳集解》，頁57。
〔註80〕晉昭侯見弒，雖有弒君事實，卻非發生於魯隱公至魯哀公年間，故本文不列
　　　　爲弒君事件。
〔註81〕《春秋經傳集解》，頁57。

十八年，曲沃桓叔逝去，由兒子鱓即位，是為曲沃莊伯。到了魯惠公四十五年，曲沃莊伯攻打晉都所在的翼地，殺掉晉孝侯，晉人另立晉孝侯的弟弟郤為晉鄂侯。〔註82〕《左傳》桓公二年云：「惠之四十五年，曲沃莊伯伐翼，弒孝侯，翼人立其弟鄂侯。」〔註83〕晉鄂侯二年，適逢魯隱公即位，正好是魯隱公元年。魯隱公五年，曲沃莊伯再次進攻晉都。《左傳》隱公五年云：「曲沃莊伯以鄭人、邢人伐翼，王使尹氏、武氏助之，翼侯奔隨……曲沃叛王。秋，王命虢公伐曲沃，而立哀侯于翼。」〔註84〕周桓王派虢公領兵，大敗曲沃莊伯，立晉鄂侯的兒子光，即位為晉哀侯。

兩年後，魯隱公七年，即晉哀侯二年，曲沃莊伯逝去，由兒子稱即位為曲沃武公。〈晉世家〉云：「哀侯二年，曲沃莊伯卒，子稱代莊伯立，是為曲沃武公。……哀侯八年，晉侵陘廷，陘廷與曲沃武公謀。」〔註85〕魯桓公二年，晉哀侯侵略陘庭，陘庭便和曲沃莊伯共謀伐晉都翼地。《左傳》桓公二年云：「鄂侯生哀侯，哀侯侵陘庭之田、陘庭南鄙，啓曲沃伐翼。」〔註86〕魯桓公三年，陘庭和曲沃莊伯興兵伐晉。《左傳》桓公三年云：「春，曲沃武公伐翼，次于陘庭，韓萬御戎，梁弘為右，逐翼侯于汾隰，驂絓而止，夜獲之，及欒共叔。」〔註87〕曲沃武公大敗晉哀侯，擄獲晉哀侯和晉大夫欒共叔。知道晉哀侯被擄，晉人隨即立晉哀侯兒子小子為君，是為小子侯。〈晉世家〉云：「九年，伐晉于汾旁，虜哀侯，晉人乃立哀侯子小子為君，是為小子侯。小子元年，曲沃武公使韓萬殺所虜晉哀侯。」〔註88〕曲沃武公發現晉人立小子為晉君，就讓韓萬殺掉被擄獲的晉哀侯。

## （二）弒君因素分析

《左傳》起始於魯隱公至魯哀公年間，在此之前晉國雖有發生弒君事實，因超出《左傳》所含時段，故本文不列為弒君事件。然而，探討事件始末，勢必會牽涉到曲沃與翼地之間的恩怨糾葛，不得不先回溯到比魯隱公更早的時間。其中《左傳》未載的部份，則以太史公的記載補充。根據〈晉世

---

〔註82〕晉孝侯見弒，雖有弒君事實，卻非發生於魯隱公至魯哀公年間，故本文不列為弒君事件。

〔註83〕《春秋經傳集解》，頁57。

〔註84〕《春秋經傳集解》，頁48至49。

〔註85〕《史記會注考證》，頁622。

〔註86〕《春秋經傳集解》，頁57。

〔註87〕《春秋經傳集解》，頁57。

〔註88〕《史記會注考證》，頁622。

家〉記載，周成王和叔虞是兄弟，同為周武王的兒子，後來周成王封叔虞於唐。此後，叔虞的兒子燮就是晉侯，晉侯兒子寧族繼位為晉武侯；武侯兒子服人繼位為晉成侯，成侯兒子福繼位為晉厲侯；厲侯兒子宜臼繼位為晉靖侯；靖侯兒子司徒繼位為晉釐侯，釐侯兒子籍繼位為晉獻侯；獻侯兒子費王繼位為晉穆侯。

晉穆侯和夫人姜氏生了兩個兒子，即仇和成師。兩個兒子都是因為出生當年的戰事而命名，長子生在條之役，命名為「仇」；次子生在千畝之戰，命名為「成師」。〔註89〕大子取名為仇，大概是晉穆侯覺得這場戰事是相互仇怨引起，或是這場戰爭導致雙方彼此相互仇視。另一個兒子，取名為成師，大概是晉穆侯覺得這場戰事出生的兒子，能集合群體，招攬民心。〔註90〕晉穆侯將自己的大子命名為仇，晉大夫師服認為十分不合宜，不是一國之君該有的舉止。兄長名為仇，弟弟名為成師，名字的意義上，已昭示著要弟弟取代兄長，師服認為這是動亂的預兆。《左傳》桓公二年云：「師服曰：『異哉，君之名子也。夫名以制義，義以出禮，禮以體政，政以正民，是以政成而民聽，易則生亂。嘉耦曰妃，怨耦曰仇，古之命也。今君命大子曰仇，弟曰成師，始兆亂矣。兄其替乎？』」〔註91〕對於晉穆侯的命名方式，晉大夫師服提出諫言，但似乎沒有受到重視。

古人認為說出口的話要合宜，合宜才會有禮制法理，依據禮法而行，政治教化才能讓人民有所依歸。單憑個人名字，判斷一人未來、平生功過，似乎太過迷信。古代人臣進諫君主時，多半有些技巧。身為晉大夫，師服的學識不該是個迷信的庸儒，而是從命名的不合時宜，看出民各有心的亂兆，師服有關命名的一番話，其實是勸諫晉穆公某些事。《春秋左傳正義》疏云：

> 出口為名，合宜為義。人之出言使合於事宜，故云「名以制義」。杖義而行，所以生出禮法，故云「義以出理」。復禮而行，所以體成政教，故云「禮以體政」。以禮為政，以正下民，故云「政以正民」。今晉侯名子不得其宜，禮教無所從出。政不以禮，則民各有心，故為始兆亂也。〔註92〕

---

〔註89〕　《左傳》桓公二年：「初，晉穆侯之夫人姜氏，以條之役生大子，命之曰仇；其弟以千畝之戰生，命之曰成師。」見《春秋經傳集解》，頁56。
〔註90〕　《春秋左傳正義》云：「條，晉地。大子，文侯也，意取於戰相仇怨。……桓叔也。西河界休縣南，在地名『千畝』，意取能成其衆。」，頁96。
〔註91〕　《春秋經傳集解》，頁56至57。
〔註92〕　《春秋左傳正義》，頁97。

　　比照鄭姜對鄭莊公寤生，和弟弟共叔段的對待方式，晉穆公對仇和成師兩人的命名，可以想見成師，可能比兄長仇，更得晉穆公的寵愛。由衛國州吁得寵，最終弒君的事件來看，比世子得寵的成師，難保不會產生類似的行爲。晉大夫師服看出這一點，才反推到名字上，勸諫晉穆公，希望能加強世子該有的權勢，削弱其他公子的勢力，避免未來其他公子挾勢爲亂。因爲如果出現「匹嫡」或「庶如嫡」的情況，將導致子嗣間爭奪君位的「嗣親奪權」隱患。《春秋左傳正義》疏云：

> 大子與桓叔，雖並因戰爲名，而所附意異。仇，取於戰相仇怨；成師，取能成師衆。緣名求義，則大子多怨仇，而成師有徒衆。穆侯本立此名，未必先生此意，但寵愛少子，於時已著。師服知桓叔將盛，故推出此理，因解其名以爲諷諫，欲使之強**榦**弱枝耳。〔註93〕

　　世子仇後來順利成爲晉文侯，傳位給自己的兒子伯，即位爲晉昭侯。以師服的見解，可以看出成師對仇的威脅；但成師的威脅，不單單只限於晉文侯一人。魯惠公二十四年，也就是晉昭侯元年，晉昭侯將父親晉文侯的弟弟，也就是叔叔成師封在曲沃，自此成師被稱爲曲沃桓叔，且有身爲晉靖侯庶孫的欒賓爲相。

　　文中特別言明「欒賓相桓叔」，主因在欒賓具有尊貴的身份，是晉靖侯的庶孫，流有公孫的血脈。能讓如此尊貴身份的人侍奉，恰恰符合曲沃桓叔的名字「成師」得衆的意義；同時，太史公也寫明曲沃桓叔「好德」，所以許多晉人都依附曲沃桓叔，更加深「成師」得衆的意義。〈晉世家〉云：「昭侯元年，封文侯弟成師于曲沃，曲沃邑大於翼。翼，晉君都邑也。成師封曲沃，號爲桓叔。靖侯庶孫欒賓相桓叔，桓叔是時年五十八矣，好德，晉國之衆皆附焉。君子曰：『晉之亂，其在曲沃矣。末大於本，而得民心，不亂何待？』」〔註94〕可見成師並不是到曲沃之後，才開始招攬民心。晉昭侯身爲國君，憂懼甚得民心的叔叔也是人之常情，對於殺不得又擔心的對象，只能讓他遠離國都，減少傷害。

　　當時，晉的國都在翼，翼地和曲沃相比，曲沃地大而翼地小，這是「耦國」現象。國都翼地該是全國重心，卻有被曲沃並駕齊驅，甚至超越的現象，顯示出所謂「都如國」、「大都耦國」的現象。曲沃強而翼地弱，強枝弱幹、

---

〔註93〕《春秋左傳正義》，頁97。
〔註94〕《史記會注考證》，頁621至622。

末大本微的「都國無別」情況，難怪晉大夫師服會擔憂晉國國祚不久，推論晉亂必發生在曲沃。《左傳》桓公二年云：「師服曰：『吾聞國家之立也，本大而末小，是以能固。故天子建國，諸侯立家，卿置側室，大夫有貳宗，士有隸子弟，庶人工商，各有分親，皆有等衰。是以民服事其上，而下無覬覦。今晉，甸侯也，而建國，本既弱矣，其能久乎？』」〔註95〕即位為君的晉昭侯，有遠見的讓叔叔成師，遠離國都翼地，不可能愚昧得不知道，曲沃之地大於翼地。考慮到晉昭侯遷移叔叔成師的緣由，若將德高望重的成師遷到荒山偏地，以兩人的血緣關係、君臣關係，無故遣人已經招惹非議，再遣到窮鄉僻壤，晉昭侯勢必會遭受強大的輿論壓力。於情於理，不得不遷走叔叔成師的晉昭侯，似乎也不得不封叔叔成師到曲沃，來表示尊重，以及安定人心。

被封到曲沃的成師，必然得花費些時間管理、建立曲沃，如此相比之下，至少成師在曲沃的威脅，不如在國都翼地，來的迫切重大。兩害相權取其輕，晉昭侯以一國之君，選擇用空間換取時間，但仍無法避免厄運。魯惠公三十年（即晉昭侯七年），想迎立曲沃桓叔的晉大夫潘父，殺掉晉昭侯，這是「臣僕專擅」的結果。晉昭侯用空間換取時間的策略，雖然換得了七年的時間。最終仍擋不住曲沃桓叔的魅力，死在晉大夫潘父手上。不過晉昭侯的政權，仍舊得到晉人的支持，晉人誅殺潘父，君位順利由晉昭侯的兒子平繼承為晉孝侯。〔註96〕

曲沃桓叔雖然具有「成師」的魅力，卻在魯惠公三十八年逝去，未能稱君。之後，由兒子鱓繼承曲沃，稱曲沃莊伯。曲沃莊伯又比父親曲沃桓叔更加積極，因此曲沃和翼地爭戰不止。魯惠公四十五年，曲沃莊伯攻翼，殺晉孝侯，晉孝侯的兒子郤由晉人立為晉鄂侯。魯隱公五年，曲沃莊伯再度攻翼。晉鄂侯奔隨，周桓王命虢公興兵攻打曲沃，並且另立晉鄂侯的兒子光為晉哀侯。〈晉世家〉云：

> 孝侯十五年，曲沃莊伯弒其君晉孝侯于翼。〔註97〕晉人攻曲沃莊伯，

---

〔註95〕《春秋經傳集解》，頁57。

〔註96〕〈晉世家〉云：「七年，晉大臣潘父弒其君昭侯而迎曲沃桓叔。桓叔欲入晉，晉人發兵攻桓叔，桓叔敗還歸曲沃。晉人共立昭侯子平為君，是為孝侯，誅潘父。孝侯八年，曲沃桓叔卒，子鱓代桓叔，是為曲沃莊伯。」見《史記會注考證》，頁622。

〔註97〕〈十二諸侯年表〉晉孝侯十六年云：「曲沃莊伯殺孝侯，晉人立孝侯子郤，為鄂侯。」〈十二諸侯年表〉該年標為魯惠公四十五年。見《史記會注考證》，頁244。

莊伯復入曲沃。晉人復立孝侯子郄爲君，是爲鄂侯。鄂侯二年，魯
隱公初立。鄂侯六年卒〔註98〕，曲沃莊伯聞晉鄂侯卒，乃興兵伐晉。
周平王〔註99〕使虢公將兵伐曲沃莊伯，莊伯走保曲沃，晉人共立鄂
侯子光，是爲哀侯。〔註100〕

　　雖然曲沃莊伯繼承了曲沃桓叔的一切，終歸還是晉孝侯的臣子，身爲人
臣卻擅殺主君，明白彰示篡位奪權之心，狂妄的舉止，早已超過「臣僕專擅」
程度。此外，國人另立新君後，又立即揮軍攻打國都，衍然是以君主身份自
居，甚至逼迫新君出奔，嚴重到周天子出面干涉，重立新君，都足以說明曲
沃莊伯早已目中無君，自視爲君的心態。根據瀧川資言考證，晉哀侯是奉周
桓王的王命即位，並非由晉人所立。當時，出奔到隨的晉鄂侯還活著，礙於
周桓王立兒子光爲晉哀侯，晉鄂侯因此不能進入晉都翼地。直至魯隱公六年，
晉大夫嘉父，才從隨地迎接回昔日君主，別居在鄂地。〔註101〕《史記會注考
證》考證云：

　　孔穎達曰：「按《左傳》隱五年，曲沃莊伯伐翼，翼侯奔隨。秋，
　　王命虢公伐曲沃，而立哀侯于翼。翼九宗，五正，頃父之子嘉父，
　　逆晉侯于隨，納諸鄂，晉人謂之鄂侯。」則哀侯之立，鄂侯未卒，
　　世家言卒，非也。梁玉繩曰：「哀侯之立，據《左傳》實出王命，
　　此以爲晉人立之，非也。」〔註102〕

　　曲沃莊伯的野心已經很明顯，想完成父親曲沃桓叔稱君的心願，連著兩
次攻打翼地，甚至驚動了周桓王派兵討伐。即使曲沃莊伯與晉鄂侯有血親關
係，被封在曲沃，和晉鄂侯又有君臣關係，罔顧臣子的道德，擅自出兵攻打
自己的君主，曲沃莊伯的行爲，一再展現「臣僕專擅」的狂傲，再次引發曲
沃和翼地間的紛爭。。

〔註98〕〈十二諸侯年表〉晉鄂侯六年云：「鄂侯卒，曲沃莊伯復攻晉，晉立鄂侯子光，
　　　　爲孝侯。」考證云：「哀侯之立，鄂侯未卒，此誤」。見《史記會注考證》，頁
　　　　245。
〔註99〕按〈十二諸侯年表〉晉鄂侯六年時爲周桓王二年，故疑此時應爲周桓王，太
　　　　史公誤植爲周平王。見《史記會注考證》，頁245。〈晉世家〉考證云：「平王
　　　　作桓王，與〈年表〉《左傳》合，此本誤。」見《史記會注考證》，頁622。
〔註100〕《史記會注考證》，頁622。
〔註101〕《左傳》隱公六年云：「翼九宗，五正，頃父之子嘉父，逆晉侯于隨，納諸鄂，
　　　　晉人謂之鄂侯。」見《春秋經傳集解》，頁49。
〔註102〕《史記會注考證》，頁622。

　　兩次發兵，曲沃莊伯勢在必得，卻仍是失敗收場。魯隱公七年，曲沃莊伯逝去，在有生之年，依然沒有完成稱君的願望。曲沃莊伯的兒子稱，在晉哀侯二年繼承曲沃，成為曲沃武公。對於父祖稱君的悲願，曲沃武公在繼承曲沃的同時，也一併繼承下來。同理，奉王命即位的晉哀侯，也一併繼承了守護翼地的職責。兩地間的爭戰，隨時都可能爆發。

　　有鑑於曲沃大過翼地，晉哀侯有意擴大領地範圍，破除「都國無別」的狀況。魯桓公二年，晉哀侯向翼地南方的陘庭之邑，侵占土地來增加國都的大小。對於被封在陘庭的大臣而言，封地被占，自然對晉哀侯不滿。小小一個邑地，沒有本錢抗衡，陘庭自然投向有相同目標的曲沃武公，能憑空得到一個幫手，曲沃武公自然不可能放過。魯桓公二年，陘庭和曲沃武公，暗中謀畫，魯桓公三年，曲沃武公就出兵伐翼和陘庭。

　　這次出兵，曲沃武公以韓萬為御戎，〔註103〕梁弘為戎右，〔註104〕大敗晉哀侯。韓萬是曲沃桓叔的兒子，〔註105〕也是曲沃莊伯的弟弟，按輩份算來，韓萬正是曲沃武公的叔叔。〔註106〕晉哀侯逃到汾隰時，因為馬匹被樹木絆住，無法脫逃，被韓萬擒獲。韓萬同時擒獲晉哀侯和欒成，當下曲沃武公並沒有殺害兩人。直到晉人又另立晉哀侯的兒子小子為君，即位成為晉小子侯；曲沃武公認為身為俘虜的晉哀侯無法利用，便讓韓萬殺掉被晉哀侯。〈晉世家〉云：「虜哀侯，晉人乃立哀侯子小子為君，是為小子侯。小子元年，曲沃武公使韓萬殺所虜晉哀侯。曲沃益彊，晉無如之何。」〔註107〕動手的雖然是韓萬，卻是曲沃武公唆使，因此曲沃武公勢必要背負弒君之名。

　　以曲沃三君曲沃桓叔、曲沃莊伯、曲沃武公三個時期，觀看晉國數年的政局紊亂。在曲沃桓叔時期，因為晉穆侯寵愛成師，埋下「嗣親奪權」的隱患；晉昭侯封成師於曲沃，製造出「都國無別」的情況；晉潘父殺掉晉昭侯，顯示「臣僕專擅」的現象。在曲沃莊伯時期，曲沃莊伯殺掉晉孝侯、出兵征伐晉鄂侯，這已是「臣僕專擅」，更是目中無君。至曲沃武公時期，導火線是

---

〔註103〕《春秋左傳注》云：「御戎，即駕馭戎車，《周禮‧夏官》謂之戎僕。」，頁97。

〔註104〕《春秋左傳注》云：「為右者，為車右也，《周禮‧夏官》謂之戎右，掌戎車之兵革使者是也。」，頁98。

〔註105〕《春秋左傳注》云：「韓萬為桓叔之子，受韓封以為大夫，即戰國韓國之祖。」，頁97。

〔註106〕《春秋左傳正義》云：「武公，曲沃莊伯子也。韓萬，莊伯弟也。」，頁103。

〔註107〕《史記會注考證》，頁622。

晉哀侯爲避免強枝弱幹，想推翻自曲沃桓叔封到曲沃，長期以來「都國無別」的亂源，進而侵占陘庭土地，促使陘庭和曲沃武公合謀，結果曲沃武公出兵攻打晉哀侯，並虜而弒之。

曲沃和翼地間的征戰，開啓晉國長期動亂，在曲沃武公殺掉晉哀侯，曲沃和翼地間的衝突，達到顛峰狀態。觀看這場弒君事件，不論是曲沃武公或韓萬，兩人終究是晉國臣子，理該爲晉哀侯效命，卻在個人私心下，違背人臣該有的盡忠尊君行爲，甚至與君主交戰、俘虜君主，早已目無君主。在知道手中人質無效，立即滅口，完全忘記對方是晉哀侯，名義上兩人的君主，因此兩人行爲都符合「臣僕專擅」的現象。

經過前文分析，可以明確知道，實際動手殺掉晉哀侯的是韓萬。韓萬雖然是實際動手的人，卻是聽從曲沃武公的命令動手，因此兩人都該爲晉哀侯的死，背上弒君的罪名。晉哀侯見弒，是爲了排除「都國無別」的情況，卻在曲沃武公和韓萬「臣僕專擅」的現象下喪命。不過到目前爲止，就算殺掉晉哀侯，晉人還是立晉小子侯，曲沃武公仍舊尚未稱君。已經殺害晉哀侯的曲沃武公，料想不可能自此歇手，未來再殺新任晉君，想必是意料中的事。

## 三、陳公子佗殺世子免（桓公五年，公元前七○七年）

### （一）弒君事件概述

魯桓公五年，陳國的陳桓公病危死去。《左傳》桓公五年云：「文公子佗殺大子免而代之。」〔註108〕陳文公的兒子趁勢殺掉世子免，代替世子免成爲新任陳國國君。

### （二）弒君因素分析

公子鮑（即陳桓公）和公子佗是兄弟，都是陳文公的兒子。兩人中以公子鮑爲長，太史公認爲公子鮑是以長子身份，繼承陳國君位。〈陳杞世家〉云：「文公元年，取蔡女生子佗。十年，文公卒，長子桓公鮑立。」〔註109〕魯桓公五年，陳桓公病危，從《左傳》的描述中，可以看出陳桓公，早已立自己的兒子免爲世子，一旦陳桓公病死，世子免就是新任陳君。《左傳》桓公五年云：「春，正月，甲戌，己丑，陳侯鮑卒，再赴也，於是陳亂。文公

〔註108〕《春秋經傳集解》，頁58。
〔註109〕《史記會注考證》，頁594。

子佗殺大子免而代之，公疾病而亂作，國人分散，故再赴。」〔註110〕從公子佗殺世子免代立的舉動來看，可以知道公子佗早有奪權之心，只是陳文公在位的時候，不具備足夠的權勢和兄長陳桓公爭奪。如今陳桓公病危，對於晚輩世子免，公子佗毫無退讓之意。

篡弒奪權的公子佗（即陳佗），在魯桓公六年，被蔡國人所殺。《春秋》桓公六年云：「蔡人殺陳佗。」〔註101〕依據杜預的解釋，陳佗是因為篡立被殺，雖然在魯桓公六年無傳，但是莊公二十二年的傳文有提及。〔註112〕公子佗（即五父），蔡人為了立具有蔡國血緣的陳厲公，於是殺掉篡立的公子佗。《左傳》莊公二十二年云：「陳厲公，蔡出也，故蔡人殺五父而立之。」〔註113〕楊伯峻也說明雖然魯桓公六年不見傳文記載，但是魯莊公二十二年傳文有提及，因此也不算真的無傳。〔註114〕

從公子佗和陳桓公是兄弟的身份來看，公子佗很明顯是仗勢自己也是陳文公的血脈，因此才會趁著兄長病危時機，對兄長的孩子出手，以此觀之，公子佗的篡弒動機符合「嗣親奪權」。此外，陳桓公早已立世子免，可見下一任正統繼承人是世子免，公子佗雖是世子免的長輩，在世子免即位之後，也將成為世子免的臣子；而當下，陳桓公在位時，公子佗也是陳桓公的臣子。從臣子的角度出發，應該奉立舊君心願，立世子免為君，並且忠心效命。如今，公子佗卻仗著血緣條件，以臣子身份妄行篡弒，自代為君，從人臣的角度而言，公子佗這種擅殺儲君的行為，也已經符合「臣僕專擅」的因素。

此外，公子佗篡立成功，從杜預所謂「佗立踰年」來看，公子佗已有登臨君位的事實，也算是一位君主。《左傳》未明述陳君佗被殺的過程，但是蔡人為了陳厲公而殺陳君佗，可見也是出於「嗣親奪權」的緣故。然而，陳君佗是死在蔡人手中，並不符合本文弒君事件的界定，故在此略提而不詳論。

---

〔註110〕《春秋經傳集解》，頁58。

〔註101〕《春秋經傳集解》，頁59。

〔註112〕杜注：「佗立踰年，不稱爵者，篡立未會諸侯也，《傳》例在莊二十二年。」見《春秋經傳集解》，頁59。

〔註113〕《春秋經傳集解》，頁77。

〔註114〕《春秋左傳注》云：「本年無此事之《傳》文，而莊公二十二年《傳》云，『陳厲公，蔡出也，故蔡人殺五父而立之』，則雖是年無《傳》，而實未嘗無《傳》。五父即佗，為一人。」，頁109。

## 四、晉曲沃武公殺晉小子侯（桓公七年，公元前七○五年）

### （一）弒君事件概述

魯桓公三年，曲沃武公擄獲晉哀侯與欒共叔後，晉人隨即立晉哀侯的兒子為晉小子侯，而曲沃武公得知晉人另立新君，讓韓萬殺了晉哀侯與欒共叔。〔註115〕至魯桓公七年，曲沃武公又誘殺晉小子侯。《左傳》桓公七年云：「冬，曲沃伯誘晉小子侯殺之。」〔註116〕周桓王知曉晉小子侯被殺，命令虢仲討伐曲沃，到晉國另立晉哀侯的弟弟緡，即位為君。

### （二）弒君因素分析

自從晉昭侯將叔叔成師封到曲沃，成為曲沃桓叔，國都翼地與曲沃之間，爭戰不已。曲沃武公殺晉小子侯，只是先前晉國內亂的延續。對於曲沃武公誘殺晉小子侯，《春秋》只記載在冬天發生，以「曲沃伯誘晉小子侯殺之」十字結束，《左傳》並無詳文，太史公在〈晉世家〉載錄：「小子之四年，曲沃武公誘召晉小子，殺之。」〔註117〕對於這段弒君的記錄，也僅僅十六字。只能知道曲沃武公誘殺晉小子侯，如何誘殺？晉小子侯又怎會在父親被殺的情況下被誘？這些疑問，目前尚無資料可考。

周桓王在晉小子侯被殺後，讓虢仲奉王命討伐曲沃，《左傳》桓公八年云：「冬，王命虢仲立晉哀侯之弟緡于晉。」〔註118〕魯桓公八年另立晉哀侯的弟弟緡，即位為君。〔註119〕到了魯莊公十五年，曲沃武公攻伐晉侯緡，奪取君權。盡滅晉侯緡後，曲沃武公賄賂周釐王，取得晉國君位，名列諸侯，更號為晉武公，正式以曲沃併吞晉國所有土地，統一晉國。〈晉世家〉云：「晉侯二十八年，齊桓公始霸。曲沃武公伐晉侯緡滅之，盡以其寶器賂獻于周釐王。釐王命曲沃武公為晉君，列為諸侯，於是盡併晉地而有之。」〔註120〕此處曲沃武公殺晉侯緡雖屬弒君事件，然而經傳未載，事見《史記》，故本文略而不論。

---

〔註115〕〈晉世家〉云：「虜哀侯，晉人乃立哀侯子小子為君，是為小子侯。小子元年，曲沃武公使韓萬殺所虜晉哀侯。」見《史記會注考證》，頁 622。
〔註116〕《春秋經傳集解》，頁 61。
〔註117〕《史記會注考證》，頁 622。
〔註118〕《春秋經傳集解》，頁 61。
〔註119〕〈十二諸侯年表〉云：「曲沃武公殺小子。周伐曲沃，立晉哀侯弟湣。」見《史記會注考證》，頁 246。
〔註120〕《史記會注考證》，頁 622。

按照〈十二諸侯年表〉所列時間，曲沃武公誘殺晉小子侯當時，應該是周桓王十四年，相當魯桓公六年，也就是晉侯緡元年。根據瀧川資言考證，認爲曲沃武公殺晉小子侯，應該在魯桓公七年。《史記會注考證》考證云：「殺小子侯，桓七年。」〔註121〕楊伯峻也認爲，曲沃武公誘殺晉小子侯，是在小子侯四年，正當魯桓公七年。《春秋左傳注》：「《史記・十二諸侯年表》繫此事於桓公六年，云：『曲沃武公殺小子。周伐曲沃，立晉哀侯弟湣晉侯。』〈晉世家〉云：『曲沃益彊，晉無如之何。小子之四年，曲沃武公誘召晉小子殺之。』若小子侯四年，則仍是桓七年。」〔註122〕《左傳》也是記載在魯桓公七年，曲沃武公誘殺晉小子侯，本文採《左傳》所記時間。

宋代裴駰認爲，「小子」是新君尚未除喪前，對繼任新君的稱呼。鄭玄認爲，晉哀侯的兒子，並不是眞叫做小子，只是比照《禮記》所謂「天子未除喪曰余小子」的稱呼方式，對在晉哀侯死時即位，而且尚未去除父喪之新君的稱呼。《史記會注考證》集解云：「《禮記》曰：『天子未除喪曰余小子，生名之，死亦名之。』鄭玄曰：『晉有小子侯，是取之天子也。』」〔註123〕中井積德以爲「小子」是用來稱呼比較年幼弱小的孩子，因此史家以「小子」來稱呼晉哀侯的兒子。初任新君就死了父親，即位不久後就被殺，幼弱又沒有諡號，只好沿用「小子」一詞，來稱呼這位曾爲君的諸侯。《史記會注考證》考證云：「中井積德曰：『小子不稱名者，名不傳也。』又曰：『幼弱而無諡，遂稱小子侯焉耳。不言哀公子小子，蓋原言哀公小子，後人誤增一子字。』沈家本曰：『小子侯，猶言孺子王耳。』」〔註124〕依據《史記》，晉哀侯兒子的名字，並沒有被記錄下來。此外，當初史料上很可能是記錄「哀公小子」，只是在傳抄過程，後人無意誤增一個子字在「哀公」之後，就變成「哀公子小子」，導致日後人以爲晉哀侯的兒子就叫做小子。

既然被稱爲小子侯，就表示晉哀侯的兒子，可能是個小孩君主，年幼即位。自古年幼即位的小君主，不可勝數。依照後人對晉小子侯的揣測，小小年紀就擔任君主職責，在強權強勢的臣子、親戚身邊，無益是羊入虎口，也難怪會被誘殺，而不是像父親晉哀侯戰敗被俘後再被殺。

身爲權臣的曲沃武公，早先已經目無君主，所以才敢命令韓萬殺掉晉哀

---

〔註121〕《史記會注考證》，頁622。
〔註122〕《春秋左傳注》，頁119。
〔註123〕《史記會注考證》，頁622。
〔註124〕《史記會注考證》，頁622。

侯。面對根本不足爲懼，年幼無力抵抗的小子侯，不顧人臣儀節，爲奪取君位而誘殺晉小子侯。由於小子侯年幼尚無嫁娶，自然也沒有子嗣，周桓王無法以「父死子繼」的方式新立晉君，只能選擇「兄終弟及」的方式，讓虢仲另立晉哀侯的弟弟緡，在魯桓公八年繼承晉國君位。

　　弒君是重大案件，何況連殺兩位君主！再者，小子侯還是周桓王下令，讓虢仲立位爲君的人選；周天子即使勢微，還是有責任擺平諸侯國的君位爭奪。國不可無君，周桓王先讓虢仲去扶立晉君，隔年就出兵攻伐曲沃，討伐曲沃武公的大逆不道。《左傳》桓公九年云：「秋，虢仲、芮伯、梁伯、荀侯、賈伯，伐曲沃。」〔註125〕魯桓公九年，當時周王朝雖然衰微，但是對於連續弒君的曲沃武公，還能集結軍隊攻伐，對曲沃武公有所懲治的行爲，證明周王室衰微，當前還是有一定的名份存在，能夠有限度的執行周天子應具的權利和義務。總而言之，曲沃武公誘殺晉小子侯之事，是曲沃莊伯殺晉孝侯、韓萬殺晉哀侯的持續行動罷了，進而引發「嗣親奪權」、「臣僕專擅」、「都國無別」的現象，終以弒君作結。

## 五、鄭高渠彌殺鄭昭公（桓公十七年，公元前六九五年）

### （一）弒君事件概述

　　魯桓公十一年，鄭莊公逝去。鄭莊公死後，由世子忽即位爲鄭昭公。《春秋》桓公十一年云：「九月，宋人執鄭祭仲。突歸于鄭。鄭忽出奔衛。」〔註126〕鄭國大夫祭仲被宋國誘抓，改立公子突爲鄭厲公，鄭昭公出奔衛國。魯桓公十五年，重新迎回鄭昭公。〔註127〕當初鄭莊公在位時，寵用大夫高渠彌，世子忽十分厭惡高渠彌，力諫鄭莊公無效。《左傳》桓公十七年云：「初，鄭伯將以高渠彌爲卿，昭公惡之，固諫不聽。昭公立，懼其殺己也。辛卯，弒昭公而立公子亹。」〔註128〕魯桓公十七年，高渠彌懼怕會因爲鄭昭公的厭惡遭惹殺機，轉而主動殺掉鄭昭公，改立公子亹爲鄭國君主。

### （二）弒君因素分析

　　在魯桓公尚未娶齊國的文姜之前，齊僖公曾想將女兒文姜嫁給鄭世子

〔註125〕《春秋經傳集解》，頁 62。
〔註126〕《春秋經傳集解》，頁 62。
〔註127〕《春秋》桓公十五年云：「五月，鄭伯突出奔蔡，鄭世子忽復歸于鄭。」見《春秋經傳集解》，頁 64。
〔註128〕《春秋經傳集解》，頁 66。

忽，卻被鄭世子忽以「非門當戶對」爲由拒絕，於是文姜在魯桓公三年嫁給
魯桓公。魯桓公六年，北戎攻打齊國，齊僖公向各個諸侯國求救，鄭世子忽
率領鄭國軍隊，前往援救齊國，大敗北戎，齊僖公因此想將另外一位女兒，
嫁給鄭世子忽，卻又再次被鄭世子忽以「不願以戰逼婚」爲由拒絕。〔註129〕
在古代一夫多妻屬於常態，鄭世子忽卻拒絕齊僖公的美意，拒婚的理由先是
「齊大非耦」，後是「以師爲昏」。鄭世子忽認爲，當初拒絕齊僖公首次的請
求婚配時，自己對齊國並沒有功勳；魯桓公六年這次舉兵敗戎，是基於盟國
情誼，特地前來援救，更不能趁虛而入。何況，領兵出戰是件勞民傷財的事，
就算出征的名義是援救盟國，最後卻是迎娶盟國的女人歸國，勢必會讓人民
誤解，演變成公器私用的自利行爲。《春秋左傳注》云：「意謂勞民出師，而
己成婚以歸，民將謂己所以勞民者，爲娶妻於齊耳。」〔註130〕有鑑於此，鄭
世子忽再次拒絕齊僖公。

　　魯隱公七年，鄭莊公同意陳桓公的請求，讓鄭世子忽和陳國嬀氏成婚。
《左傳》云隱公七年云：「鄭公子忽在王所，故陳侯請妻之，鄭伯許之，乃
成昏。」〔註131〕隔年，鄭世子忽前往陳國迎娶陳嬀。可見魯桓公六年，齊
僖公第二次請求婚配的時候，鄭世子忽早已有正妻陳嬀。《春秋左傳注》云：
「此時文姜歸魯已四年，蓋以他女妻之。隱八年《傳》云：『鄭公子忽如陳
逆婦嬀』，則忽早已娶正妻矣。」〔註132〕爲了確保鄭世子忽的勢力穩固，祭
仲曾力勸鄭世子忽答應第二次的婚事，取得大國齊國的外援，有助於將來的
君途順利，結果鄭世子忽還是拒絕了。《左傳》桓公十一年云：「鄭昭公之敗
北戎也，齊人將妻之，昭公辭。祭仲曰：『必取之。君多內寵，子無大援，
將不立，三公子皆君也。』弗從。」〔註133〕面對鄭世子忽的第二次拒婚，
祭仲十分擔心。

---

〔註129〕《左傳》桓公六年云：「夏，……北戎伐齊，齊侯使乞師于鄭，鄭大子忽帥師
　　　　救齊。六月，大敗戎師，獲其二帥、大良、少良，甲首三百，以獻於齊。……
　　　　公之未昏於齊也，齊侯欲以文姜妻鄭大子忽，大子忽辭。人問其故，大子曰：
　　　　『人各有耦，齊大，非吾耦也。《詩》云：「自求多福，在我而已。」大國何
　　　　爲？』君子曰：『善自爲謀。』及其敗戎師也，齊侯又請妻之，固辭。人問其
　　　　故，大子曰：『無事於齊，吾猶不敢；今以君命奔齊之急，而受室以歸，是以
　　　　師昏也。民其謂我何？』遂辭諸鄭伯。」見《春秋經傳集解》，頁60。
〔註130〕《春秋左傳注》，頁114。
〔註131〕《春秋經傳集解》，頁50。
〔註132〕《春秋左傳注》，頁113。
〔註133〕《春秋經傳集解》，頁63。

　　當初祭仲受鄭莊公寵愛，替鄭莊公迎娶鄧曼，生下公子忽，日後公子忽被立為世子，因此祭仲在鄭莊公死後，扶立世子忽即位為鄭昭公。《左傳》桓公十一年云：「初，祭封人仲足有寵於莊公，莊公使為卿，為公娶鄧曼，生昭公，故祭仲立之。」〔註134〕然而，鄭莊公的兒子，有世子忽、公子突、公子子亹、公子子儀等人，他們的母親大多數都受到鄭莊公的寵愛。〔註135〕愛屋及烏，母親受寵，兒子自然也跟著受寵，一旦備受寵愛，就容易產生爭奪心態。祭仲擔心產生「三公子皆君」的局面，才力勸世子忽與齊聯姻，取得強大外援。

　　有關「三公子」的人選，說法不一。太史公認為：「三公子者，太子忽、其弟突、次弟子亹也。」〔註136〕司馬貞則舉出不同的意見，《史記會注考證》索隱云：「此文則數太子忽及突、子亹為三；而杜預云，不數太子，以子突、子亹、子儀為三，蓋得之。」〔註137〕杜預則解為，不包括身為世子的忽，鄭莊公還有公子突、公子子亹、公子子儀三位受寵的兒子。不論祭仲所指的三公子是否包括世子忽本人，從祭仲想取得齊國這份外援來看，世子忽遲早會面臨「嗣親奪權」的局面，必須預作準備。

　　世子忽既然已經被立為鄭國的世子，名份上是正統的繼承人，是未來的鄭國國君。因母親受寵而得寵，又有宗卿的援助，舉兵敗戎有功於諸侯國，就身為一位世子而言，世子忽的優勢不言而喻。《春秋左傳正義》注云：「稱世子者，忽為大子，有母氏之寵，宗卿之援，有功於諸侯，此大子之盛者也。而守介節，以失大國之助；知三公子之彊，不從祭仲之言；修小善、絜小行，從匹夫之仁，忘社稷之大計，故君子謂之『善自為謀』，言不能謀國也。」〔註138〕但是明知道弟弟們，有爭奪權位的野心，卻不聽祭仲的建議，堅決退掉與齊國的親事，喪失藉由姻親關係，取得齊國成為靠山的機會。

　　日後文姜與齊襄公亂倫，害死魯桓公，驗證鄭世子忽「齊大非耦」的遠見。雖說婚姻是最有力的連結，不靠婚姻，也是有方法讓兩國結盟。憑藉齊僖公對鄭世子忽的另眼相待，鄭世子忽只要努力經營，不靠聯姻，也有其他方法取得齊國這個強力外援。然而，卻不見鄭世子忽有任何動作，致力與齊

〔註134〕《春秋經傳集解》，頁63。
〔註135〕《春秋左傳正義》注云：「子突、子亹、子儀之母，皆有寵。」，頁122。
〔註136〕《史記會注考證》，頁676。
〔註137〕《史記會注考證》，頁676。
〔註138〕《春秋左傳正義》，頁126。

國結交穩固的情誼，爲未來的國君之路，鋪設平坦道路，足見其人缺乏爲君的識見；忽略祭仲力勸聯姻的背後主因，對其他公子的競爭能力視若無睹、聽若罔聞，恐怕是鄭世子忽爲君的最大敗筆。

魯桓公十一年，鄭莊公逝去，世子忽即位爲鄭昭公，卻被逐出鄭國，改由弟弟公子突即位爲鄭厲公。〔註139〕《春秋左傳正義》疏云：「彼以未葬故繫父，知既葬則成君。此莊公既葬，則忽成君矣，宜書鄭伯出奔。今書忽之名，知鄭人賤之，以名赴也。」〔註140〕從鄭莊公既葬，得知此時世子忽已經即位爲鄭昭公，理該以「鄭伯出奔衛」來記錄，《春秋》記載祭仲逐鄭昭公，不以鄭昭公三字稱呼世子忽，反用「鄭忽出奔衛」，以「忽」之名記錄鄭昭公出奔的事件，表明鄭人對於世子忽的貶抑。

鄭莊公還在位時，十分寵愛祭仲，世子忽的母親鄧曼，就是由鄭莊公派遣祭仲迎回鄭國。鄭厲公的母親雍姞是宋國人，一樣受到鄭莊公的寵愛。當時宋國的雍氏，受到宋莊公的寵愛，企圖讓嫁到鄭國的血脈，掌管鄭國。因此採取綁架祭仲，要脅改立公子突的手段。受到鄭莊公寵愛的祭仲，自然也握有鄭國部份政權，對鄭國有舉足輕重的影響。由於鄧曼是祭仲所迎回，世子忽是鄧曼的兒子，同時是鄭莊公所立的鄭國世子，祭仲自然是力挺世子忽爲鄭國國君。對於想讓血脈掌握鄭國的宋國雍氏而言，祭仲是最主要目標，沒有了祭仲，鄭世子忽便不足爲慮。

宋國雍氏誘捉了祭仲，以性命脅迫祭仲，改立雍姞的兒子公子突，同時以鄭國君位誘逼，捉了公子突要求賄賂。性命備受威脅的祭仲，與宋人交易，以自身性命，來交換公子突成爲鄭國國君，而將鄭昭公忽驅逐他國。祭仲自宋歸國後，鄭昭公出奔衛國，公子突即位爲鄭厲公。鄭厲公雖然半是被逼，卻也無法否認爭奪君位的心思，最終挾外援篡奪本來不屬於自己的君位。

> 初，祭封人仲足有寵於莊公，莊公使爲卿，爲公娶鄧曼，生昭公，故祭仲立之。宋雍氏女於鄭莊公，曰雍姞，生厲公。雍氏宗有寵於宋莊公，故誘祭仲而執之，曰：「不立突，將死。」亦執厲公而求賂焉。祭仲與宋人盟，以厲公歸而立之。秋，九月，丁亥，昭公奔衛。己亥，厲公立。〔註141〕

---

〔註139〕《春秋》桓公十一年云：「秋七月，葬鄭莊公。九月，宋人執鄭祭仲。突歸于鄭。鄭忽出奔衛。」見《春秋經傳集解》，頁62。

〔註140〕《春秋左傳正義》，頁122。

〔註141〕《春秋經傳集解》，頁63。

　　公子突挾外援歸國，即位爲鄭厲公，此後也必須對宋國有所貢獻。當初
鄭厲公急著歸國，而應允宋國的要求，實際上鄭厲公無法全數承擔。魯桓公十
二年，面對強勢的宋國，鄭厲公聽從祭仲建議，請魯國作中間人來協調。協
調不成，鄭厲公與紀、魯聯軍，大敗齊、宋、衛、燕聯軍。〔註 142〕此後，鄭
國與魯國交好，宋國與齊國交好，宋、鄭之間反目成仇。魯桓公十四年，宋
國再次舉兵伐鄭。此次伐鄭，是爲了魯桓公十二年的敗績報仇。〔註 143〕結果
宋國取走鄭國祖廟的椽，搬回宋國作爲城門的椽，意在羞辱鄭國。至於祭仲
與鄭厲公的關係也不平和。

　　當初宋國雍氏，除了用性命脅迫祭仲迎立公子突成爲鄭厲公，同時讓祭
仲的女兒與雍糾成婚，用姻親增強彼此間的連繫。魯桓公十五年，雍糾聽從
鄭厲公的命令，準備除去祭仲，除了臣領君命，不得不爲的理由之外，推想
當初的政治婚姻，可能並非祭仲所樂見，對於雍糾恐怕會有些許不滿，使得
雍糾與祭仲間沒有深厚的情誼，因此雍糾奉君命謀殺祭仲，似乎沒有太多的
遲疑。此等重大事件，卻被祭仲之女雍姬知悉，導致事蹟敗露，反被將計就
計，失去性命。《左傳》桓公十五年云：

> 祭仲專，鄭伯患之，使其壻雍糾殺之，將享諸郊。雍姬知之，謂其
> 母曰：「父與夫孰親？」其母曰：「人盡夫也，父一而已，胡可比也。」
> 遂告祭仲曰：「雍氏舍其室，而將享子於郊。吾惑之，以告。」祭仲
> 殺雍糾，尸諸周氏之汪，公載以出，曰：「謀及婦人，宜其死也。」
> 夏，厲公出奔蔡。六月，乙亥，昭公入。〔註 144〕

雍糾屍體被丟到周氏的池子，勞累魯桓公打撈屍體帶走。〔註 145〕還連帶
影響鄭厲公，不得不出奔蔡國。由魯桓公所說「謀及婦人」四字，推論雍糾
有跟雍姬討論過謀殺祭仲的事情；若是雍姬本來不知情，雍糾自己主動與雍
姬商量，與其說雍糾十分信任雍姬，不如說雍糾思慮欠周，死得實在不冤枉；

〔註 142〕《左傳》桓公十三年云：「宋多責賂於鄭，鄭不堪命。故以紀、魯，及齊與宋、
　　　　衛、燕戰，不書所戰，後也。鄭人來請脩好。」見《春秋經傳集解》，頁 64。
〔註 143〕《春秋》桓公十四年云：「冬，十有二月，丁巳，齊侯祿父卒，宋人以齊人、
　　　　蔡人、衛人、陳人，伐鄭。」《左傳》桓公十四年云：「冬，宋人以諸侯伐鄭，
　　　　報宋之戰也。焚渠門，入及大逵，伐東郊，取牛首，以大宮之椽，歸爲盧門
　　　　之椽。」見《春秋經傳集解》，頁 64。
〔註 144〕《春秋經傳集解》，頁 65。
〔註 145〕《春秋左傳正義》注云：「汪，池也。周氏，鄭大夫。殺而暴其尸，以示戮也。……
　　　　恐其見殺，故載其尸共出國。」，頁 127。

若是雍姬發現狀況與雍糾攤牌，不得不佩服雍姬的細心與勇氣，同時也感慨雍糾辦事不夠乾淨俐落，顯出思慮不及婦人的缺陷。

雍姬此時已經嫁給雍糾，夾在父親與丈夫之間，會產生矛盾困惑也是理所當然。因為不好直言雍糾的預謀，雍姬以「父與夫孰親」請教母親，藉由重要性來判斷自己該從父或從夫。雍姬自母親獲得的答案是「父一而已」，也就是血親比姻親還重要。〔註146〕任何男人皆可以成為「丈夫」，但是「生父」卻只有一位，獨一無二的地位，自然比丈夫重要、親近。〔註147〕「父較夫親」成為雍姬依循規準，祭仲自然會從雍姬口中，得知雍糾的預謀。

《左傳》特別描述雍姬「從夫從父」的困惑事件，並非只是點出女子三從的矛盾，更不是評斷雍姬「棄夫從父」的功過，而是在突顯雍糾的敗因。此等奉君命謀殺的重大事件，雍糾沒能做全保密功夫，讓雍姬知悉，促使整件事情成敗，取決在雍姬的選擇，證明雍糾思慮不全、辦事不利。在雍姬知悉當時，雍糾沒有心狠手辣，以殺人滅口方式保密，留住無辜的雍姬性命，就人道方面來看，值得讚賞；然而保密的方式，不一定需要殺人，雍糾沒能在第一時間防範，讓雍姬暫時失去自由，無法通知祭仲，證明雍糾能力有限、思慮欠周。觀看這場預謀殺人事件，誠如魯桓公所謂「謀及婦人，宜其死也」，失敗根源不是出在雍姬向祭仲告發，而是雍糾欠缺足夠的能力、思慮去完成君令，也顯示鄭厲公錯用雍糾的失誤。

祭仲依鄭莊公意願，扶立世子忽為鄭昭公；後為宋國脅迫，驅逐鄭昭公，迎立公子突為鄭厲公，皆可看出祭仲在鄭國非凡的權力。「祭仲專」三字，楊伯俊解釋為：「專謂個人把持政柄，即專權，專擅，不待君命而行。」〔註148〕可見祭仲的專擅獨行。國君無法制約、獨斷專行的權臣，會惹來殺身之禍，加上用人不當，雍糾成事不足，使得這場謀殺未遂，事蹟敗露後，鄭厲公也不得不出奔蔡國。

魯桓公十五年，鄭厲公出奔蔡國，祭仲理所當然重新迎回鄭昭公，鄭厲公後來進入櫟地居住。權臣逐君，大逆不道，魯桓公曾經聯合宋、衛、陳攻打鄭國，企圖讓鄭厲公重返鄭國掌權。《春秋》桓公十五年云：「五月，鄭伯

---

〔註146〕《春秋左傳注》云：「意謂女子未出嫁時，人人皆可以為其丈夫；至于父親，為天然骨血關係，只有一人，不能與夫相比。」，頁143。
〔註147〕杜注：「婦人在室則天父，出則天夫。女以為疑，故母以所生為本解之。」，《春秋經傳專解》，頁65。
〔註148〕《春秋左傳注》，頁143。

突出奔蔡，鄭世子忽復歸于鄭。……秋，九月，鄭伯突入于櫟。冬，十有一月，公會宋公、衛侯、陳侯于袤，伐鄭。」〔註149〕這次攻打鄭國並沒有成功，鄭國自然還是以鄭昭公爲君。〔註150〕魯桓公十六年，魯桓公再次聯合宋、衛、陳、蔡攻打鄭國。〔註151〕但是鄭昭公沒有被魯、宋、衛、陳、蔡聯軍逼退君位，反而在魯桓公十七年冬，命喪於鄭臣高渠彌之手。

高渠彌曾在魯桓公五年周鄭交戰時輔助鄭莊公，深受鄭莊公喜愛。《春秋左傳注》云：「桓五年鄭與周王之戰，高渠彌曾以中軍奉鄭莊公。」〔註152〕當鄭莊公想封高渠彌爲卿的時候，還是世子的鄭忽，對於高渠彌的爲人十分厭惡，力勸鄭莊公勿用高渠彌，鄭莊公不聽，仍然封高渠彌爲卿。

對於鄭昭公被殺的過程，《左傳》沒有詳細的記載，《史記》則敘述鄭昭公出獵，高渠彌藉機成功射殺鄭昭公。〈鄭世家〉云：「昭公二年，自昭公爲太子時，父莊公欲以高渠彌爲卿，太子忽惡之，莊公弗聽，卒用高渠彌爲卿。及昭公即位，懼其殺己。冬十月辛卯，渠彌與昭公出獵，射殺昭公於野。祭仲與渠彌不敢入厲公，乃更立昭公弟子亹爲君，是爲子亹也，無諡號。」〔註153〕根據瀧川資言的研究，發現太史公「射殺昭公」的說法，不知源於何處。《史記會注考證》考證云：「射殺之說，未知所本。」〔註154〕總之，鄭昭公的確死在高渠彌手中。

鄭昭公死後，高渠彌改立公子亹爲鄭國君主，輔佐鄭君子亹治理鄭國。魯桓公十八年，齊侯攻鄭討伐弒君大罪，殺子亹並將高渠彌車裂。祭仲前往陳國，迎立公子儀爲鄭國國君。《左傳》桓公十八年云：「秋，齊侯師于首止，子亹會之，高渠彌相。七月，戊戌，齊人殺子亹，而轘高渠彌。祭仲逆鄭子于陳而立之。」〔註155〕由於鄭君子亹，死在齊襄公手中，不符合以下犯上的弒君事件，因此略而不論。

不論鄭昭公怎麼被殺，終究是高渠彌起了殺心，痛下殺手。從鄭昭公的態度，知曉高渠彌不算良善之輩；後來弒君劣舉，讓高渠彌惡上加惡。《春秋

〔註149〕《春秋經傳集解》，頁 64 至 65。
〔註150〕《左傳》桓公十五年云：「冬，會于袤，謀伐鄭，將納厲公也，弗克而還。」見《春秋經傳集解》，頁 65。
〔註151〕《春秋左傳正義》注云：「前年冬，謀納厲公不克，故復更謀。」，頁 128。
〔註152〕《春秋左傳注》，頁 150。
〔註153〕《史記會注考證》，頁 676 至 677。
〔註154〕《史記會注考證》，頁 677。
〔註155〕《春秋經傳集解》，頁 66。

左傳正義》注云：「本爲昭公所惡，而復弒君，重爲惡也。」〔註156〕「復惡」的評斷，昭示高渠彌爲人不良，喪失身爲人臣的基本，印證鄭昭公厭惡高渠彌，並非個人偏見。

　　《左傳》在高渠彌弒君的記載之前，特別記錄高渠彌與世子忽結怨事件，顯示鄭昭公對高渠彌爲人的不滿，的確是高渠彌有爲人詬病之處。《春秋左傳正義》疏云：「弒君者，人臣之極惡也。昭公惡其人，其人果行大惡，是昭公之所惡矣；言昭公惡之，不妄也。」〔註157〕僅僅因爲新君厭惡自己，在尚未有生命憂慮之前，動念並且眞的弒君，足以說明高渠彌心術並非十分純正。無視君臣倫理，擅動殺念，高渠彌的行爲，實顯「臣僕專擅」的亂象。

　　唯鄭昭公兩次爲君，明明厭惡高渠彌，卻遲遲沒有任何動作，實在很可疑。也許是鄭昭公顧念父親鄭莊公執意立高渠彌爲卿的意願，讓高渠彌繼續任職；也許是鄭昭公還在思考，怎麼處理高渠彌比較妥當，因而沒有任何行動。楊伯峻引韓非〈難四篇〉的意見，認爲鄭昭公明知高渠彌之惡，卻無所行動，最後見弒，原因出在鄭昭公無權。《春秋左傳注》云：「君子之舉（稱也）『知所惡』，非甚之也，曰：知之若是其明也，而不行誅焉，以及於死，故曰『知所惡』，以見其無權也。」〔註158〕韓非集法、術、勢三論爲法家集大成者，對於君主控制臣下很講究。對於君子「昭公知所惡矣」的六字評論，暗示鄭昭公無權的現象。《春秋左傳正義》云：「韓子以爲君子言『知所惡』者，非多其知之明，而嫌其心不斷也。曰知之若是其明也，而不如早誅焉，以及於死，故言『知所惡』，以見其無權也。昭公知其惡而不能行其誅，致使渠彌含憎懼死以徼幸，故昭公不免於弒。戒人君使彊於斷也。」〔註159〕此處「無權」解釋爲毫無權力，恐怕有所不妥。

　　一個毫無權力的國君，只是個傀儡，以鄭昭公尚未即位前的表現，不像毫無意志、任人擺弄的傀儡。將「無權」解爲尚未具備足夠的權力，似乎較爲合宜。新君解除舊君臣子的權勢，屢見不鮮，然而《左傳》中的鄭昭公，初即位並沒有向高渠彌下手，就被逐出鄭國。等到鄭厲公出奔，鄭昭公重新歸國掌權，仍舊沒有對高渠彌有任何行動。既然重掌政權，可見鄭昭公必有爲君的基本權力，只是尚未擁有足夠權勢掌控高渠彌，是以遲遲未見鄭昭公

〔註156〕《春秋左傳正義》，頁129。
〔註157〕《春秋左傳正義》，頁129。
〔註158〕《春秋左傳注》，頁150。
〔註159〕《春秋左傳正義》，頁129。

對高渠彌有任何行動。

鄭昭公初即位，便讓宋國與祭仲逼得出奔；鄭厲公在位時，多處受制於祭仲而生殺意；可見在鄭國，祭仲影響力之大，即使重新迎回鄭昭公後，面對魯、宋、衛、陳、蔡等國聯軍進攻，恐怕鄭昭公也沒有足夠時間收回所有權力。沒能全部回收，不代表完全沒有權力。已身為卿的高渠彌，在國君收權的同時，己身權力必定有些許受損；高渠彌所懼怕的，或許正是逐步握權的鄭昭公，擔憂未來鄭昭公一旦準備充分，就會對付自己。不如趁鄭昭公羽翼未豐，先下手為強。

鄭昭公雖然喪命於高渠彌，卻是許多前因導致的結果。鄭昭公喪失齊國外援，為君權勢不足。鄭莊公兒子眾多，雖然早已立忽為世子，確認下一任儲君的地位，卻沒能完全斬斷其他子嗣對君位的覬覦，種下「嗣親奪權」的禍種。祭仲為臣專擅，反覆逐君、迎君，身文人臣卻對君主任意逐迎，即使祭仲是為鄭國內部安定著想，也免不去「臣僕專擅」的指責。高渠彌同為臣子，縱使和現任主君有過衝突，也該忠心臣服現任君主，卻在內心畏懼厭憎，動念弒君，可見心中已經是無君狀態，也不能免除「臣僕專擅」的惡名。身為手足的公子突，在鄭世子忽被封為世子時，就該對君位斷念，當鄭世子忽成為鄭昭公後，更該以臣子身份服從，卻挾帶外援，利用宋國力量，控制祭仲奪取君位，已是「臣僕專擅」之舉，可見公子突逾越應有儀節，妄想為君，「嗣親奪權」的情況自然上演。鄭昭公沒能遏阻禍端，在自身有過及「嗣親奪權」、「臣僕專擅」中，漸漸步向見弒的命運。

# 第三節　莊公時期的弒君事件

## 一、齊無知殺齊襄公（莊公八年，公元前六八五年）

### （一）弒君事件概述

魯桓公娶了齊襄公的妹妹文姜，與齊國結為姻親。〔註160〕魯桓公十八年，魯桓公攜帶文姜前往齊國會盟。〔註161〕齊襄公趁此次會盟和文姜私通，事情

---

〔註160〕《春秋》桓公十八年云：「春，王正月，公會齊侯于濼。公與夫人姜氏遂如齊。」見《春秋經傳集解》，頁66。

〔註161〕《左傳》桓公十八年云：「公會齊侯于濼，遂及文姜如齊，齊侯通焉，公謫之，以告。」見《春秋經傳集解》，頁66。

敗露，文姜被魯桓公譴責後，將事情告知齊襄公。得知情事敗露，齊襄公設宴灌醉魯桓公，讓彭生與魯桓公共乘，在車中將魯桓公殺害。《左傳》桓公十八年云：「夏，四月，丙子，享公，使公子彭生乘公。公薨于車。……齊人殺彭生。」〔註162〕由於彭生和魯桓公並非同國的上下關係，不屬於本文界定的弒君事件，故略而不論。魯桓公死後，魯人請求齊國，將殺害魯桓公的人繩之以法，彭生因此被殺。

魯莊公八年，齊襄公讓連稱、管至父在瓜熟的時節前往葵丘駐守，並約定來年瓜熟時節，另外派人前往替代。期至，齊襄公失約，連稱、管至父兩人，請求輪替，齊襄公不准，便策劃叛亂。當初齊僖公的同母胞弟夷仲年，曾經生有一子公孫無知，受到齊僖公寵愛，待遇如同世子一般。齊襄公即位後，立刻降絀公孫無知的待遇，連稱、管至父兩人利用這點，與公孫無知共同策動叛變。連稱有個堂妹，在齊襄公的後宮之中，並不得寵，公孫無知與她合作，讓她察探齊襄公的情況，約定事成後會立她爲夫人。《左傳》莊公八年云：

> 齊侯使連稱、管至父，戍葵丘，瓜時而往，曰：「及瓜而代。」期戍，公問不至；請代，弗許，故謀作亂。僖公之母弟曰夷仲年，生公孫無知，有寵於僖公，衣服禮秩如適。襄公絀之，二人因之以作亂。連稱有從妹在公宮，無寵，使閒公，曰：「捷，吾以女爲夫人。」冬，十二月，齊侯游于姑棼，遂田于貝丘。見大豕，從者曰：「公子彭生也。」公怒曰：「彭生敢見，射之。」豕人立而啼，公懼，隊于車，傷足喪屨反。誅屨於徒人費，弗得，鞭之見血；走出，遇賊于門，劫而束之。費曰：「我奚御哉？」袒而示之背，信之。費請先入，伏公而出鬬，死于門中，石之紛如死于階下，遂入，殺孟陽于牀，曰：「非君也，不類。」見公之足于戶下，遂弒之，而立無知。〔註163〕

同年冬季，齊襄公到姑棼游玩，在貝丘打獵，遇到一頭大野豬。隨從說大野豬就是彭生，齊襄公發怒讓人射牠。大野豬就像人一般站立啼叫，齊襄公嚇得摔車、傷腳、丟鞋。回去後，徒人費被齊襄公責令去找鞋卻找不到，被齊襄公鞭打出血。徒人費走到宮門外，遇到得知齊襄公受傷，前來襲擊的

---

〔註162〕《春秋經傳集解》，頁66。
〔註163〕《春秋經傳集解》，頁70至71。

公孫無知等叛賊，被叛賊綑綁擒拿。徒人費宣稱自己不會抵抗，袒露衣物，現出傷勢，取信叛賊，表示願與叛賊裡應外合。徒人費先行回到宮中，找孟陽假替齊襄公，然後將齊襄公隱藏，出宮與叛賊格鬥，死在宮門中。叛賊殺進宮中，將在床上的孟陽殺死，才發現不是齊襄公；轉而看到齊襄公的腳從門下露出，便殺掉齊襄公，擁立公孫無知為國君。

### （二）弒君因素分析

魯桓公死後，君位由魯莊公繼承。史書上不稱「即位」的原因，在於當時文姜因為間接導致魯桓公死亡，而不敢歸返魯國。《左傳》莊公元年云：「春，不稱即位，文姜出故也。」〔註164〕在這種父親客死他國，母親避而不歸的狀況下，魯莊公即使繼承君位，穩定國勢，卻不忍心在史書上用到「即位」兩字，只單純記錄年月而不明載事件，用來表明內心的傷痛矛盾，並記錄下這種不能明說的尷尬事實。《春秋左傳正義》疏云：「此月無事而空書月者，莊雖不即君位，而亦改元朝廟，與民更始。史書其事，見此月，公宜即位，而父弒母出，不忍即位，故空書其文。閔、僖亦然。」〔註165〕類似的「不書即位」情況，在魯閔公、魯僖公時也有發生。

雖然夫死子立，文姜仍沒有斷絕與兄長齊襄公的往來，反而更加肆無忌憚。從史書的記載來看，從魯莊公二年到七年，文姜和齊襄公幾次私會，種種事蹟證明，少了魯桓公這位名正言順的丈夫，文姜和齊襄公之間的姦情，不但公開，而且弄得各國皆知、在某種程度內，左右齊、魯二國的發展。

史家記載魯莊公二年兩人相會的事蹟，還特別註明「書姦」二字，昭顯兩人的大逆不道。《左傳》莊公二年云：「冬，夫人姜氏會齊侯于禚，書姦也。」〔註166〕不斷記錄兩人情事，重在指明兩人的行為違禮至極。《春秋左傳注》云：「足見夫人享齊襄公而書者，直書其事，以見其非禮。」〔註167〕這對兄妹亂倫的事蹟，甚至有〈齊風・南山〉、〔註168〕〈齊風・敝笱〉〔註169〕等詩篇，在《詩經》上傳載。從齊襄公與文姜的事件，多少可以看出齊襄公身為一個

---

〔註164〕《春秋經傳集解》，頁68。
〔註165〕《春秋左傳正義》，頁136。
〔註166〕《春秋經傳集解》，頁68。
〔註167〕《春秋左傳注》，頁162。
〔註168〕〈南山〉朱注：「此詩前二章刺齊襄，後二章刺魯桓也。」見《詩集傳》，〔宋〕朱熹集註，臺北市，中華書局，1969年5月臺1版，頁61。
〔註169〕《詩集傳》，頁62。

君主的失德，所幸齊國還夠強大，雖然會因此受些影響，尚不至於毀滅。若是齊襄公只是在女色上有缺失，治理臣下得當，以齊國目前的國勢，應該能平安地渡過餘生，只可惜齊襄公不但讓彭生當代罪羔羊，還對臣子失信，給予有心人可趁之機。

魯莊公七年，齊襄公派遣大夫連稱、管至父戍守葵丘，在分派的時候，和兩人約定好瓜時出發，等下一次瓜時到，便會另派他人去取代，讓兩人回來。楊伯峻指出，《詩經・豳風・七月》有「七月食瓜」詩句出現，《詩經》是用夏曆，「瓜時」指得是夏曆的七月，《春秋》所用年月日都是周曆，換算為周曆則是九月。《春秋左傳注》云：「《詩・豳風・七月》：『七月食瓜』，則瓜時謂夏正七月，周正九月。……至來年食瓜季節，當使人替代也。」〔註170〕可以得知齊襄公派兩人到葵丘戍守，期限是九月去，隔年九月回來，為期一年的任期。今日所使用的農曆，是依據夏曆的時間，若以現在的時間觀來看，連稱和管至父是在農曆七月去戍守葵丘，與齊襄公相約來年農曆七月返回。

這件事被記載在魯莊公八年，以此推算，連稱和管至父被派任到葵丘戍守，「瓜時而往」應該是在魯莊公七年，「及瓜而代」是在魯莊公八年。會特別記載君臣相約的事件，以此推論，這次的派任命令，似乎是在連稱和管至父高度的不樂意下進行，也才會有齊襄公妥協般的一年約定出現。魯莊公八年，一年的任期到了，齊襄公卻沒有發出讓兩人歸回的命令；連稱和管至父上文請求輪替，沒想到齊襄公竟然拒絕。齊襄公出爾反爾的態度，觸怒了兩人，而開始連同公孫無知一起設謀作亂。

公孫無知是齊襄公的叔父，夷仲年的兒子，齊僖公生前十分寵愛他，所有儀節服飾都比照「世子」的規範辦理，和身為世子的齊襄公待遇一樣。〔註171〕雖然史料並未載明，齊僖公特別喜愛公孫無知的原因，但是從夷仲年死後，齊僖公就讓公孫無知過著「世子」才有的待遇，除卻公孫無知本人，很得齊僖公的歡心外，多少也有些將對夷仲年的兄弟情誼，轉嫁到公孫無知身上的可能。

本來身為世子，所有待遇應該比較不同，沒想到多出一人並駕齊驅，齊襄公內心的怨懟亦可想像。《春秋左傳注》云：「禮秩猶今言待遇之等級。……則古嫡子之衣服、章旗與眾子、庶子不同。」〔註172〕面對公孫無知潛藏的威

---

〔註170〕《春秋左傳注》，頁174。

〔註171〕《左傳》莊公八年云：「僖公之母弟曰『夷仲年』，生公孫無知，有寵於僖公，衣服禮秩如適，襄公絀之。」見《春秋經傳集解》，頁70。

〔註172〕《春秋左傳注》，頁174。

脅，諸兒應該是有如芒刺在背。對於諸兒和公孫無知兩人間的互動，史書中並沒有詳細的描述。在魯桓公十四年齊襄公即位前，《史記》只用「嘗與無知鬥」輕描淡寫地說明，得知兩人曾有過爭鬥。〔註173〕兩人年齡相近，待遇雷同，又都是祖父齊莊公的血脈，彼此間的鬥爭，可以想見恐非僅此一次。

魯桓公十四年齊僖公逝去，〔註174〕齊襄公繼承君位後，立即罷絀公孫無知的特別待遇。〔註175〕被剝除既得利益的公孫無知，自然心懷不滿。恰巧當時連稱有堂妹，在齊襄公的宮中為妾，但是一直不得寵，不受齊襄公注目。〔註176〕公孫無知看中此點，以事成之後讓她當夫人，由她負責做內應，偵察齊襄公的舉動。

魯莊公八年冬季，齊襄公到姑棼出遊，在貝丘田獵，遇見一隻大野豬，隨從們竟然都說那是彭生。事實上，齊襄公和隨從都看到某隻龐大的野獸，只是在齊襄公眼中見到的，是隻大型野豬；隨從眼中見到的，卻是已經死去的彭生。〔註177〕這些看見彭生的隨從，可能真的見鬼了，但也不排除有心人士安排，要他們謊稱看見彭生，好混亂齊襄公的心智。

由於齊襄公眼中見到的只是隻大型野豬，很難斷定齊襄公是否相信，真有化妖復仇的事件發生。不論齊襄公是否相信，面對隨從的言語，只要能射殺掉眼前的猛獸，這種荒謬化妖復仇的謠言，比較容易控制、消除。當下，齊襄公自然恨不得殺之而後快，斬草除根。不過，心緒紊亂之下所射出的箭，要完全射殺目標恐怕有困難，而射偏只會更增加野獸的獸性。

從科學的觀點來看，性命受到威脅、復傷的野獸將會更為兇猛，會用讓自己看來更加龐大的姿勢，威嚇對手。將前腳懸空，瞬間拉舉身體，就可以讓身軀看來更為龐大；再搭配上響亮的獸吼，震撼效果十足。《春秋左傳注》云：「後足立地，前足懸空，如人之立。」〔註178〕「豕人立而啼」這一個動作，

---

〔註173〕〈齊太公世家〉：「三十三年，釐公卒，太子諸兒立，是為襄公。襄公元年，始為太子時，嘗與無知鬥，及立，絀無知秩服，無知怨。」見《史記會注考證》，頁552。

〔註174〕《春秋》桓公十四年云：「冬，十二月，丁巳，齊侯祿父卒。」見《春秋經傳集解》，頁64。

〔註175〕《史記會注考證》，頁552。

〔註176〕《左傳》莊公八年云：「連稱有從妹在公宮，無寵，使閒公，曰：『捷，吾以女為夫人。』」見《春秋經傳集解》，頁70。

〔註177〕杜注：「公見大豕，而從見彭生，皆妖鬼。」見《春秋經傳集解》，頁70。

〔註178〕《春秋左傳注》，頁175。

不過是極力描寫野獸兇猛的形態。但是,對於古人來說,像人一樣站立的「人立」動作,不該出現在四蹄的動物身上,超出正常範圍,一律歸爲靈異,更加深眾人相信彭生前來復仇。

面對猛獸的反擊,《左傳》描述齊襄公的連串反應,「公懼」、「隊于車」、「傷足」、「喪屨」,以簡短的二、三字並列,簡潔的字句營造出緊張節奏,帶出當時驚險萬分的場景。野豬巨大的身軀,震撼的吼聲,致使心緒不寧的齊襄公,從車上墜落,傷到腳,還丟了鞋,可謂狼狽不堪。對於這隻龐然大物,描述只到人立而啼,很遺憾沒有多加著墨。若是能確認不過是隻體型過大的野豬,只是普通的獸類,有關彭生化爲豬妖的說法,自然不攻而破。也許這是描述者故意留下的懸疑,好增加彭生復仇的戲劇性,彰顯齊襄公多行不義的舉動。

安然返回後,齊襄公才發現丟了鞋,於是找徒人費要鞋,沒能將鞋子找回,驚魂未定加上憤怒,齊襄公將費鞭打的血肉模糊才罷手。楊伯峻參詳王引之的說法,發現古代沒有「徒人」這種官名,《漢書·古今人表》裡面記錄的是「寺人費」。《春秋左傳注》云:「徒人,徒當爲侍字之誤。侍人即寺人。《漢書·古今人表》作寺人費,是其明證。徧考書《傳》,無徒人之官。說詳王引之《述聞》。……孟陽當亦寺人,僞裝襄公寢於牀。」〔註179〕以此判斷應該是「侍」字誤作「徒」字,「侍人」就是「寺人」,可見費是服侍齊襄公的隨從,文後列舉的孟陽也是相同的身份。

發動政變,一定要能掌握對方行蹤,先前公孫無知、連稱、管至父決定一起叛亂的時候,就已經利用連稱的從妹,不受齊襄公寵愛的妾作內應,偵察齊襄公的舉動。齊襄公這次出遊田獵受傷的消息,很快便傳到公孫無知等人耳中。齊襄公受傷肯定得臥床幾天,趁君主臥床療傷叛變,成功性加大,於是立即率眾襲擊。〈齊太公世家〉云:「而無知、連稱、管至父等,聞公傷,乃遂率其眾襲宮。」〔註180〕身受嚴重鞭傷的費走到宮門處,遇到作亂的公孫無知、連稱、管至父這幫叛賊,被他們捆起劫走。費表示自己不會反抗,並且出示先前被齊襄公鞭傷的背後,取信對方,然後請求先行進入宮中爲他們打探情況。

進到宮中,費卻是讓孟陽假扮齊襄公躺在床上,將齊襄公藏匿後,走出

〔註179〕《春秋左傳注》,頁175至176。
〔註180〕《史記會注考證》,頁552。

宮外與叛賊戰鬥，死在宮門中。除了費是戰死的，石之紛如也是，死在臺階下；假扮齊襄公的孟陽，則是在床上被斬殺；為了保存惡名昭彰君主的性命，費、石之紛如、孟陽等人付出了珍貴的性命。他們的付出，並沒有得到相對的回報，叛賊立即就發現，床上的並不是齊襄公，此時在門下發現齊襄公露出的腳，便將齊襄公殺害，擁立公孫無知為新任齊侯。

　　對於這段齊襄公見弑的描述，《左傳》記為叛賊入宮殺死齊襄公，擁立公孫無知為君。《史記》載為公孫無知親自殺害齊襄公，自立為君。〈齊太公世家〉云：「無知入宮，求公，不得。或見人足於戶閒，發視，乃襄公，遂弑之，而無知自立為齊君。」〔註181〕不論公孫無知是否有親手殺掉齊襄公，這場叛變的主謀是他，繼承君位的也是他，最終弑君罪名，必會落在公孫無知身上。

　　齊襄公自身的「無常」，恐怕是導致自己見弑的主因。魯桓公十四年齊襄公剛繼承君位，當時齊襄公的行為，《左傳》給予「無常」二字。《左傳》莊公八年云：「初，襄公立，無常。鮑叔牙曰：『君使民慢，亂將作矣。』」〔註182〕有關無常的解釋，太史公指的是齊襄公言行不定，讓臣民沒能信任他的言行，而對齊襄公的言行產生不信任。〔註183〕杜預則解為齊襄公朝令夕改，讓臣民無法可依，導致對法令輕慢。〔註184〕楊伯峻比較認同太史公的看法，本文也採用言行無常的說法。《春秋左傳注》云：「無常，謂言行無準則，使人莫知所措。〈齊世家〉云：『初襄公之醉殺魯桓公，通其夫人，誅殺數不當，淫於婦人，數欺大臣』，此是太史公所解無常之義。杜預注為政令無常，恐不確。」〔註185〕一位君主如果言行無常，自然也會政令無常，何況齊襄公做了許多常人不會做的事。紲人服秩、兄妹亂倫、醉殺妹夫、殺彭謝魯、代鄭討賊、〔註186〕率兵襲紀、〔註187〕聯軍攻衛、〔註188〕毀諸二

〔註181〕《史記會注考證》，頁553。
〔註182〕《春秋經傳集解》，頁71。
〔註183〕〈齊太公世家〉云：「初襄公之醉殺魯桓公，通其夫人，淫於婦人，數欺大臣。」見《史記會注考證》，頁553。
〔註184〕杜注：「政令無常。」見《春秋經傳集解》，頁71。
〔註185〕《春秋左傳注》，頁176。
〔註186〕《左傳》桓公十八年云：「秋，齊侯師于首止，子亹會之，高渠彌相。七月，戊戌，齊人殺子亹，而轘高渠彌。祭仲逆鄭子于陳而立之。」見《春秋經傳集解》，頁66。
〔註187〕《春秋》莊公元年云：「齊師遷紀、郱、鄑、郚。」見《春秋經傳集解》，頁68。
〔註188〕《左傳》莊公三年云：「春，溺會齊師伐衛，疾之也。……秋，紀季以酅入于

臣、鞭費至血，齊襄公的所作所爲，完全是根據個人喜好，隨興而爲。

對於齊襄公見弒，齊僖公也要負些責任。齊僖公因爲喜愛公孫無知，讓他擁有世子身份般的待遇。古代嚴守嫡庶區分，就是爲了防範嗣親之間的爭權奪利，齊僖公竟然親手打破規則。魯隱公四年，衛國的公子州吁，就是受到衛莊公的寵愛，恃寵而驕，作亂殺掉衛桓公自立爲君。〔註189〕前車之鑒尚在，齊僖公卻返其道而行，實在不智。撇除個人恩怨，單就君主權勢的建立、鞏固，以及維護眞正「世子」的地位而言，齊襄公即位後，免除公孫無知特殊待遇，從維持制度的角度來說很合理。畢竟享受那麼久的特殊待遇，無名有實的狀況下，難保哪天，公孫無知開始追求名實相符，國家將會動盪不安。從齊襄公免除特殊待遇後，公孫無知就預謀叛亂，可見長期無名有實的狀態，的確讓公孫無知產生擁有君權的想法。這便是齊僖公寵愛公孫無知過頭，造成嫡庶不分的，埋下「嗣親奪權」的禍源。

連稱的堂妹，在齊襄公宮中爲妾，卻不得齊襄公的寵愛。憑借這份怨恨，接受公孫無知立她爲夫人的條件，幫忙監看齊襄公，提供公孫無知造反的機會，明確地違背一位妃妾該有的禮法，符合「伴侶無狀」的現象。連稱、管至父兩人，在齊襄公不信守誠諾，違背瓜代約定後，兩人心懷怨懟，和公孫無知一同起兵造反，失去人臣該有的法度，可歸爲「臣僕專擅」舉動。

總結來說，齊襄公會被殺，除了自身不良行爲促成之外，尚有齊僖公寵愛公孫無知，給予世子地位般的殊遇，造成公孫無知有心掌握君權，是爲「嗣親奪權」。文姜和兄長齊襄公亂倫，齊襄公的連妃則和公孫無知勾結，文姜和連妃兩人的皆不守婦道，是爲「伴侶無狀」。連稱、管至父，怨怪齊襄公言而無信，於是不顧君臣倫理，擅自勾結公孫無知叛亂，是爲「臣僕專擅」。四項弒君因素，齊襄公就引發其中三項，齊襄公因此付出性命，還賠上齊國穩定的政局。

## 二、齊雍廩殺齊君無知（莊公九年，公元前六八四年）

### （一）弒君事件概述

魯莊公八年，齊國公孫無知與連稱、管至父策劃叛變，殺掉齊襄公。《春

---

齊，紀於是乎始判。冬，公次于滑，將會鄭伯，謀紀故也。鄭伯辭以難。」見《春秋經傳集解》，頁68。

〔註189〕《左傳》隱公四年云：「春，衛州吁弒桓公而立。」見《春秋經傳集解》，頁47。

秋》莊公八年云：「冬，十有一月，癸未，齊無知弒其君諸兒。」〔註190〕齊襄公死後，公孫無知被立為新任齊君。當初，公孫無知對待齊大夫雍廩十分暴虐。《左傳》莊公九年云：「春，雍廩殺無知。」〔註191〕魯莊公九年，雍廩便殺害齊君無知。

### （二）弒君因素分析

魯桓公十四年，齊襄公取消公孫無知的殊遇。〔註192〕魯莊公八年，齊襄公失信於連稱、管至父兩位臣子。再加上，齊襄公對連妃的長期冷落，在一次田獵負傷修養的時候，被公孫無知、連稱、管至父等人殺害，公孫無知成為新任齊君。雖然公孫無知篡位成功，但在位短暫。

傳文特地在魯莊公八年補記，公孫無知和大夫雍廩之間，曾經有過私怨，表明早先時候，公孫無知對待齊大夫雍廩十分暴虐。《左傳》莊公八年云：「初，公孫無知虐于雍廩。」〔註193〕魯莊公九年，《春秋》描述公孫無知在春季遭到齊人襲殺，秋季才安葬好齊襄公。《春秋》莊公九年云：「春，齊人殺無知。……秋，七月，丁酉，葬齊襄公。」〔註194〕《左傳》則直述公孫無知被雍廩殺害後，齊國頓時呈現沒有國君的狀態，導致與魯莊公在蔇地結盟的是齊國大夫。公孫無知死後，當初因為齊襄公無道，出奔的公子糾和公子小白，紛紛率領軍隊，趕在第一時間回到齊國，繼承君位，結果是公子小白奪得先機，即位為齊桓公。《左傳》莊公九年云：「春，雍廩殺無知。公及齊大夫盟于蔇，齊無君也。夏，公伐齊，納子糾，桓公自莒先入。」〔註195〕對於「初公孫無知虐于雍廩」一句，楊伯峻參考楊樹達的說法，認為「初」字是記錄目前發生的事，然後溯及既往，不可能出現「初」字，卻只記錄過往事件，沒有記錄目前發生的事。從這說法推斷，「初公孫無知虐于雍廩」和「雍廩殺無知」兩句應合併為一傳。後人妄自分段，才造成杜預分為兩傳的說法。《春秋左傳注》云：「此與九年『雍廩殺無知』為一《傳》。凡記今事而追溯其始事，則云初；記初而無今事，獨為一《傳》，無此事理。

---

〔註190〕《春秋經傳集解》，頁70。
〔註191〕《春秋經傳集解》，頁71。
〔註192〕《左傳》莊公八年云：「僖公之母弟曰『夷仲年』，生公孫無知，有寵於僖公，衣服禮秩如適，襄公絀之。」見《春秋經傳集解》，頁70。
〔註193〕《春秋經傳集解》，頁71。
〔註194〕《春秋經傳集解》，頁71。
〔註195〕《春秋經傳集解》，頁71。

此以年分《傳》者妄分耳。杜注云『爲殺無知《傳》』，知杜已所據本已誤分，而杜已不知其當爲一《傳》矣。說詳楊樹達先生《讀左傳》。」〔註196〕可見當時杜預拿到的版本，就已經誤分了。

　　《左傳》只單純說公孫無知在齊襄公下葬前，就被雍廩所殺，沒有寫出公孫無知即位後的狀況，以及公孫無知爲何被殺。對於公孫無知即位成功到被殺這段日子，太史公倒是另有一番描述。雍林地區的人民，和齊君無知曾經有過私怨，於是趁著齊君無知出遊雍林的時候，以誅殺弒君叛賊的名義，襲殺齊君無知；同時放話，不論齊國大夫要擁立哪一位齊國公子，雍林地區的人民都唯命是從。〈齊太公世家〉云：「桓公元年春，齊君無知游於雍林。雍林人嘗有怨無知。及其往游，雍林人襲殺無知，告齊大夫曰：『無知弒襄公自立，臣謹行誅。唯大夫更立公子之當立者，唯命是聽。』」〔註197〕楊伯峻發現《史記》說是雍林地區的人殺掉公孫無知。《春秋》說是齊人襲殺齊君無知，《左傳》說是雍廩殺害齊君無知，並指出《管子‧大匡篇》也有記錄這件事，內容和《春秋》、《左傳》雷同。《春秋左傳注》云：「〈齊世家〉云……與《傳》異。《管子‧大匡篇》亦載此事，與《經》、《傳》同。」〔註198〕楊伯峻又引劉文淇看法，發現《左傳》在魯昭公十一年，說殺掉公孫無知的是渠丘大夫（即雍廩），〈齊太公世家〉說是雍林地區的人殺掉公孫無知，〈秦本紀〉說是齊國大夫雍廩殺掉公孫無知、連稱、管至父這些人。

　　　昭十一年《傳》云「齊渠丘實殺無知」，故知雍廩爲渠丘大夫。渠丘
　　　即葵丘。昭十一年《疏》又謂鄭眾以渠丘爲無知之邑。渠丘既爲無
　　　知之邑，又以雍廩爲其大夫者，晉封桓叔于曲沃而以欒賓傳之，鄭
　　　使許叔君許而以公孫獲佐之，楚使大子建居城父而以奮揚助之，並
　　　是一邑而有二人，則無知與雍廩同居一邑，當亦如是。說詳高士奇
　　　《春秋地名考略》。〈齊世家〉「齊君無知游於雍林」云云，「雍廩」
　　　作「雍林」，且以爲地名，與《左傳》異。然〈秦本紀〉又云：「齊
　　　雍廩殺無知、管至父等」，則太史公又未嘗不以雍廩爲人名。說詳劉
　　　文淇《疏證》。無知又稱仲孫，見昭四年《傳》。〔註199〕

---

〔註196〕《春秋左傳注》，頁177。
〔註197〕《史記會注考證》，頁553。
〔註198〕《春秋左傳注》，頁179。
〔註199〕《春秋左傳注》，頁177。

　　總之，殺害齊君無知的兇手，可能是雍廩，可能是雍林人，可能是齊人，無論何者爲是，這些弒君兇手，身份上都是齊君無知的臣子。以此可知，齊君無知見弒，除了齊君無知曾是弒君篡位的亂賊外，主要問題出在「臣僕專擅」。本文以《左傳》爲主，採用「雍廩殺害齊君無知」的說法。齊君無知已經即位，名義上也算是齊國的君主，雍廩身爲臣子，卻是心懷前朝，伺機而動，乍看似乎是位忠君愛國的臣子，實則也不過是位爲了私怨，內心不附君主，違背臣禮，擅行弒君的賊人而已。不單單是雍廩，從太史公的描述，更可以明白看出齊君無知必死無疑，眾大臣都在私下各自行動，雍廩如此，高國也如此，都是「臣僕專擅」。〈齊太公世家〉云：「及雍林人殺無知，議立君。高國先陰召小白於莒。」〔註200〕他們都是只忠於自己心中的君主，無視已經在位的現任君主，各自妄動，創造讓自己心中的君主，能夠即位的機會；說穿了，也不過是群爲自己利益，而擅爲的人臣罷了。

## 三、宋南宮長萬殺宋閔公（莊公十二年，公元前六八二年）

### （一）弒君事件概述

　　公孫無知死後，齊國君位空懸，公子小白先入齊國爲齊桓公。《左傳》莊公九年云：「春，雍廩殺無知。公及齊大夫盟于蔇，齊無君也。夏，公伐齊，納子糾，桓公自莒先入。」〔註201〕擁立公子糾的魯國，自此與齊國不停爭戰，雙方互有勝敗，齊國於是連合宋國軍隊攻魯。魯莊公十年，魯軍在乘丘大敗宋軍，齊軍只好退兵。〔註202〕乘丘一役，魯莊公用箭射中南宮長萬，讓魯莊公的車右歂孫活捉。魯莊公十一年，宋軍爲乘丘之戰的失敗舉兵攻魯，魯軍在鄑地再次打敗宋軍。後來，在宋國人請求下，魯莊公釋放南宮長萬回國。

　　《左傳》莊公十一年云：「夏，宋爲乘丘之役故，侵我，公禦之。宋師未陳而薄之，敗諸鄑。……乘丘之役，公以金僕姑射南宮長萬，公右歂孫生搏之，宋人請之。宋公靳之，曰：『始，吾敬子；今子魯囚也，吾弗敬子矣。』病之。」〔註203〕宋閔公因此對南宮長萬開玩笑，認爲南宮長萬不再值得尊敬，使南宮長萬對宋閔公懷恨在心。《左傳》莊公十二年云：「秋，宋萬弒閔

〔註200〕《史記會注考證》，頁553。
〔註201〕《春秋經傳集解》，頁71。
〔註202〕《左傳》莊公十年云：「夏，六月，齊師，宋師，次于郎。……公從之，大敗宋師于乘丘，齊師乃還。」見《春秋經傳集解》，頁72。
〔註203〕《春秋經傳集解》，頁72至73。

公于蒙澤，遇仇牧於門，批而殺之。遇大宰督於東宮之西，又殺之。立子游。」〔註204〕隔年，南宮長萬殺掉宋閔公等人，改立公子游為新任宋君。

## （二）弒君因素分析

自齊襄公淫妹，殺害魯桓公，魯國和齊國之間，開始失和。當齊君無知繼齊襄公後死亡，齊國的君位一度空懸。齊國的大夫雍廩，意欲迎立公子糾，於是出奔到魯國的公子糾率領魯軍回國。另一方面，齊國的大夫高國也暗中通知公子小白回國繼任君位。兩路人馬，都在爭取第一時間回國繼承君位，管仲與鮑叔牙這對朋友，各為其主，最後公子小白先入齊國為君。帶著魯軍前來的公子糾為此攻打齊國，可惜沒有成功。《左傳》莊公九年云：「夏，公伐齊，納子糾，桓公自莒先入。秋，師及齊師戰于乾時，我師敗績。」〔註205〕這次齊魯的乾時之戰，魯莊公失敗。〔註206〕鮑叔牙趁勝向魯莊公討人。

此時公子小白，已經成為齊桓公，公子糾則成為齊桓公的臣子兼兄弟，為了避免公子糾再次奪取君位進犯，以及討伐公子糾身為齊臣卻攻擊自己國家的罪，鮑叔牙要求魯國殺掉公子糾表示誠意。另外，對於曾經和齊桓公有過一箭之仇的管仲，鮑叔牙表示齊桓公想親自處理才甘願，要求魯國生擒管仲交出。〔註207〕於是，魯莊公把當時還在魯國生竇之地的公子糾、召忽殺掉，囚綁管仲，送還齊國。

鮑叔牙在齊國堂阜，見到管仲之後，立即將他鬆綁，並且向齊桓公推薦管仲任相。《左傳》莊公九年云：「鮑叔帥師來言曰：『子糾，親也，請君討之。管召，讎也，請受而甘心焉。』乃殺子糾于生竇。召忽死之，管仲請囚，鮑叔受之。及堂阜而稅之，歸而以告曰：『管夷吾治於高傒，使相可也。』公從之。」〔註208〕日後證明，鮑叔牙果真知人，管仲輔佐齊桓公，成功稱霸天下。〈管晏列傳〉云：「鮑叔遂進管仲。管仲既用，任政於齊。齊桓公以霸，九合諸侯，一匡天下，管仲之謀也。」〔註209〕沒有管仲輔助齊桓公成為天下霸主，當時的中原恐怕將落入蠻族統治，也不會有日後的文明盛世。

---

〔註204〕《春秋經傳集解》，頁73。
〔註205〕《春秋經傳集解》，頁71。
〔註206〕杜注：「小白既定，而公猶不退師，歷時而戰，戰遂大敗。不稱公戰公敗，諱之。」見《春秋經傳集解》，頁71。
〔註207〕杜注：「管仲射桓公，故曰讎。甘心，言欲快意戮殺之。」見《春秋經傳集解》，頁71。
〔註208〕《春秋經傳集解》，頁71。
〔註209〕《史記會注考證》，頁850。

　　〈憲問〉云：「微管仲，吾其被髮左衽矣。」〔註210〕，孔子雖然不滿管仲的個人生活奢靡，但是對於管仲在治世功績上，算是無比推崇。但是，若沒有鮑叔牙費盡心力，保舉管仲，恐怕管仲也無法完成這等功業。在太史公的描述裡，齊桓公是巴不得將管仲大卸八塊，以報一箭之痛。〈齊太公世家〉云：「桓公之立，發兵攻魯，心欲殺管仲。」〔註211〕幸虧有鮑叔牙這等善解人能的好朋友，管仲不但沒被齊桓公殺掉，還厚禮重用，讓管仲在齊國一展長才，揚眉吐氣，實踐輔君稱霸的心願。擁有鮑叔牙如此益友，也難怪管仲會發出：「生我者父母，知我者鮑子也。」〔註212〕的感慨。

　　管仲在齊國拜相，魯莊公肯定後悔放虎歸山，加上乾時之戰的敗績，想必魯莊公有動過重新領軍伐齊的念頭。不料，齊桓公卻先下手為強，魯莊公十年，齊桓公率先出兵攻打魯國。面對齊桓公的進逼，魯莊公準備迎戰，對於這場戰爭，《春秋》只用「公敗齊師于長勺」〔註213〕簡單幾字描述結果，《左傳》卻詳細舖敘曹劌自動請見，並且展現詳細的戰略。

　　曹劌從小惠、小信、忠之屬三個層面，去分析探討魯國用兵的勝算。在戰場上，巧妙利用「一鼓作氣，再而衰，三而竭。」的心理戰來增加己方士氣；得勝後，也仔細勘察對手的反應來判斷是否追擊。曹劌的計策、主張，在這場戰事中對魯國呈現正面效果，形成史上有名「曹劌論戰」的名篇。《左傳》莊公十年云：

> 春，齊師伐我，公將戰，曹劌請見。其鄉人曰：「肉食者謀之，又何間焉？」劌曰：「肉食者鄙，未能遠謀。」乃入見，問何以戰。公曰：「衣食所安，弗敢專也，必以分人。」對曰：「小惠未徧，民弗從也。」公曰：，「犧牲玉帛，弗敢加也，必以信。」對曰：「小信未孚，神弗福也。」公曰：「小大之獄，雖不能察，必以情。」對曰：「忠之屬也，可以一戰，戰則請從。」公與之乘，戰于長勺，公將鼓之，劌曰：「未可。」齊人三鼓，劌曰：「可矣。」齊師敗績，公將馳之，劌曰：「未可。」下視其轍，登軾而望之，曰：「可矣。」遂逐齊師，既克，公問其故。對曰：「夫戰，勇氣也，一鼓作氣，再而衰，三而

〔註210〕　《論語注疏》，《十三經注疏》第 8 冊，〔清〕阮元校勘，〔清〕嘉慶 20 年（1815
　　　　　年）江西南昌府學刊本，臺北縣，藝文印書館，1976 年 5 月 6 版，頁 127。
〔註211〕　《史記會注考證》，頁 553。
〔註212〕　《史記會注考證》，頁 850。
〔註213〕　《春秋經傳集解》，頁 71。

竭。彼竭我盈，故克之。夫大國難測也，懼有伏焉，吾視其轍亂，
望其旗靡，故逐之。」〔註214〕

　　齊桓公興兵伐魯失敗，心有不甘，於是連合宋國，打算以聯軍戰勝魯國。
面對齊宋聯軍，魯國的公子偃觀察兩國軍隊，發現齊軍軍紀整齊，不好對付；
反之，宋軍軍容紊亂，容易對付。齊國依仗著兩國聯軍的勢力再次來攻，只
要宋國戰敗，已經打過一次敗仗的齊軍必然退兵，可惜魯莊公不准公子偃出
兵襲宋。公子偃在不得君令下，私自從雩門出兵，並且將戰馬披上虎皮襲宋，
隨後魯莊公竟然也出兵攻宋。〔註215〕《左傳》莊公十年云：「夏，六月，齊
師、宋師，次于郎。公子偃曰：『宋師不整，可敗也。宋敗，齊必還，請擊
之。』公弗許，自雩門竊出，蒙皋比而先犯之，公從之，大敗宋師于乘丘，
齊師乃還。」〔註216〕《左傳》這裡的記載，前後有些不協調。也許是魯國
君臣感情好，魯莊公擔心私自出兵的公子偃有危險，於是率兵後面接應。楊
伯峻則認為，能看出宋軍易取的公子偃，還懂得將馬裝飾成虎的作戰方式，
應該有一定的謀略策劃，這場私出不過是個計謀。《春秋左傳注》云：「竊出，
私自出擊。實用公子偃之謀。」〔註217〕當公子偃率先襲擊之後，魯莊公再
依計隨後收拾，讓宋國潰不成軍。

　　這場魯宋乘丘之役，宋軍是由南宮長萬帶領。隨後追擊的魯莊公主軍，
在到達乘丘的時候，看到勁敵南宮長萬，魯莊公用金僕姑箭射中南宮長萬，
歂孫生趁機活捉南宮長萬，宋軍至此確定敗北。魯莊公在乘丘大敗宋軍，眼
見宋軍潰敗，齊桓公只好退兵回國。齊魯之間的爭戰，竟然將宋國牽扯進來，
徒增魯宋之間的紛爭。魯莊公十一年，宋國為了乘丘之役的失敗，再次進攻
魯國。這次還是一樣不敵魯軍，在鄑地再次被打敗。

　　同年秋季，宋國發生水災，魯莊公不計前嫌，派遣人員前往慰問。《左
傳》莊公十一年云：「秋，宋大水。公使弔焉。」〔註218〕古人認為天災是上
天降予給人們的處份，也是一種警示。關於這次水災，宋閔公將水災之過怪
在自己身上，讓前來慰問的魯使十分稱讚。可惜，不久之後，才知道當初宋

〔註214〕《春秋經傳集解》，頁71至72。
〔註215〕《春秋左傳注》云：「皋比，虎皮。世謂蒙馬以虎皮，與僖二十八年傳『胥臣
　　　　蒙馬以虎皮』同一伎倆。」，頁184。
〔註216〕《春秋經傳集解》，頁72。
〔註217〕《春秋左傳注》，頁184。
〔註218〕《春秋經傳集解》，頁72。

閔公那段漂亮話，其實是公子禦說教予的說辭。〔註219〕魯國沒有趁著天災對宋國下手，兩國友好關係大大進步，於是宋國人想到之前被活捉的南宮長萬，厚顏請求魯國釋放南宮長萬回歸宋國。〔註220〕魯莊公欣然應允，南宮長萬因此安全返回宋國。

南宮長萬在乘丘之役前，對宋國而言，是長勝勇戰將軍，不料卻在乘丘之役被俘虜，幸虧魯莊公願意釋放南宮長萬回宋國。但南宮長萬英勇的形象，在宋閔公心中已經破滅。宋閔公忍不住對著南宮長萬開玩笑，本來很敬重南宮長萬的勇猛，因為南宮長萬曾當過魯國的囚犯，所以再也不必尊重南宮長萬。

太史公描述，宋閔公和南宮長萬君臣二人遊獵競爭，後來在博奕賽局中，宋閔公出口毫無遮攔，針對南宮長萬曾經為囚的事羞辱。以南宮長萬這種勇夫，最自豪的一定是自己的勇猛無雙，卻曾經成為階下囚，想必心中一定感到非常恥辱和憤恨。偏偏宋閔公又專挑痛處戳，南宮長萬殺意立起，宋閔公因此為南宮長萬所殺。聽聞消息的仇牧，率領軍隊前來，卻敗死在南宮長萬手裡，齒牙在宮門處散落。後來遇見的太宰華督，同時也難逃殺戮。〈宋微子世家〉云：「十一年秋，湣公與南宮萬獵，因博爭行，湣公怒，辱之，曰：『始吾敬若；今若，魯虜也。』萬有力，病此言，遂以局殺湣公于蒙澤。大夫仇牧聞之，以兵造公門。萬搏牧，牧齒著門闔死。因殺太宰華督，乃更立公子游為君。」〔註221〕從「病之」兩字來看，南宮長萬明顯非常在意曾經成為階下囚一事，宋閔公卻直戳痛處，真的是拿性命在開玩笑。

對於南宮長萬弒君情形，《公羊傳》則詳細記錄，南宮長萬對魯莊公的崇拜，禁不住出口讚美。不料只有魯莊公適合當君主這種話，讓聽在耳中的宋閔公妒嫉不已，開口諷刺若不是南宮長萬被俘虜，哪能見到魯莊公的泱泱大度。南宮長萬為此怒擊宋閔公，就這樣把宋閔公活活打死。仇牧聽到君主被殺的消息趕來，在宮門遇到南宮長萬，被打碎頭顱，牙齒散落宮門滿地。《公羊傳》莊公十二年云：

〔註219〕《左傳》莊公十一年云：「既而聞之曰，公子御說之辭也。」見《春秋經傳集解》，頁72。

〔註220〕〈宋微子世家〉云：「十年夏，宋伐魯，戰於乘丘，魯生虜宋南宮萬。宋人請萬，萬歸宋。」見《史記會注考證》，頁614。

〔註221〕《史記會注考證》，頁614。

萬嘗與莊公戰，獲乎莊公。莊公歸，散舍諸宮中，數月，然後歸之。
歸反爲大夫於宋。與閔公博，婦人皆在側。萬曰：「甚矣，魯侯之淑，
魯侯之美也！天下諸侯宜爲君者，唯魯侯爾。」閔公矜此婦人，妒
其言。顧曰：「此虜也。爾虜焉故？魯侯之美惡乎至？」萬怒，搏閔
公，絕其脰。仇牧聞君弒，趨而至，遇之于門，手劍而叱之。萬臂
搋仇牧，碎其首。齒著乎門闔，仇牧可謂不畏彊禦矣。〔註222〕

這段宋閔公開玩笑致死的事件，各家說法不一。《左傳》說南宮長萬「病
之」，之後在蒙澤弒君；《公羊傳》則說南宮長萬是在「與閔公博」的時候讚
美魯莊公，導致宋閔公「妒其言」而開玩笑，結果生氣的南宮長萬「搏閔公，
絕其脰」，宋閔公因此死亡；《史記》說「因博爭行」所以「以局殺湣公」，
在蒙澤的棋局中弒君。即使過程略有差異，史書都指出，南宮長萬因怒弒君
的明確事實。楊伯峻參考〈宋世家〉的記載，認爲這段內容應該和魯莊公十
二年的傳文合爲一傳，只是後人誤分爲二傳，於是杜預也沿用分爲二傳的寫
法。《春秋左傳注》云：

此與下年《傳》「十二年秋，宋萬弒閔公于蒙澤」本爲一傳，後人
誤析，割裂在此。徵之《史記‧宋世家》尤可證。〈宋世家〉云：「十
一年秋，湣公與南宮萬獵，因博爭行，湣公怒，辱之，曰：『始吾
敬若：今若，魯虜也。』萬有力，病此言，遂以局殺湣公於蒙澤。」
但《史記》言因博爭行，蓋參用《公羊傳》。魏徐幹《中論‧法象
篇》云「宋敏碎首于棋局」，亦用《公羊》。杜注云：「爲宋萬弒君
傳」，則割裂不始於杜。〔註223〕

因爲開玩笑而送命，在春秋時代，宋閔公算是前無古人。宋閔公故意以
「囚魯」的既有事實，去刺激南宮長萬，踰越君主的節度。而南宮長萬身爲
臣子，在乘丘之役戰敗受囚，沒能完成君主戰勝的期望，已經算是失職的臣
子。後來，若不是宋人的請求，魯莊公未必會主動釋放南宮長萬回到宋國。
從《左傳事緯》的評述來看，南宮長萬回到宋國後，不但沒有因爲戰敗降職，
反而升爲大夫。《左傳事緯》云：「長萬獲乎莊公，數月然後歸之。典刑未正，

〔註222〕《春秋公羊傳注疏》，《十三經注疏》第7冊，〔清〕阮元校勘，〔清〕嘉慶20
年（1815年）江西南昌府學刊本，臺北縣，藝文印書館，1976年5月6版，
頁91。
〔註223〕《春秋左傳注》，頁189至190。

而反升爲大夫」〔註 224〕就這點來說，宋閔公在行動上對南宮長萬算是十分禮遇，頂多是言語上戲謔多了些。爲人臣子的南宮長萬，卻僅僅因爲君主口中的諷刺事實，轉而怒殺君主，無視君臣倫理，任憑心中的欲望橫流，做出人臣最不該做的事，實爲「臣僕專擅」。在殺害君主後，還接連殺掉兩位大臣，即使南宮長萬是臨時起意弒君，卻還能狠下手連殺數人，足見其殘暴程度。無怪最後會落到被剁成肉醬，〔註 225〕死無全屍的下場。

## 四、宋蕭叔大心殺宋君子游（莊公十二年，公元前六八二年）

### （一）弒君事件概述

　　魯莊公十二年，南宮長萬殺害宋閔公，改立公子游爲新任宋君。《左傳》莊公十二年云：「冬，十月，蕭叔大心，及戴、武、宣、穆、莊之族，以曹師伐之。殺南宮牛于師，殺子游于宋，立桓公。」〔註 226〕宋君子游即位後，得不到宋人的支持，同年十月，蕭叔大心連同戴、武、宣、穆、莊等族，率領曹軍攻殺南宮長萬等人。南宮長萬、猛獲出奔，宋君子游見弒，蕭叔大心改立公子御說爲宋桓公。

### （二）弒君因素分析

　　魯莊公十二年，南宮長萬在蒙澤殺掉宋閔公、仇牧、華督等人，改立公子子游爲新君，其他的宋國公子出奔他國，其中公子御說出奔到亳。南宮牛、猛獲率兵圍攻亳邑，目的在擊殺公子御說。《左傳》莊公十二年云：「羣公子奔蕭，公子御說奔亳，南宮牛、猛獲，帥師圍亳。」〔註 227〕早在魯莊公十一年，當時宋國正好鬧水災，魯莊公曾經派遣使者前來慰問。當時，宋閔公將宋國會遭受水災的過錯，攬在自己身上。對於宋閔公得體合禮的回應，魯國大夫臧文仲十分讚賞。

　　自古諸如夏禹、商湯等聖王，遇到天災的時候，都會怪罪自己，認爲是爲君的自己做不好，因此讓上天降下災厄懲處。《左傳》莊公十一年云：「秋，宋大水。公使弔焉，曰：『天作淫雨，害於粢盛，若之何不弔？』對曰：『孤實不敬，天降之災，又以爲君憂，拜命之辱。』臧文仲曰：『宋其興乎！禹

---

〔註 224〕《左傳事緯》，頁 146。
〔註 225〕《左傳》莊公十二年云：「宋人皆醢之。」見《春秋經傳集解》，頁 73。
〔註 226〕《春秋經傳集解》，頁 73。
〔註 227〕《春秋經傳集解》，頁 73。

湯罪己，其興也悖焉。桀紂罪人，其亡也忽焉。且列國有凶，稱孤，禮也。言懼而名禮，其庶乎。』」〔註228〕只可惜，這段話實際上並不是眞的發自宋閔公所說，這段因災罪己的說法，其實來自公子御說。《左傳》莊公十一年云：「旣而聞之曰，公子御說之辭也。臧孫達曰：『是宜爲君，有恤民之心。』」〔註229〕魯國大夫臧文仲，在明白是公子御說的言辭後，隨即又說公子御說很適合當君主，因爲公子御說擁有一顆能體恤臣民的君心。魯國大夫臧文仲這樣的讚美說詞，某種程度上造成公子御說的困擾。

首先，當時宋國是宋閔公在位，對現任國君來說，有位適合當國君的臣子存在，無異是芒刺在背。再者，當宋閔公被南宮長萬殺掉後，公子子游被立爲新任宋君，對宋君子游和南宮長萬來說，適合當國君的公子御說是新政權的威脅，自然不會輕易放過公子御說，因此帥師圍亳。

當南宮長萬弒君的消息傳開後，宋國歷任君主的遺族開始聚集。魯莊公十二年冬季，蕭叔大心率領宋國前幾任君主宋戴公、宋武公、宋宣公、宋穆公、宋莊公的遺族，出奔到蕭邑的群公子，以及曹國的軍隊，攻伐南宮長萬等人，殺死南宮牛。〈宋微子世家〉云：「冬，蕭及宋之諸公子，共擊殺南宮牛。」〔註230〕眾人一方面討伐弒君賊黨，一方面解救被圍困的公子御說。

蕭叔大心，本名大心，討伐南宮長萬有功，所以被封在蕭邑，史書稱爲蕭叔大心。《春秋左傳注》云：「蕭叔大心者，蕭本宋邑，叔則其人之行第，大心其名。因叔大心此次討南宮萬有功，故宋封以蕭使爲附庸。」〔註231〕蕭叔大心順利解除南宮牛圍亳的危機，殺掉南宮牛後，更進一步攻入宋國的首都，殺掉宋君子游，並擁立公子御說即位爲宋桓公，猛獲出奔衛，南宮長萬出奔陳。

宋桓公即位後，遣人到衛國索取猛獲，本來衛國不願意給，在石祁「得一夫而失一國」的勸說下，交出了猛獲。南宮長萬讓母親乘坐在車裡，自己推動，一日之內抵達陳國，足見其人勇猛有力。《左傳》莊公十二年云：「猛獲奔衛，南宮長萬奔陳，以乘車輦其母，一日而至。宋人請猛獲于衛，衛人欲勿與。石祁子曰：『不可！天下之惡一也。惡於宋而保於我，保之何補？得

〔註228〕《春秋經傳集解》，頁72。
〔註229〕《春秋經傳集解》，頁72。
〔註230〕《史記會注考證》，頁614。
〔註231〕《春秋左傳注》，頁192。

一夫而失一國，與惡而弃好，非謀也。』衛人歸之。」〔註232〕宋桓公以賄賂的方式，取得陳國的協助。陳國利用婦人灌醉南宮長萬，以又韌又厚的犀革緊緊裹綁送回宋國。《左傳》莊公十二年云：「亦請南宮萬于陳以賂，陳人使婦人飲之酒，而以犀革裹之，比及宋，手足皆見。宋人皆醢之。」〔註233〕南宮長萬果然力大無窮，到達宋國時，手腳都掙破了又韌又厚的犀革，裸露在外，可惜並不能脫身，因此被斬殺，剁爲肉醬。

宋閔公見弒，是因爲南宮長萬任由情緒暴發，擅自弒君。被立爲新君後的宋君子游，沒能在第一時間，討伐南宮長萬的弒君大罪，還任由南宮長萬掃除異己，可見子游對於其他能繼任君位的人選，也是巴不得都除之後快。即使當初沒有合謀弒君，宋君子游此時也已歸爲南宮長萬一黨，最後被蕭叔大心領兵殺掉。

對於殺害宋閔公，追殺公子御說的南宮長萬等人，蕭叔大心可算是有正當理由討賊，因此殺掉南宮長萬、南宮牛、猛獲合情合理。但是，不論宋君子游是否名正言順，蕭叔大心一黨都是宋國臣子，仍不能免去弒君之實，即使蕭叔大心是討賊而弒君，但是弒君就是弒君，無論理由是否正當，也必須背上「臣僕專擅」的惡名。

## 五、鄭傅瑕殺鄭君子儀（莊公十四年，公元前六八○年）

### （一）弒君事件概述

魯桓公十五年，祭仲重迎鄭昭公。魯桓公十七年，高渠彌殺掉鄭昭公，改立公子亹。魯桓公十八年，齊襄公殺掉鄭君子亹，將高渠彌施以車裂之刑，祭仲便自陳國迎回公子儀，立爲鄭國國君。《左傳》桓公十八年云：「秋，齊侯師于首止，子亹會之，高渠彌相。七月，戊戌，齊人殺子亹，而轘高渠彌。祭仲逆鄭子于陳而立之。」〔註234〕魯莊公十四年，鄭厲公從櫟地攻鄭，在大陵擄獲傅瑕，與傅瑕約定，放傅瑕回國，準備迎立自己回國掌政。《左傳》莊公十四年云：「夏，單伯會之，取成于宋而還。鄭厲公自櫟侵鄭，及大陵，獲傅瑕。傅瑕曰：『苟舍我，吾請納君。』與之盟而赦之。六月，甲子，傅瑕殺鄭子，及其二子，而納厲公。」〔註235〕傅瑕回到鄭國後，殺掉鄭君子

〔註232〕《春秋經傳集解》，頁73。
〔註233〕《春秋經傳集解》，頁73。
〔註234〕《春秋經傳集解》，頁66。
〔註235〕《春秋經傳集解》，頁73。

儀和他的兩位兒子，迎接鄭厲公重新成爲鄭國國君。

## （二）弒君因素分析

鄭莊公的兒子們，先後立爲鄭君，彼此爭奪君位而見弒，造成鄭國動盪不安。歸究其因，在於鄭莊公寵妃多人，諸公子地位與世子無別，導致「嗣親奪權」的亂象一再上演。不能記取自身與太叔段事件經驗，區別嫡庶之分，鄭莊公難辭其咎。魯桓公十八年，祭仲前往陳國迎立新任鄭國國君「鄭子」，依據《春秋左傳正義》注云：「鄭子，昭公弟，子儀也。」〔註236〕知是公子儀。公子儀在位十餘年，有關治國的情況，《左傳》沒有特別的記錄，推想在祭仲等臣子的輔助下，鄭國或多或少，得到些許休養生息的機會。

根據太史公的記載，鄭君子儀執政的第十二年，祭仲逝去。〔註237〕不過，瀧川資言引用梁玉繩的看法，不知太史公的說法源自何處。《史記會注考證》考證云：「仲死于鄭子十二年，未知史何據。」〔註238〕至魯莊公十四年，鄭厲公從櫟地攻打鄭國，在大陵擄獲了鄭國大夫傅瑕。鄭厲公和傅瑕交換條件，用迎接自己回歸鄭國掌權爲條件，放傅瑕回國。《左傳》只寫鄭厲公「獲傅瑕」，《史記》卻是寫鄭厲公用計誘綁傅瑕（即甫假）。〈鄭世家〉云：「十四年，故鄭亡厲公突在櫟者，使人誘劫鄭大夫甫假，要以求入。假曰：『舍我，我爲君殺鄭子而入君。』厲公與盟，乃舍之。」〔註239〕有點類似當初祭仲被宋國誘抓，以扶立鄭厲公爲釋放條件的情況。傅瑕回到鄭國之後，立即殺掉鄭君子儀，以及鄭君子儀的兩個兒子。爲了保命而締約，傅瑕果眞遵守與鄭厲公的約定，迎立鄭厲公回鄭國掌握政權。

乍看之下，傅瑕因爲被擄獲，在性命被脅迫的狀況下，爲求自保，不得不締約。唯鄭厲公與傅瑕間的交易，從文字上來看，也只有要求回歸鄭國掌權，並沒有明白指示，要殺掉鄭君子儀，以及他的兩個兒子。據實況判斷，鄭厲公若想獲鄭國君權，殺掉鄭君子儀及兩個未來嗣君人選的兒子，是必然的結果。其實，傅瑕可以仿傚祭仲的作法，將鄭君子儀和他的兩個兒子遠逐他國就好，並不需要痛下殺手。傅瑕卻將現任以及下任君主人選，全部斬殺

---

〔註236〕《春秋左傳正義》，頁130。
〔註237〕〈鄭世家〉云：「十二年，宋人長萬弒其君湣公，鄭祭仲死。」見《史記會注考證》，頁677。
〔註238〕《史記會注考證》，頁677。
〔註239〕《史記會注考證》，頁677。

殆盡，順手解除鄭厲公的心腹大患。身爲鄭君子儀的臣子，擅殺自己的國君，另迎立新君之外，連國君的後代都不放過，早已超越「臣僕專擅」的程度。

　　鄭厲公在傅瑕裡應外合下，終於順利重回鄭國，掌管鄭國的政權，成爲新一任的鄭國國君。自古伴君如伴虎，傅瑕算是鄭厲公能順利回鄭國掌權的一大功臣；傅瑕沒有在被俘虜時殺害，卻在鄭厲公掌權後被殺。足見鄭厲公一方面擔心，未來傅瑕可能會爲了他人奪取鄭國政權，而讓事態重演；一方面將親手弒君的傅瑕問罪斬殺來安撫民心，讓他國不能再用討伐弒君賊臣的理由攻打鄭國，避免和鄭君子亹、高渠彌雷同的命運。

　　鄭君子亹死後，分爲迎立鄭厲公與公子儀兩派，原繁與祭仲選擇迎立公子儀，這點讓鄭厲公心生不滿；鄭厲公重回鄭國掌權後，原繁也沒有特別對鄭厲公表示臣服，更加深鄭厲公對原繁的不滿。面對鄭厲公的責問，原繁認爲人臣的職責在輔國，國家當下君主是誰則對該位君主盡忠。原繁回應完鄭厲公的責問後，《左傳》以「乃縊而死」，《史記》用「遂自殺」來描述原繁的死亡。

　　君要臣死，臣不得不亡，原繁的行爲上算是自殺，實際上卻有被鄭厲公逼著自殺的意味。不論是眞的自殺，還是被迫自殺，原繁在鄭厲公執政期間，至少行爲上符合先前的說辭；子儀在位則尊子儀爲君，不暗奉鄭厲公；當鄭厲公在位，則奉鄭厲公爲君。如今鄭厲公要原繁死，原繁就服從君命而死。行爲思想雖然顯得愚忠，至少原繁不違臣禮，體現當時人臣該有的儀節，與其他擅爲妄動的臣子，形成強烈的對比。《左傳》莊公十四年云：

> 初，內蛇與外蛇鬥於鄭南門中，內蛇死。六年而厲公入，公聞之，問於申繻曰：「猶有妖乎？」對曰：「人之所忌，其氣燄以取之。妖由人興也，人無釁焉。妖不自作，人弃常則妖興，故有妖。」厲公入，遂殺傅瑕，使謂原繁曰：「傅瑕貳，周有常刑，旣伏其罪矣。納我而無二心者，吾皆許之上大夫之事，吾願與伯父圖之。且寡人出，伯父無裏言；入，又不念寡人，寡人憾焉。」對曰：「先君桓公命我先人，典司宗祏。社稷有主而外其心，其何貳如之？苟主社稷，國內之民其誰不爲臣？臣無二心，天之制也。子儀在位十四年矣，而謀召君者，庸非貳乎？莊公之子猶有八人，若皆以官爵行賂勸貳而可以濟事，君其若之何？臣聞命矣。」乃縊而死。〔註240〕

鄭厲公以內外蛇的傳聞，殺掉傅瑕，之後再逼死原繁。鄭厲公重掌政權後，爲了個人心情、私利，在魯莊公十四年連著兩位大臣被迫死亡，實在算不上是有道的君主，難怪當初祭仲在子亹死後，不願迎立鄭厲公，或許祭仲早已見曉厲公執政性格的缺失。鄭厲公一心篡立掌政，是爲「嗣親奪權」。傅瑕弑君自保，是爲「臣僕專擅」。鄭君子儀明知鄭厲公野心勃勃，在位多年而不見防範，最終付出性命，作爲代價。

## 六、魯圉人犖殺魯君子般（莊公三十二年，公元前六六四年）

### （一）弑君事件概述

魯莊公曾經建造高臺，某日從高臺看見黨氏美麗的女兒孟任，前往求歡，卻被孟任關門拒絕。《左傳》莊公三十二年云：「初，公築臺臨黨氏，見孟任，從之。閟，而以夫人言許之，割臂盟公，生子般焉。」〔註241〕魯莊公以立爲夫人的條件，讓孟任應允，孟任割破手臂和魯莊公盟誓，兩人生下子般。

雩祭的時候，事先在梁氏家中演練，女公子也在觀看，圉人犖卻從牆外調戲。子般氣得讓人鞭打圉人犖，魯莊公建議子般殺掉圉人犖，子般沒有照作。《左傳》莊公三十二年云：「雩，講于梁氏，女公子觀之。圉人犖自牆外與之戲，子般怒，使鞭之。公曰：『不如殺之，是不可鞭。犖有力焉，能投蓋于稷門。』」〔註242〕日後，魯莊公生病，詢問叔牙（即僖叔）和季友（即成季）有關繼承人的事。

叔牙認爲慶父（即共仲）適合，季友承諾以死效命子般。叔牙擁護慶父的事，魯莊公全數告知季友。季友以國君的名義，讓叔牙在鍼巫氏等待，並使鍼巫氏用毒酒給叔牙；讓叔牙以死來保全自己的後代，魯國後人將叔牙的後代立爲叔孫氏。《左傳》莊公三十二年云：「公疾，問後於叔牙，對曰：『慶父材。』問於季友，對曰：『臣以死奉般。』公曰：『鄉者牙曰：「慶父材。」』成季使以君命命僖叔，待于鍼巫氏，使鍼季酖之曰：『飲此則有後於魯國，不然，死且無後。』飲之，歸及逵泉而卒，立叔孫氏。」〔註243〕魯莊公三十二年，魯莊公死在正廳中，由子般即位爲魯國新君，守喪期間暫時居住在

---

〔註241〕《春秋經傳集解》，頁82。
〔註242〕《春秋經傳集解》，頁82。
〔註243〕《春秋經傳集解》，頁82。

黨氏的家中。《左傳》莊公三十二年云：「八月，癸亥，公薨于路寢，子般即位，次于黨氏。」〔註244〕冬季，慶父唆使圉人犖到黨氏的家中，刺殺子般。《左傳》莊公三十二年云：「冬，十月，己未，共仲使圉人犖，賊子般于黨氏。成季奔陳，立閔公。」〔註245〕季友出奔到陳國，魯閔公成為新任魯國國君。

### （二）弒君因素分析

魯莊公曾經築過一座高臺，可以透過高臺，觀望到黨氏的家。某日，魯莊公從高臺上望見貌美的孟任。孟任是黨氏的女兒，魯莊公走向孟任，卻被孟任關在門外拒絕。一般而言，多數公卿女子，若被國君看上，多半會樂意接受，孟任卻反其道而行，這種特別的作風，更引得魯莊公勢在必得的決心。魯莊公承諾會給予孟任魯夫人的地位，孟任於是割破手臂，和魯莊公歃血盟誓，日後兩人生下子般。

基本上，被國君看中的女子，多數都難逃掌心。在當時的狀況下，無論孟任是否應允，最終仍是會成為魯莊公的伴侶之一，想必孟任也清楚這點。閉門拒絕，不過是一種手段，激起對方誓必達成目標的決心。孟任不過是利用這樣的手段，替自己爭取最大的福利。果不其然，魯莊公以「夫人」的地位作為代價允諾。割臂歃血為盟，〔註246〕也是種手段，在這混亂的時代，說話不算話的國君多的是，孟任以一種看得見的儀式，加深魯莊公對承諾的實踐度，替自己的未來增加保障。根據孟任這些特別被記載在史冊上的行為，可知孟任具有一定的見識，懂得在有限範圍內，為自己博得最大利益和保障。雖然日後成為魯夫人的是哀姜，魯莊公還是因為寵愛孟任，而有意將君位傳給子般，勉強也算是完成與孟任的盟約。

在某次的雩祭（即祈雨祭），為了雩祭當日能順利舉行，事先在魯大夫梁氏的居處排練預演。〔註247〕依照楊伯峻的看法，會特別在梁氏的家預演，純粹是地理位置考量。一般都在魯國的雩門舉行，恰巧魯大夫梁氏的居處就在雩門附近，於是借魯大夫梁氏的居處來排演。〔註248〕這次的排演，女公子也

---

〔註244〕《春秋經傳集解》，頁82。
〔註245〕《春秋經傳集解》，頁83。
〔註246〕《春秋左傳注》云：「割臂者，破臂出血以歃也。」，頁253。
〔註247〕《春秋左傳注》云：「雩，求雨之祭。講，猶今言講習、預習。舉行雩祭之先，預行演習其禮也。」，頁253。
〔註248〕《春秋左傳注》云：「梁氏，魯大夫。其家蓋近於雩門，故於此講肄也。」，

有參加觀賞，身爲圉人的犖，卻趁這機會從牆外調戲女公子，使得子般非常生氣，捉拿圉人犖，施以鞭刑教訓。

太史公也記載此事，對於女公子的看法，略有不同。太史公認爲，女公子是指魯大夫梁氏的女兒，恰巧是長大後的子般（即子斑），愛慕的對象。〈魯周公世家〉：「三十二年，初莊公築臺臨黨氏，見孟女，說而愛之，許立爲夫人，割臂以盟。孟女生子斑。斑長說梁氏女，往觀。圉人犖自牆外與梁氏女戲。斑怒鞭犖。莊公聞之曰：『犖有力焉，遂殺之，是未可鞭而置也。』斑未得殺。」〔註249〕杜預認爲，女公子是指魯莊公的女兒，子般的妹妹。〔註250〕若依太史公的說法，子般是因爲愛慕的對象被調戲而發怒，鞭打圉人犖，除了替梁氏女出頭外，多少也帶些主權的宣示，表明自己對梁氏女有情，勸阻圉人犖不可以對梁氏女作非份之想。若依杜預的說法，子般是替妹妹出氣，懲處圉人犖不適當的行爲，並且斷絕圉人犖癩蛤蟆想吃天鵝肉的念頭。

不論女公子指的是諸侯的女兒，還是大夫的女兒，身份地位對養馬的僕人來說，都是雲泥之別，基本上就是可望不可及的對象。杜預認爲圉人犖以一位養馬人的身份，〔註251〕斗膽從牆外，用言語調戲貴族女子，逾越了身份、禮節，遭受處罰是可預期的。

處罰的目的，在於被處罰者犯錯，於是用懲處的方式，告知不可以再次犯相同的錯。更重要的是，要確定處罰得當，不讓被處罰者心懷憤恨而作亂。可見，上位者如何處罰犯錯者，必須要十分小心。從魯莊公勸告子般殺掉圉人犖來看，對圉人犖而言，除了死刑，其他方式的處罰，不但無法達到處罰的目的，還可能造成後患。《左傳》莊公三十二年云：「不如殺之，是不可鞭。犖有力焉，能投蓋于稷門。」〔註252〕楊伯峻引焦循的看法，認爲蓋是指稷門的城門，凡是城門都具有固守城池的功用，勢必厚重無比。圉人犖雖然是位養馬人，竟然可以舉起稷門的城門，並且投擲出去，可見圉人犖十分孔武有力。〔註253〕多數武力過人的人都比較耿直，奉行「士可殺，不可辱」的原則，即使圉人犖只是小小的養馬人，想必對自己的孔武有力非常自負。擁有這種

頁 253。

〔註249〕《史記會注考證》，頁 572。

〔註250〕杜注：「女公子，子般妹。」見《春秋經傳集解》，頁 82。

〔註251〕杜注：「圉人，掌養馬者，以慢言戲之。」見《春秋經傳集解》，頁 82。

〔註252〕《春秋經傳集解》，頁 82。

〔註253〕《春秋左傳注》云：「此蓋謂稷門之門扇，城門門扇必重，能舉而投之，足見其力。說詳焦循《補疏》。」，頁 254。

自負的思想，肯定覺得死亡懲罰是最崇高的讚美；反之，其他的懲處都是一種羞辱。也許，圉人犖在出言調戲後，就清楚自己犯了錯，已經擁有面對死亡的認知，不料子般卻是處以鞭刑，斷絕圉人犖英雄式的死亡夢想，反而給予圉人犖嚴重的羞辱感。也許，對於出言調戲貴族女子，圉人犖並不覺得自己有錯，沒有錯卻被子般處以鞭打的刑罰，讓圉人犖感到被羞辱而懷恨在心。

　　不論女公子是指妹妹，還是愛慕的對象，也許是對於女性在場的場合，任意殺戮不見得是好事。也許是子般不希望讓女性見血，或是不讓自己在女性心中，留下好殺的印象，因此只對圉人犖處以鞭刑；也許是子般覺得圉人犖出言調戲，只是惑於一時的美貌、好玩，罪不至死，若以此妄開殺戮，對自己的名聲不好，也對圉人犖的懲處太重。無論如何，子般最終沒能聽從魯莊公的勸告，對於圉人犖的輕浮行為，當下雖然生氣，卻只罰不殺。

　　不久，魯莊公病重，對於繼承人的問題擔心不已。首先向叔牙詢問誰適合繼承，叔牙認為慶父擁有擔任君主的才幹，願意舉薦輔佐慶父。然後魯莊公又向季友詢問誰適合繼承，季友願意為了擁立子般付出生命。此時，魯莊公才告知季友，表示叔牙要擁戴慶父。至此，可以很明確地看出，魯莊公內心，其實早就選定要讓子般繼承君位。雖然不知魯莊公不事先立子般為世子的原因，至少魯莊公懂得利用，向臣子詢問擁戴人選，找出潛藏危機。

　　叔牙表態要擁護慶父，與魯莊公的想法不同，也讓魯莊公發現子般繼承路上，慶父和叔牙將是最大的阻礙。如今，季友表明以死奉般的決心，讓魯莊公藉由季友之手，除去可能阻礙子般繼位的危險。在太史公的描述下，叔牙覺得立慶父是最理所當然的，魯莊公憂心繼承人的人選，實在是庸人自擾。依據《史記》的記載，魯莊公和慶父、叔牙、季友是兄弟，〔註254〕配合叔牙話語中「一繼一及」的意思來看，叔牙的意思，似乎是指繼承人的順序，以「兄終弟及」為優先，而非以「父死子繼」為優先。

　　若以「兄終弟及」為優先，慶父會是繼承君位的首位人選，卻在現任魯君，魯莊公的個人意願下，失去繼承君位的機會，被剝奪應有的利益，有材的慶父若因此心生不滿而奪權，是可以理解的。偏偏魯莊公意屬子般繼位，叔牙提及傳統上魯國採用的「兄終弟及」制度，頓時成為衝突，幸虧季友表達強烈的決心，讓魯莊公不必擔心子般勢單力薄。病於床褥，魯莊公只能委

---

〔註254〕《春秋左傳注》云：「〈魯世家〉云：『莊公有三弟，長曰慶父，次曰叔牙，次曰季友。』」，頁254。

託季友，幫忙鏟除子般繼位路上的阻礙。季友承領魯莊公的命令，傳喚叔牙到鍼巫居處等候，讓鍼巫用存嗣與否的選擇，拿毒酒勸飲叔牙。死亡無可避免，叔牙選擇危害最小的方式，飲下毒酒，保全後代子孫的存活。〈魯周公世家〉云：

> 莊公病，而問嗣於弟叔牙。叔牙曰：「一繼一及，魯之常也。慶父在，可為嗣，君何憂？」莊公患叔牙欲立慶父，退而問季友。季友曰：「請以死立斑也。」莊公曰：「曩者叔牙欲立慶父，奈何？」季友以莊公命，命牙待於鍼巫氏，使鍼季劫飲叔牙以鴆，曰：「飲此則有後奉祀；不然，死且無後。」牙遂飲鴆而死，魯立其子為叔孫氏。〔註255〕

古時候的寢室，可分為燕寢和正寢兩種，正寢又稱為路寢或是大寢，平常睡覺的地方稱燕寢，需要齋戒以及生病時睡覺的地方稱路寢。《春秋左傳注》云：「寢，寢室。古代天子有六寢，正寢一，燕寢五；諸侯有三寢，正寢一，燕寢二。正寢一曰路寢，一曰大寢；燕寢一曰小寢。平日居燕寢，齋戒及疾病則居路寢。」〔註256〕魯莊公既然生病，當然是睡在路寢。魯莊公三十二年八月，魯莊公病重不治，子般順利繼位成為新任魯君。魯莊公、慶父、叔牙、季友同為兄弟，如今為了君位繼承問題，骨肉相殘，無非是在魯莊公意願以及國家穩定度上做出相關的對應行為。

《左傳》並未提及在叔牙死後、子般即位前，季友是否有對付慶父，也不曾提及慶父是否有任何舉動。不過，叔牙和慶父既然屬於同一路，突然失去叔牙的協助，慶父就算想發難，也得略為緩緩，無法在叔牙死後，立即衝動出擊。加上，叔牙曾經稱讚「慶父材」，一位有材幹的人，多半不會倉促行動，因此給予季友時間擁立子般就任君位。子般雖然繼承君位，卻適逢父喪，於是就在黨氏處為魯莊公守喪。魯莊公三十二十月，慶父就讓圉人犖到黨氏處殺掉子般，季友聞訊逃到陳國，魯閔公（即湣公）於是成為新任魯君。

根據太史公的記載，魯莊公娶齊國哀姜為夫人，兩人沒有子嗣。隨哀姜前來的妹妹叔姜，則生下子開。魯莊公因為沒有嫡長子，加上喜愛孟任，因此想立子般為繼承人。同時，慶父早就和哀姜私通，有意立子開為魯君，掌握魯國政權。因此在莊公辭世後，季友擁立子般即位，才兩個月的時間慶父就發難，利用圉人犖殺掉子般，另立子開為魯閔公。〈魯周公世家〉云：

莊公取齊女爲夫人，曰哀姜。哀姜無子。哀姜娣曰叔姜，生子開。
莊公無適嗣，愛孟女欲立其子斑。……先時慶父與哀姜私通，欲立
哀姜娣子開。及莊公卒，而季友立斑，十月己未，慶父使圉人犖殺
魯公子斑於黨氏。季友犇陳。慶父竟立莊公子開，是爲湣公。〔註257〕

　　《左傳》只寫齊人立魯閔公，未標明哪位齊人擁立。後文則挑明慶父和
哀姜的私通，以此推測，這位齊人和哀姜關係匪淺，很可能是指齊桓公。總
之，慶父妥善利用圉人犖對子般的鞭仇，讓圉人犖背負弒君罪名，達到除去
子般的結果，另立子開爲君，以便掌控政權。據此，魯君子般見弒的原因，
魯莊公要負一部份責任。

　　魯莊公雖然與孟任相約立爲夫人，卻因爲和齊國哀姜的婚約，而失信孟
任，被立爲魯夫人的是齊國的哀姜，孟任終究沒被立爲魯國夫人。幸虧迎娶
哀姜的時候，孟任已經病重將死，讓魯莊公沒有因爲寵愛妃妾孟任，與身爲
夫人的哀姜起衝突。只是魯莊公和夫人哀姜之間沒有生子，反倒是和哀姜的
妹妹叔姜生下子開。因此，魯莊公可以說是完全沒有嫡長子。除非魯莊公先
立世子，確定下任君主人選，否則必起風波。

　　在魯莊公沒有嫡長子，又沒有先立世子的狀況下，若依照「兄終弟及」
的方式繼承君位，下任君主就是慶父無疑。但是，魯莊公想要將君位，直接
傳給自己的兒子子般。雖然魯莊公在病重時，努力排除子般即位的阻礙，卻
沒能先立子般爲世子。若能先立子般爲世子，斷除、制衡其他人選的妄念，
就能有限度的避免爭權奪位的局面出現。因此，魯莊公沒能考量、準備周全，
形成弟弟慶父、兒子子般、子開都能繼承君主的局面，親自製造出「嗣親奪
權」的現象。

　　此外，子般也要爲自己的見弒負責。忽略長輩的先見之明，不打算殺掉
圉人犖，卻也沒能採取任何措施，消除圉人犖的恨意，替自己埋下不定時炸
彈，最終讓叔叔慶父得以利用此點，引爆殺機。雖然在叔叔季友的協助下即
位，卻缺乏危機意識，終究付出性命讓出魯君寶座。圉人犖身爲一位僕從，
因爲犯錯受罰就懷憤在心，甚至受人慫恿，謀弒自己的君主，可見圉人犖「臣
僕專擅」的行爲。再者，慶父雖然曾是繼承人選之一，在子般即位當下開始，
就是屬於新任魯君的臣下，身爲人臣卻唆使他人弒君，證明心中早已無君，
符合「臣僕專擅」的舉動。

---

〔註257〕《史記會注考證》，頁 572 至 573。

## 第四節　閔公時期的弒君事件

### 一、魯卜齮殺魯閔公（閔公二年，公元前六六○年）

#### （一）弒君事件概述

魯莊公死後，子般即位。不久子般被刺殺，魯國改立魯閔公為新任國君。早先，魯閔公的師傅曾經奪取卜齮的田地，魯閔公並沒有加以禁止。《左傳》閔公二年云：「初，公傅奪卜齮田，公不禁。秋，八月，辛丑，共仲使卜齮賊公于武闈。」〔註258〕魯閔公二年，秋季，卜齮在慶父（即共仲）的指使下，進到武闈殺害魯閔公。

#### （二）弒君因素分析

慶父曾經利用子般和圉人犖的私怨，唆使圉人犖殺掉子般，同時將弒君罪名歸到圉人犖身上，另立魯閔公。但是，閔公即位不到兩年，慶父又利用卜齮殺害魯閔公，達到奪權嗣位的真正目的。《左傳》閔公二年云：「閔公，哀姜之娣，叔姜之子也，故齊人立之。共仲通於哀姜，哀姜欲立之。」〔註259〕慶父和哀姜早已私通，因此慶父協助叔姜所生的子開繼位為魯閔公；不過，閔公的即位只是障眼法，慶父真正的目的並非扶立新君，因此在魯閔公第二年，慶父和哀姜共謀殺掉魯閔公，欲自立為君。

當初齊國哀姜嫁給魯莊公無子，隨嫁的叔姜生下子開，因此擁有齊人血統的子開，被齊人擁立為君成為魯閔公。《左傳》雖然只寫魯閔公是「齊人立之」，並未寫明哪位齊人擁立，但是推想當時掌控齊國的是齊桓公，加上哀姜、叔姜和齊桓公是手足，可見魯閔公是齊桓公的外甥，身為春秋五霸之一的齊桓公，擁立有血親關係的魯閔公，也屬人之常情。

魯閔公雖然有齊桓公作靠山，但畢竟年幼，面對哀姜和慶父，在魯國國內算是勢單力薄。魯閔公元年，魯閔公與齊桓公在落姑結盟，正式取得齊國這份外在勢力的協助。同年，齊桓公尋回出奔到陳國的季友，讓季友回國輔助魯閔公，為表慎重，魯閔公特地住在郎地迎接叔父季友回歸。《左傳》閔公元年云：「秋，八月，公及齊侯盟于落姑，請復季友也。齊侯許之，使召諸陳，公次于郎以待之。『季子來歸』，嘉之也。」〔註260〕即使迎回了季友，在慶

---

〔註258〕《春秋經傳集解》，頁85。
〔註259〕《春秋經傳集解》，頁85。
〔註260〕《春秋經傳集解》，頁84。

和哀姜的制衡之下，只怕賢如季友，輔佐年幼的魯閔公，也是心有餘而力不
足。齊桓公想必也明白季友的難處，也掛心外甥的處境，於是同年冬季，派
出仲孫前往魯國探問。此次出使魯國，仲孫很明確地表示，慶父尚在，魯國
一定會再次發生事件。明知道慶父是禍端，齊國卻不能以掃除未來禍端為由，
除掉慶父，只能等待慶父出手。由此推測，魯閔公的小命遲早不保。《左傳》
閔公元年云：

> 冬，齊仲孫湫來省難。書曰「仲孫」亦嘉之也。仲孫歸曰：「不去慶
> 父，魯難未已。」公曰：「若之何而去之？」對曰：「難不已，將自
> 斃，君其待之。」公曰：「魯可取乎？」對曰：「不可，猶秉周禮。
> 周禮，所以本也。臣聞之，『國將亡，本必先顛，而後枝葉從之』。
> 魯不棄周禮，未可動也。君其務寧魯難而親之。親有禮，因重固，
> 閒攜貳，覆昏亂，霸王之器也。」〔註261〕

　　慶父十分擅長借刀殺人的手法，當初要除去子般時，就利用圉人犖和子
般曾經有過鞭刑舊仇，唆使圉人犖殺掉子般，圉人犖更因弒君而死，慶父則
活著坐擁富貴。如今，被齊國擁立而成為阻礙的魯閔公，在不負擔弒君罪名
和不與齊桓公正面衝突下，慶父照舊利用和子開有過往衝突的卜齮。魯閔公
的老師，曾經和卜齮發生田產糾紛。按照瀧川資言的考證，對於強霸卜齮田
產的老師，魯閔公並沒有做出正當的判處，反而放任自己的老師橫行，因此
卜齮內心對魯閔公十分怨恨。〔註262〕利用卜齮對魯閔公的怨恨，慶父唆使卜
齮殺掉魯閔公。

　　魯閔公見弒事件，《左傳》明顯地表示哀姜「與知之」，可見此次利用卜
齮殺掉魯閔公，不單單是慶父一人主使，而是私情日篤的哀姜和慶父共謀，
決定殺魯閔公，改立慶父為君。《左傳》閔公二年云：「共仲通於哀姜，哀姜
欲立之。閔公之死也，哀姜與知之。」〔註263〕太史公更特別寫明是「哀姜與
慶父謀」〔註264〕，再次肯定年幼的魯閔公，因為慶父的設計和哀姜的私心而
喪命。

---

〔註261〕《春秋經傳集解》，頁84。
〔註262〕《史記會注考證》考證云：「據《左傳》，公傅奪卜齮田，公不禁，故卜齮怨
　　　　公。」，頁573。
〔註263〕《春秋經傳集解》，頁85。
〔註264〕〈魯周公世家〉云：「湣公二年，慶父與哀姜通益甚。哀姜與慶父謀，殺湣公
　　　　而立慶父。慶父使卜齮襲殺湣公於武闈。」見《史記會注考證》，頁573。

魯閔公二年，聽到魯閔公被殺的消息，季友改立魯莊公的兒子申，成為魯僖公（即釐公）。〈魯周公世家〉云：「季友聞之，自陳與湣公弟申如邾，請魯求內之。……於是季友奉子申入立之，是為釐公。釐公亦莊公少子。」〔註265〕慶父仍舊未能成為魯君，又害怕被魯人討伐弒君大罪，立即出奔到莒國。〈魯周公世家〉云：「魯人欲誅慶父。慶父恐奔莒。」〔註266〕為了討伐與子般、魯閔公兩位魯君見弒的元兇，季友特地賄賂莒國，讓莒國交還弒君賊人。慶父為保性命，在到達密地的時候，請公子魚代為求情，公子魚失敗泣歸，慶父聽到公子魚的哭聲，知道存活無望便自殺。《左傳》閔公二年云：

> 成季以僖公適邾共仲奔莒，乃入，立之以賂求共仲于莒，莒人歸之。
> 及密，使公子魚請，不許。哭而往，共仲曰：「奚斯之聲也。」乃縊。
> 閔公，哀姜之娣，叔姜之子也，故齊人立之。共仲通於哀姜，哀姜
> 欲立之。閔公之死也，哀姜與知之，故孫于邾，齊人取而殺之于夷，
> 以其尸歸，僖公請而葬之。〔註267〕

此外，同為殺害魯閔公的共謀還包括哀姜，齊桓公得知外甥的死訊，便將逃到邾的哀姜殺掉，協助魯國平定這場奪位亂事。〈魯周公世家〉云：「齊桓公聞哀姜與慶父亂以危魯，乃召之邾而殺之。」〔註268〕關於哀姜的死法，楊伯峻引《列女傳》，寫明哀姜是死在毒酒之下。《春秋左傳注》云：「列女傳孽嬖傳云：『齊桓公立僖公，聞哀姜與慶父通以危魯。乃召哀姜酖而殺之。』」〔註269〕楊伯峻再引〈史記年表〉，註明齊桓公殺哀姜的原因，主要是和慶父私通，進而害死魯閔公。《春秋左傳注》云：「〈史記年表〉云：『齊桓公二十七年，殺女弟魯莊公夫人，淫故。』」〔註270〕因此，魯閔公的死，直接兇手確定是卜齮無疑，但是共謀的哀姜和慶父，也無法置身事外。

卜齮身為魯閔公的臣子，因為幼主無法公正處事，而懷憤在心，更在他人的慫恿下，進一步直接弒君，本身早已喪失為人臣子，對於君主該有的盡忠遵服之心，憑藉個人恩怨就妄下殺手的卜齮，符合「臣僕專擅」。慶父從魯

〔註265〕《史記會注考證》，頁573。
〔註266〕《史記會注考證》，頁573。
〔註267〕《春秋經傳集解》，頁85。
〔註268〕《史記會注考證》，頁573。
〔註269〕《春秋左傳注》，頁263。
〔註270〕《春秋左傳注》，頁276。

莊公在位時，就已經展現「嗣親奪權」的野心。子般即位不久，慶父利用子般和圉人犖的不和，成功唆使圉人犖親手弒君，以便奪取君權。在齊國干涉下即位的魯閔公，也在慶父私通哀姜，和利用卜齮不滿的心結，唆使卜齮殺害魯閔公。連續成功設計兩位魯君死亡的慶父，心中早就是無君的狀態，才會一再殺掉除了自己以外坐上魯國君位的人，如此深沉的心機手段，慶父實為「臣僕專擅」的最佳代表。至於哀姜，身為魯莊公的夫人，卻罔顧倫理，與小叔慶父私通，符合「伴侶無狀」。

魯閔公雖非哀姜懷胎所生的孩子，畢竟也具一半的齊國血統，因為耽溺於和慶父的私情當中，竟然伙同情人殺害自身晚輩、亡夫的親生兒子、親妹妹的兒子、齊國的外甥，失去魯夫人該有的儀節，也丟盡齊國的臉，因此招到齊國的死亡處份。楊伯郡根據《儀禮》，從「女子三從」的規範來看，認為已經出嫁到魯國的哀姜，縱使犯下如此大錯，也該由夫家魯國來討罪，並非由齊國來處分。〔註271〕如今齊國卻擅自討罪，是以《左傳》在魯僖公元年，特別記下「夫人氏之喪至自齊」一事，來抒發齊國越權的作法。《左傳》僖公元年云：「夫人氏之喪至自齊，君子以齊人殺哀姜也，為已甚矣，女子從人者也。」〔註272〕總之，魯閔公在位兩年即見弒，除了幼主權力不足外，主要死在慶父「嗣親奪權」，哀姜「伴侶無狀」，以及慶父和卜齮的「臣僕專擅」。

〔註271〕《春秋左傳注》云：「古人謂女子有三從之義，未嫁從父，既嫁從夫，夫死從子（見儀禮喪服傳），若然，哀姜既嫁於魯，在夫家有罪，則非父母家所宜討。」，頁279。

〔註272〕《春秋經傳集解》，頁88。

# 第四章　春秋中期弒君事件

　　本章是將《春秋》魯國十二公，魯隱公、魯桓公、魯莊公、魯閔公、魯僖公、魯文公、魯宣公、魯成公、魯襄公、魯昭公、魯定公、魯哀公，依年代先後四位一組，取中間四位魯僖公、魯文公、魯宣公、魯成公，併為春秋中期。依據《左傳》的記載，分別析論各國發生的弒君事件，是否符合由辛伯所提「妠后、匹嫡、兩政、耦國」四項亂國根本概念，衍生出「伴侶無狀」、「嗣親奪權」、「臣僕專擅」、「都國無別」四項弒君因素。

## 第一節　僖公時期的弒君事件

### 一、晉里克殺晉君奚齊（僖公九年，公元前六五一年）

#### （一）弒君事件概述

　　起初，晉獻公曾讓荀息當世子奚齊的師傅。〔註 1〕當晉獻公病重時，將奚齊託付給荀息。晉獻公逝去後，里克、平鄭想立晉文公為晉國國君，因此發動三位公子的黨羽興亂。《左傳》僖公九年云：「九月，晉獻公卒。里克、平鄭，欲納文公，故以三公子之徒作亂。」〔註 2〕里克在殺奚齊之前，曾經先行暗示過荀息，荀息卻表示要實現對晉獻公的承諾，決定以死殉主。魯僖公九年，冬季，奚齊在住處被里克殺掉，當時晉獻公尚未下葬。《左傳》僖

〔註 1〕　《左傳》僖公九年云：「初，獻公使荀息傅奚齊。」見《春秋經傳集解》，〔晉〕杜預註，相臺岳氏本，臺北市，七略出版社，1991 年 9 月 2 版，頁 95。
〔註 2〕　《春秋經傳集解》，頁 95。

公九年云：「冬，十月，里克殺奚齊于次。書曰『殺其君之子』，未葬也。荀息將死之，人曰：『不如立卓子而輔之。』荀息立公子卓以葬。」〔註3〕奚齊死後，荀息準備自殺殉主，卻爲了安葬晉獻公，以及立公子卓爲新任晉君，暫時活著。

## （二）弑君原因分析

晉獻公的兒子，分別有世子申生、重耳、夷吾、奚齊、卓子這五個兒子。其中申生很早就被立爲世子，確立了下任晉君的繼承人。可惜日後晉獻公寵愛驪姬，將驪姬從嬖妾身份提升爲夫人。《左傳》僖公四年云：「初，晉獻公欲以驪姬爲夫人，卜之不吉，筮之吉。公曰：『從筮。』……立之，生奚齊，其娣生卓子。」〔註4〕晉獻公因爲聽信驪姬、外嬖梁五、東關嬖五等人讒言，只留奚齊、卓子在晉都絳地，其餘公子分派他處；並且有意廢除世子申生，改立奚齊爲世子。《左傳》莊公二十八年云：「驪姬嬖，欲立其子，賂外嬖梁五，與東關嬖五，使言於公……夏，使大子居曲沃，重耳居蒲城，夷吾居屈，羣公子皆鄙，唯二姬之子在絳。」〔註5〕最後驪姬在胙肉下毒，誣陷世子申生要毒殺君父，魯僖公四年，世子申生背負毒殺君父惡名自殺。《左傳》僖公四年云：「大子祭于曲沃，歸胙于公。公田，姬寘諸宮六日。公至，毒而獻之。……十二月，戊申，縊于新城。」〔註6〕世子申生具有世子身份，被驪姬惡意陷害，導致晉獻公逼死世子申生，由於晉獻公是世子申生的父親，父殺子，非以下犯上，不構成弑君事件，故本文略而不論。

擁有世子身份的申生死後，晉獻公總算順利地改立奚齊爲世子，自此奚齊擁有儲君的身份，晉獻公死後，將成爲晉國正統的新任國君。不過，晉國還有重耳和夷吾，兩位頗有聲望的兒子存在；驪姬爲了確保年幼的奚齊，能順利繼承君位，決定鏟除兩位年長的公子。《左傳》僖公四年云：「姬遂譖二公子曰：『皆知之。』重耳奔蒲，夷吾奔屈。」〔註7〕適巧申生自殺，於是驪姬指出此次毒殺君父的案件，重耳和夷吾都知道，硬是冠上同謀的罪名，逼使兩位公子，各自奔到封地蒲和屈。

---

〔註3〕 《春秋經傳集解》，頁 96。
〔註4〕 《春秋經傳集解》，頁 90 至 91。
〔註5〕 《春秋經傳集解》，頁 80。
〔註6〕 《春秋經傳集解》，頁 91。
〔註7〕 《春秋經傳集解》，頁 91。

　　當初晉獻公聽從二五的言語，讓重耳居蒲城，夷吾居屈，同時派遣士蒍協助二公子築城。士蒍此時已經看穿晉獻公的心已偏離，於是不太用心地築城，夷吾看不過去上報晉獻公，晉獻公因此責怪士蒍。士蒍明白地表示，這些城池遲早會成為敵人的據點，何必幫敵人築造堅固的城池。離開的時候，還唱著歌，暗示國家有三位主人，不知該跟隨誰。從士蒍的表現，已經可以看出，日後晉國儲君紛爭的端倪，更替未來三公子之亂埋下伏筆。《左傳》僖公五年云：

> 初，晉侯使士蒍為二公子築蒲與屈，不慎，寘薪焉夷吾訴之，公使讓之。士蒍稽首而對曰：「臣聞之，無喪而慼，憂必讎焉；無戎而城，讎必保焉。寇讎之保，又何慎焉？守官廢命，不敬；固讎之保，不忠。失忠與敬，何以事君？詩云：『懷德惟寧，宗子惟城。』君其脩德而固宗子，何城如之？三年，將尋師焉，焉用慎？」退而賦曰：「狐裘尨茸，一國三公，吾誰適從？」及難公使寺人披伐蒲，重耳曰：「君父之命不校。」乃徇曰：「校者，吾讎也。」踰垣而走，披斬其袪，遂出奔翟。〔註8〕

　　魯僖公五年，晉獻公派出寺人披前往蒲地，討伐公子重耳。面對晉獻公的討罪，重耳認為不能抵抗君命和父命，於是宣令蒲地眾人不准抵抗。《春秋左傳注》云：「校猶言抵抗。…徇，行示也，宣令也，今言遍告。」〔註9〕重耳自己越牆，逃亡到翟國去。魯僖公六年，晉獻公派出賈華前往屈地，討伐公子夷吾。夷吾守不住屈地，於是和屈地人民訂立盟約後出奔他國。《左傳》僖公六年云：「春，晉侯使賈華伐屈。夷吾不能守，盟而行。將奔狄，郤芮曰：『後出同走，罪也。不如之梁，梁近秦而幸焉。』乃之梁。」〔註10〕本來要逃到狄國，在郤芮的建議下出奔到梁國。晉獻公雖然順利改立奚齊為世子，不久卻病倒了，臥病中擔心出奔的公子重耳和夷吾會挾外援回國奪權，於是召來奚齊的老師荀息。面對晉獻公的託孤，荀息表示願意竭盡忠貞、以死護主。《左傳》僖公九年云：

> 初，獻公使荀息傅奚齊。公疾，召之曰：「以是藐諸孤，辱在大夫，

〔註8〕　《春秋經傳集解》，頁91至92。
〔註9〕　《春秋左傳注》，〔民國〕楊伯峻，臺北縣，漢京文化事業有限公司，1987年1月，頁305。
〔註10〕《春秋經傳集解》，頁93。

其若之何？」稽首而對曰：「臣竭其股肱之力，加之以忠貞。其濟，君之靈也；不濟，則以死繼之。」公曰：「何謂忠貞？」對曰：「公家之利，知無不爲，忠也。送往事居，耦俱無猜，貞也。」〔註11〕

魯僖公九年，晉獻公死去。里克和平鄭兩位大夫，有意殺掉奚齊，另立晉文公重耳爲新君。《左傳》僖公九年云：「九月，晉獻公卒，里克平鄭，欲納文公，故以三公子之徒作亂。」〔註12〕兩位大夫想迎立公子重耳回晉掌權，於是發動申生、重耳、夷吾三位公子的黨羽作亂。〔註13〕

里克準備殺奚齊之前，基於同僚情誼，曾經探問過荀息，萬一三位公子的黨羽作亂，出奔的兩位公子挾外援歸國的話，荀息打算如何？從「復言」〔註14〕二字得知，荀息很明確地表示要遵守和晉獻公的約定，拼死保護幼主奚齊。同時，也對里克表明，自己雖然不願對奚齊有二心，基於人各有志，也不會阻止同僚向其他公子效忠。〔註15〕面對里克的試探，荀息恐怕也看出弒君計畫的形成，在各爲其主的無奈中，荀息清楚知道，無法阻止里克等人的謀畫，只期望能在爭權奪位當中，即使失去君位，也要保護住幼主的性命，來回報晉獻公的託孤信任舉動。如此看來，當初晉獻公託孤的時候，荀息也看出奚齊難以長期爲君，遲早會成爲君位爭奪的犧牲，眞的是抱著同生共死的心態在服侍幼主。《左傳》僖公九年云：「冬，十月，里克殺奚齊于次。書曰『殺其君之子』，未葬也。」〔註16〕果不其然，魯僖公九年冬季，里克就向奚齊動手。《左傳》僖公九年云：

及里克將殺奚齊，先告荀息曰：「三怨將作，秦、晉輔之，子將何如？」荀息曰：「將死之。」里克曰：「無益也。」荀叔曰：「吾與先君言矣，不可以貳。能欲復言而愛身乎？雖無益也，將焉辟之？且人之欲善，誰不如我？我欲無貳，而能謂人已乎？」〔註17〕

根據楊伯峻的意見，當時晉獻公尚未下葬，居喪者會住在茅屋中服喪，

〔註11〕《春秋經傳集解》，頁95。

〔註12〕《春秋經傳集解》，頁95。

〔註13〕《春秋左傳注》云：「文公，重耳。……三公子之徒，申生、重耳、夷吾之黨羽。」，頁328。

〔註14〕《春秋左傳注》云：「復言猶言實踐諾言。」，頁329。

〔註15〕《春秋左傳注》云：「已，止也。不能止人，其意亦不欲止里克之效忠于重耳等人也。」，頁329。

〔註16〕《春秋經傳集解》，頁96。

〔註17〕《春秋經傳集解》，頁95至96。

這種給居喪者住的茅屋稱爲「次」，《史記》則寫作「喪次」。〔註18〕里克利用奚齊服父喪居住茅屋的時候，將奚齊殺掉。《春秋》特別寫明「殺其君之子」而不是寫「殺其君奚齊」，主要是當時晉獻公尚未下葬。

　　從這點來看，奚齊雖已是新任晉君，礙於喪期未過，尚未正式即位，因此《春秋》是寫殺掉晉獻公的兒子，而不是殺掉晉君奚齊。楊伯峻引劉向《列女傳》，證明此刻奚齊已經被立爲晉君，具有即位事實。《春秋左傳注》云：「《列女傳・孽嬖傳》云：『奚齊立，里克殺之。』」〔註19〕無論奚齊此刻是否已經即位，都無損奚齊繼任晉君的正統性，這是無庸置疑的。本來荀息立即就要以命殉主，在別人的建議下，改立卓子爲新任晉君。《左傳》僖公九年云：「荀息將死之，人曰：『不如立卓子而輔之。』荀息立公子卓以葬。」〔註20〕好幫奚齊服喪下葬，爲自己承諾以命相隨的幼主，辦完人生最後的禮儀。

　　奚齊的死因，往前可以歸罪到晉獻公和驪姬這對父母。首先是晉獻公過度寵愛驪姬，有意廢掉原世子申生，擾亂宗法，埋下「嗣親奪權」的種子。其次，驪姬被立爲夫人後，處心積慮，要讓自己兒子成爲下任晉君，干涉晉國君位繼承，甚至聯合大臣，謀害原世子申生，完全脫離夫人應守的禮法，展現出「伴侶無狀」的舉動。最後，里克身爲人臣，不服從先君晉獻公的遺命擁立奚齊，反而心向其他公子，不論是對晉獻公，還是幼主奚齊，都失去人臣該有的忠心盡責；甚至爲了迎立其他公子，無視奚齊繼任君位的正統性，妄動殺戮，呈現「臣僕專擅」的行爲。可見，里克殺奚齊的弒君因素，包括「伴侶無狀」、「嗣親奪權」、「臣僕專擅」三項。

## 二、晉里克殺晉君卓（僖公九年，公元前六五〇年）

### （一）弒君事件概述

　　魯僖公九年，里克殺掉奚齊。〔註21〕原本荀息準備自殺殉主，卻爲了安

---

〔註18〕《春秋左傳注》云：「〈晉世家〉作『喪次』，謂次卽喪次也。沈欽韓《補注》引〈士喪禮〉注『次謂斬衰倚廬』。倚廬者，遭喪者所居，倚木爲之，以草夾障，不塗泥。……以獻公未葬釋《經》書『殺其君之子』之故。」，頁329。

〔註19〕《春秋左傳注》，頁329。

〔註20〕《春秋經傳集解》，頁96。

〔註21〕《春秋》僖公九年云：「冬，晉奚克殺其君之子奚齊。」見《春秋經傳集解》，頁95。

葬晉獻公、奚齊，而暫時活著，另立公子卓爲新任晉君。〔註22〕但公子卓剛被立爲晉君不久，里克在朝廷又將公子卓殺了。《左傳》僖公九年云：「十一月，里克殺公子卓于朝，荀息死之。」〔註23〕公子卓被殺後，荀息也跟著自殺。

## （二）弑君原因分析

晉獻公寵愛驪姬，廢除原世子申生，改立奚齊爲世子。晉獻公病逝後，里克先殺奚齊，再殺公子卓，連弑二君之舉已顯人臣專擅之心。晉獻公改立世子之不智，引發晉國多年的亂象。奚齊被殺時，承諾晉獻公要以命護主的荀息，本來立即就要守諾自殺，卻在別人的建議下，改立公子卓子爲新任晉君，好送奚齊走完人生最後一程。

但是，不到一個月，里克竟然又殺掉公子卓子，荀息沒能護好奚齊，又沒能顧全卓子，於是荀息信守諾言跟著死去。〔註24〕關於此事，《春秋》於僖公十年，才記錄卓子和荀息的死訊。〔註25〕楊伯峻認爲《春秋》、《左傳》記錄卓子的死亡時間不同，是因爲《左傳》採用晉國的記時方式，也就是使用夏曆，故而卓子是在魯僖公九年十一月被殺。當時各國的曆法不同，也不夠精確，因此楊伯峻找不到魯史《春秋》在此處的曆法來源爲何。不過，畢竟卓子被殺是晉國的事，《春秋》是魯史，說不定魯史官在收到卓子被殺的消息，是在魯僖公十年，所以才將時間，記錄在收到消息的時候，而不是事件發生的時候。《春秋左傳注》云：

> 「卓」，《公羊傳》作「卓子」，莊二十八年《左傳》亦云「其娣生卓子」，則或稱卓，或稱卓子，猶晉悼公名周，而成十八年《傳》又稱爲周子。殺卓《傳》在去年，《經》在今年者，蓋《傳》仍晉史用夏正，卓被殺於夏正十一月。但此時各國曆法俱不精確，魯太史不知何據列于此年。此用「弑」，因卓子父死逾年爲君。但爲君僅數日。

---

〔註22〕 《左傳》僖公九年云：「荀息將死之，人曰：『不如立卓子而輔之。』荀息立公子卓以葬。」見《春秋經傳集解》，頁96。

〔註23〕 《春秋經傳集解》，頁96。

〔註24〕 《左傳》僖公九年云：「冬，十月，里克殺奚齊于次。書曰『殺其君之子』，未葬也。荀息將死之，人曰：『不如立卓子而輔之。』荀息立公子卓以葬。十一月，里克殺公子卓于朝，荀息死之。」見《春秋經傳集解》，頁96。

〔註25〕 《春秋》僖公十年云：「春，王正月，……晉里克弑其君卓，及其大夫荀息。」見《春秋經傳集解》，頁96。

〔註26〕

　　此處和奚齊死亡的時候，以「殺其君之子」的記錄方式不同，明確用到「弒」字和「君」字，記載卓子的死亡，可見卓子的確已經成為晉國的國君。按照楊伯峻的意見，卓子即位在晉獻公死去的隔年，雖然只當上幾天的晉君，但已有即位事實，也是名正言順的晉君，所以《春秋》才會用上「弒」字，載明卓子是在為君後死亡。對於里克連殺二君，荀息守約殉主，《史記》的記載和《左傳》雷同，並沒有在殺君過程著墨太多，另外《晉語》和《列女傳》則提及驪姬之死。楊伯峻認為驪姬也在同一年死亡，只是《左傳》沒有寫明，《史記》也就遵循《左傳》不特別寫出。〔註27〕驪姬先是依恃晉獻公的寵愛活躍，再以身為奚齊母親為貴，最後憑藉卓子延續權位。如今接連失去晉獻公、奚齊、卓子，驪姬失去依靠，連荀息都被殺死，因此就算史書不寫，也能推知驪姬活命機會不大。

　　綜觀卓子的死，還真有些無辜，若是沒被立為國君，也許還能留有一線生機，偏偏被立為國君，招來殺機。卓子見立，起因在奚齊的死亡，而奚齊的見立，起因在驪姬和晉獻公引發世子申生的死亡。對於晉獻公埋下「嗣親奪權」的種子，加上驪姬「伴侶無狀」的行為，眾人將逼死世子申生的罪行，歸究到和驪姬有血源關係的兩個孩子身上。奚齊死後，晉國國內只剩卓子是晉獻公的兒子，荀息是依照慣例擁立卓子，而不是憑藉個人喜好，向外迎接出奔的其他公子，因此稱不上是擅行立君。反觀里克，無視晉國已有晉君卓子，以晉君卓子人臣的身份，憑藉個人喜好擅殺另立，明白表現「臣僕專擅」的舉動。可見，卓子被里克殺害一事，符合「伴侶無狀」、「嗣親奪權」、「臣僕專擅」三項弒君因素。

## 三、齊人殺齊君無虧（僖公十八年，公元前六四二年）

### （一）弒君事件概述

　　齊桓公妻妾眾多，各受寵愛。起先，齊桓公屬意鄭姬生下的公子昭，立

---

〔註26〕《春秋左傳注》，頁332。

〔註27〕《春秋左傳注》云：「〈晉語二〉云：『於是殺奚齊、卓子及驪姬。』《列女傳‧孽嬖傳》云：『奚齊立，里克殺之。卓子立，又殺之。乃戮驪姬，鞭而殺之。』是驪姬亦死矣。《史記》不書驪姬之被殺，梁玉繩《志疑》謂本《左傳》。」，頁329。

為世子，並託付宋襄公在日後協助世子昭即位。《左傳》僖公十七年云：「鄭姬生孝公……公與管仲屬孝公於宋襄公，以為大子。」〔註28〕後來齊桓公寵信寺人貂、雍巫，雍巫又受到衛共姬的寵信，於是齊桓公應允改立長衛姬生的公子無虧為繼承人。《左傳》僖公十七年云：「公許之，立武孟。管仲卒，五公子皆求立。」〔註29〕管仲死後，其他五個公子都想被立為嗣君。

魯僖公十七年，十月，齊桓公逝去。易牙、寺人貂，擁立公子無虧為新任齊君，世子昭逃亡到宋國。《左傳》僖公十七年云：「冬，十月，乙亥，齊桓公卒。易牙入，與寺人貂因內寵以殺羣吏，而立公子無虧，孝公奔宋。」〔註30〕魯僖公十八年，三月，齊人殺掉公子無虧，準備要立世子昭為齊孝公，卻贏不過其餘四公子的黨徒。《左傳》僖公十八年云：「三月，齊人殺無虧……齊人將立孝公，不勝四公子之徒，遂與宋人戰。夏，五月，宋敗齊師于甗，立孝公而還。」〔註31〕最後宋君在甗地打敗齊國，順利立齊孝公為新任齊國國君後，便返回宋國。

### （二）弒君原因分析

齊桓公在管仲的協助下，成為春秋五霸之一，身為霸主，齊桓公愛好女色也是出名的，因此齊桓公身邊的伴侶也不是普通的多。根據《左傳》的記載，齊桓公至少有三位夫人，以及寵到有如夫人待遇的寵妾，至少六位。齊桓公的三位夫人，分別是王姬、徐嬴和蔡姬，全部都沒有生下兒子。寵妾六位，分別是長衛姬、少衛姬、鄭姬、葛嬴、密姬和宋華子，倒是都分別生下兒子。

齊桓公的寵妾中，長衛姬生下武孟，也就是公子無虧。少衛姬生下齊惠公，也就是公子元。鄭姬生下齊孝公，也就是公子昭。葛嬴生下齊昭公，也就是公子潘。密姬生下齊懿公，也就是公子商人。宋華子生下公子雍。〔註32〕《左傳》僖公十七年云：「齊侯之夫人三，王姬、徐嬴、蔡姬，皆無子。齊侯好內，多內寵，內嬖如夫人者六人：長衛姬生武孟，少衛姬生惠公，鄭姬生孝公，葛嬴生昭公，密姬生懿公，宋華子生公子雍。公與管仲屬孝公於宋襄

---

〔註28〕《春秋經傳集解》，頁104。
〔註29〕《春秋經傳集解》，頁104。
〔註30〕《春秋經傳集解》，頁104。
〔註31〕《春秋經傳集解》，頁104。
〔註32〕《春秋左傳正義》，《十三經注疏》第6冊，〔清〕阮元校勘，〔清〕嘉慶20年（1815年）江西南昌府學刊本，臺北縣，藝文印書館，1976年5月6版，頁237。

公，以爲大子。」〔註33〕六位兒子中，齊桓公首先立公子昭爲世子，並和管仲將公子昭託付給宋襄公，期望將來在君位繼承上，宋襄公能協助公子昭順利繼承。

按理國君同時只能擁有一位夫人，齊桓公卻有三位，此處《左傳》、《史記》都並未寫明是否同時有三位夫人。有關王姬、徐嬴，史料並沒有詳細記載，無從得知是否因故死亡，或是因故遣回。從楊伯峻的解釋中，可以知道王姬是在魯莊公十一年娶回。〔註34〕另外，魯僖公三年蔡姬因爲搖蕩船隻，觸怒齊桓公被暫時送回蔡國後，蔡國竟然讓蔡姬另外改嫁。〔註35〕另外改嫁的蔡姬，名份上就不再屬於齊桓公的夫人了。可見，魯莊公十一年是夫人王姬存在，魯僖公三年夫人蔡姬存在。魯莊公總共三十二年，魯閔公共二年，因此從魯莊公十一年到魯僖公三年，至少經歷二十五年。以常態推論，二十五年內換了三位夫人，三位夫人並非同時並存，也不是不可能。連續擁有三位夫人，再加上眾多的寵妾，齊桓公這龐大的伴侶群不出狀況也難。

晉國的晉獻公，因爲寵愛驪姬，而有意改立驪姬的兒子奚齊爲世子。齊桓公爲了避免「君老而晚置世子」〔註36〕的局面，早已在眾多兒子中，選擇立公子昭爲世子，不料日後卻因爲美食寵信雍巫（即易牙）。〔註37〕善於烹飪的雍巫，透過寺人貂（即豎刁）的關係，憑藉美食掌控齊桓公的味蕾，也因此受到齊桓公的寵信重用。〔註38〕此外，雍巫本來就受到長衛共姬信任，也就是得到長衛姬的寵信。〔註39〕長衛姬生下公子無虧，齊桓公因爲寵信雍巫，

〔註33〕《春秋經傳集解》，頁104。

〔註34〕《春秋左傳注》云：「莊十一年桓公所娶王姬亦諡共姬。」，頁374。

〔註35〕《左傳》僖公三年云：「冬，……齊侯與蔡姬乘舟于囿，蕩公，公懼，變色，禁之不可。公怒，歸之，未絕之也，蔡人嫁之。」見《春秋經傳集解》，頁89。

〔註36〕《春秋左傳注》云：「《韓非子‧難三篇》云：『人有設桓公隱者曰：「一難，二難，三難，何也？」桓公不能對。管仲對曰：「一難也，近憂而遠士；二難也，去其國而數之海；三難也，君老而晚置太子。」桓公對曰：「善。」不擇日而廟禮太子。』」，頁374。

〔註37〕《左傳》僖公十七年云：「雍巫有寵於衛共姬，因寺人貂以薦羞於公，亦有寵。公許之，立武孟。」見《春秋經傳集解》，頁104。

〔註38〕《春秋左傳注》云：「雍即《周禮‧天官》內雍、外雍之饔，主割烹之事者，巫爲其名，易牙則其字。《傳》文此舉雍巫、寺人貂，下云易牙、寺人貂，則明以雍巫、易牙爲一人。」，頁374。

〔註39〕《春秋左傳注》云：「衛共姬當即長衛姬。莊十一年桓公所娶王姬亦諡共姬，故此加衛字以別之也。」，頁374。

而口頭應允雍巫改立公子無虧爲繼承人。《春秋左傳正義》注云：「易牙既有寵於公，爲長衛姬請立武孟。」〔註40〕齊桓公這種舉動，促使世子昭之外的兒子，紛紛開始爭寵，暗中抱持著成爲下任齊君的希望，這現象在管仲死後開始白熱化。《左傳》僖公十七年云：「管仲卒，五公子皆求立。」〔註41〕《史記》記載，早在管仲臥病的時候，齊桓公曾經請教有誰適合爲相，齊桓公屬意雍巫、開方、寺人貂等人，都被管仲回絕。可惜齊桓公並未聽從管仲的建議，還是任用這三人，造成這三人專權亂政。齊桓公親手揭開諸子奪權的序幕，啓動齊國國政混亂的源頭。〈齊太公世家〉云：

> 管仲病，桓公問曰：「群臣誰可相者？」管仲曰：「知臣莫如君。」
> 公曰：「易牙如何？」對曰：「殺子以適君，非人情，不可。」公曰：
> 「開方如何？」對曰：「倍親以適君，非人情，難近。」公曰：「豎
> 刁如何？」對曰：「自宮以適君，非人情，難親。」管仲死，而桓公
> 不用管仲言，卒近用三子，三子專權。〔註42〕

管仲希望齊桓公遠離雍巫、寺人貂、堂巫、公子開方這些小人，起初齊桓公也照作。可惜，長期依賴這四人的齊桓公，沒有這四人就無法妥當生活。等到管仲死後下葬，齊桓公最後沒能忍住，又把雍巫、寺人貂、堂巫、公子開方等人找回來。楊伯峻引《管子》云：

> 《管子‧小稱篇》云：「管仲攝衣冠起對曰：『臣願君之遠易牙、豎
> 刁、堂巫、公子開方。夫易牙以調和事公。公曰，惟烝嬰兒之未嘗，
> 於是烝其首子而獻其公。人情非不愛其子也，於子之不愛，將何有
> 於公？公喜宮而妒，豎刁自刑而爲公治內。人情非不愛其身也，於
> 身之不愛，將何有於公？公子開方事公十五年，不歸視其親。齊、
> 衛之間，不容數日之行。臣聞之，務爲不久，蓋虛不長。其生不長
> 者，其死必不終。』桓公曰：『善。』管仲死，已葬，公憎四子者，
> 廢之官。逐堂巫，而苛病起矣；逐易牙，而味不至；逐豎刁，而宮
> 中亂；逐公子開方，而朝不治。桓公曰：『嗟！聖人固有悖乎？』乃
> 復四子者。」〔註43〕

---

〔註40〕《春秋左傳正義》，頁237。
〔註41〕《春秋經傳集解》，頁104。
〔註42〕《史記會注考證》，〔日〕瀧川龜太郎，臺北市，萬卷樓圖書股份有限公司，
　　　　1996年10月初版，頁556。
〔註43〕《春秋左傳注》，頁375。

　　從《左傳》記錄齊桓公寵雍巫，以及《史記》、《管子》提及管仲的建議，可以想見這幾個人的權勢龐大；加上先前雍巫干涉世子廢立，管仲死後諸公子求立的情況來看，齊桓公死時，一定會引起嚴重的爭權奪位事件。果不其然，魯僖公十七年，冬季，齊桓公死去，雍巫、寺人貂憑藉著齊桓公的寵信進入宮中，入宮後殺掉諸大夫，掌握政權，擁立公子無虧成爲新任齊君，世子昭只好出奔到宋國。《左傳》僖公十七年云：「冬，十月，乙亥，齊桓公卒，易牙入，與寺人貂因內寵以殺羣吏，而立公子無虧，孝公奔宋。十二月，乙亥，赴。辛巳，夜殯。」〔註44〕十二月，乙亥日齊國發出齊桓公的訃告，辛巳日晚上才將齊桓公殯殮入棺。

　　齊桓公諸子奪權的場景，《史記》特別載明齊桓公病死床上，無人收屍，經歷六十七天之久，屍蟲都爬出屋外。〈齊太公世家〉云：「桓公病，五公子各樹黨爭立。及桓公卒，遂相攻，以故宮中空，莫敢棺。桓公尸在牀上六十七日，尸蟲出于戶。十二月乙亥，無詭立，乃棺赴。辛巳夜，斂殯。」〔註45〕藉由齊桓公後事凄慘的模樣，一來說明嗣親奪權的無情，二來驗證管仲當初病前的建議。楊伯峻引沈欽韓的看法，認爲一般正常禮儀應該是在白天殯，如今齊桓公卻是在晚上殯。《春秋左傳注》云：「沈欽韓《補注》曰：『按禮，殯於日出時，言夜殯，明其非常。』」〔註46〕可見不是正常狀態，更能看出這場奪位大戰的驚悚。齊桓公身爲五霸之一，曾經九合諸侯，如此不可一世，最後卻在權臣、諸子爭權下屍身無人理會，這件事震驚當時所有國家，在先秦諸子的作品中都能見到相關的記錄，可見齊桓公雖是病逝，還眞的是不得其死，頗令人感慨。

　　公子無虧雖然順利即位，可惜齊桓公一事鬧得太大，加上宋襄公信守當初和齊桓公的約定，協助世子昭回國討賊。魯僖公十八年春季，宋襄公聯同曹、衛、邾攻伐齊國。〔註47〕魯僖公十八年，三月，面對聲勢浩大的各國聯軍，齊國人率先將齊君無虧殺掉，好準備迎接回國的世子昭。誰知世子昭卻打不贏其餘四公子的徒黨，世子昭再次奔宋，宋國於是和四公子的徒黨對戰。魯僖公十八年，五月，宋君才在甗地打敗齊國，順利立世子昭爲齊孝公

〔註44〕 《春秋經傳集解》，頁104。

〔註45〕 《史記會注考證》，頁556至557。

〔註46〕 《春秋左傳注》，頁376。

〔註47〕 《春秋》僖公十八年云：「春，王正月，宋公、曹伯、衛人、邾人，伐齊。」見《春秋經傳集解》，頁104。

後，〔註48〕同年八月，終於能好好安葬齊桓公。

綜觀齊君無虧被殺的事件，起因在齊桓公。齊桓公寵妾眾多，雖然《左傳》沒有明說哪位寵妾干政，但是愛屋及烏，寵妾的兒子自然會產生爭位心思。本來在管仲建議下，確立世子昭，避免了諸子爭權的野心，齊桓公卻因為寵信雍巫，應允改立公子無虧為世子，親自揭開「嗣親奪權」的序幕。當齊桓公病死時，雍巫、寺人貂因「內寵」殺群吏。「內寵」即服虔所謂「如夫人者六人」的說法，證明雍巫、寺人貂等人的待遇，就如同寵姬衛姬、少衛姬、鄭姬、葛嬴、密姬和宋華子六人一般。自古君主的伴侶，本來就不限女性，據服虔的說法，與其說齊桓公是寵信雍巫、寺人貂等人，不如說是寵幸他們。可見雍巫、寺人貂等人恃寵亂政，從隱晦面來說，也出現「伴侶無狀」的情況。同時，雍巫、寺人貂等人的確擔任官職，屬於齊桓公的臣下，身為人臣卻干涉君主人選，妄殺大臣，遠遠踰越本份，充分展現「臣僕專擅」的舉止。最後，《左傳》說齊君無虧死在齊人手中，並未明說哪一人，不過國內諸民，也算是國君的臣子，因此齊君無虧被自己臣民所殺，也是「臣僕專擅」所造成。

## 四、晉文公殺晉懷公（僖公二十四年，公元前三六三年）

### （一）弑君事件概述

魯僖公二十三年，晉惠公逝去，由世子圉即位為晉懷公。魯僖公二十四年，聽到晉惠公死亡的消息，秦穆公決定幫助晉公子重耳回國即位。《左傳》僖公二十四年云：「春，王正月，秦伯納之。不書，不告入也。……二月，……壬寅，公子入于晉師。丙午，入于曲沃。丁未，朝于武宮。戊申，使殺懷公于高梁。不書，亦不告也。」〔註49〕晉懷公奔逃到高梁國，不久被晉文公派人殺害。

### （二）弑君原因分析

晉惠公（即公子夷吾）當初可以回到晉國為君，全靠秦穆公大力協助，但是晉惠公言而無信，數次欺秦，讓秦穆公對晉惠公十分不滿。晉惠公的世

〔註48〕《左傳》僖公十八年云：「三月，齊人殺無虧……齊人將立孝公。不勝四公子之徒，遂與宋人戰。夏，五月，宋敗齊師于甗，立孝公而還。」見《春秋經傳集解》，頁104。

〔註49〕《春秋經傳集解》，頁110。

子圉，本來留在秦國當人質，秦穆公甚至將秦女嫁給世子圉。〔註50〕熟料，世子圉在聽到晉惠公病危後，竟然偷偷跑回晉國，然後被立為晉懷公。對於偷跑的晉懷公，秦穆公的怨念更上一層，於是轉而協助晉公子重耳，並將懷嬴改嫁給晉公子重耳，〔註51〕聯結秦晉交情。後來更派兵協助晉公子重耳回歸晉國，奪取君位。

魯僖公二十四年，秦穆公派遣秦公子縶與晉師會合，兩軍在郇地會盟。丙午日晉公子重耳進入曲沃，丁未日朝於曲沃武宮廟，戊申日派人到高梁國殺掉晉懷公。〔註52〕自從晉武公之後，每一位晉君即位的時候，都會朝於曲沃武宮廟，實際上就是進入晉國首都絳地。《左傳》僖公二十四年云：

> 春，王正月，秦伯納之，不書，不告入也。……二月，甲午，晉師軍于廬柳，秦伯使公子縶如晉師，師退，軍于郇。辛丑，狐偃及秦晉之大夫盟于郇。壬寅，公子入于晉師。丙午，入于曲沃。丁未，朝于武宮。戊申，使殺懷公于高梁，不書，亦不告也。〔註53〕

分析晉懷公被殺，起因在晉懷公的父親晉惠公，屢次失信於秦，沒有顧念秦穆公的擁立功勞。當晉惠公病重時，晉懷公偷跑回國，說穿了也是為了君位繼承。按《史記》記載，當時晉惠公「內有數子」，身為世子卻在秦國為質，眼睜睜將君位送人，晉懷公自然不願意。然而偷跑這種不禮貌的行為，也使晉懷公埋下禍端，新仇加舊恨，晉惠公、晉懷公父子屢次失信於秦穆公，終於使秦穆公決定投資晉公子重耳。自晉獻公納驪姬後，廢世子申生改立奚齊開始，「嗣親奪權」的局面就不斷在晉國上演。晉公子重耳也是晉獻公的兒子，更是晉惠公的哥哥，自然也是晉國君位繼承人選之一。晉懷公即位後，晉公子重耳以勢如破竹的氣魄攻入晉都，逼迫即位卻還未改元的晉懷公，逃奔到高梁國，更在即位為晉文公後，派人將晉懷公殺害，確保自己君位的鞏固。可見，自晉獻公埋下「嗣親奪權」的殺機開始，經過晉惠公、晉懷公對秦的背恩之舉，直到晉懷公被晉文公殺掉，皆是未能避免「嗣親奪權」的情

〔註50〕〈晉世家〉云：「八年，使太子圉質秦。……十三年，晉惠公病，內有數子。……子圉遂亡歸晉。十四年九月，惠公卒，太子圉立，是為懷公。」見《史記會注考證》，頁628至629。

〔註51〕《春秋左傳注》云：「懷嬴，晉懷公之妻嬴氏，即二十二年子圉與謀偕逃之嬴氏；嫁文公後為辰嬴，見文六年《傳》。」，頁410。

〔註52〕《春秋左傳注》云：「武宮者，曲沃武宮之廟也。晉侯每即位，必朝之。……武宮在絳，蓋曲沃自武公始為晉侯，而徙絳，故其廟在絳。」，頁413至414。

〔註53〕《春秋經傳集解》，頁110。

況，而導致晉君見弒的結果。

## 五、衛周、冶殺衛君瑕（僖公三十年，公元前六三○年）

### （一）弒君事件概述

魯僖公三十年，衛成公被晉國釋放後，賄賂周歂、冶廑，希求回衛國掌權。《春秋》僖公三十年云：「秋，衛殺其大夫元咺，及公子瑕，衛侯鄭歸讓于。」〔註54〕於是周歂殺掉衛君瑕和公子儀，迎立衛成公。

### （二）弒君原因分析

衛成公本為衛君，後來出奔，又被被晉文公抓去。衛成公所以被晉文公抓去，依照太史公的描述，主要是當初晉文公重耳，因為驪姬事件出奔列國的時候，衛成公的父親衛文公，曾經對重耳無禮。等到重耳回國即位後，準備出兵救助宋國，於是向衛國請求出兵協助，又被衛成公拒絕出兵助晉救宋。〈衛康叔世家〉云：

> 文公初立，輕賦平罪，身自勞，與百姓同苦，以收衛民。十六年，晉公子重耳過，無禮。十七年，齊桓公卒。二十五年，文公卒，子成公鄭立。成公三年，晉欲假道於衛救宋，成公不許。晉更從南河度，救宋。徵師於衛，衛大夫欲許，成公不肯。大夫元咺攻成公，成公出犇。晉文公重耳伐衛，分其地予宋，討前過無禮，及不救宋患也。衛成公遂出犇陳。二歲，如周求入，與晉文公會。
>
> 〔註55〕

為了是否出兵助晉救宋，衛成公先是和衛國大夫們起衝突，最後衛大夫元咺，起兵攻打衛成公，衛成公只好出奔他國。後來晉文公出兵伐衛，討罪衛文公的無禮，以及衛成公不出兵相助，衛成公只好出奔到陳國。兩年後，衛成公前往周向周天子請求回國，並且和晉文公會面。

晉文公派遣醫生衍，打算毒死衛成公。杜預認為晉文公十分怨恨衛成公，恨不得殺之後快，可惜沒有任何罪名，可以殺衛成公，晉文公才只好用醫生治病的理由，暗中毒殺衛成公。〔註56〕後來是照顧衛成公衣食起居的

---

〔註54〕《春秋經傳集解》，頁122。
〔註55〕《史記會注考證》，頁603。
〔註56〕杜注：「晉侯實怨衛侯，欲殺而罪不及死，故使醫因治疾，而加酖毒。」見《春秋經傳集解》，頁122。

甯俞，賄賂醫生，讓醫生將毒藥的藥量減輕，衛成公因此躲過一劫，沒有被毒死。於是魯僖公出面替衛成公求情，並且各拿出十對玉，獻給周襄王和晉文公。收到十對美玉的周襄王十分高興，於是應允魯僖公的請求。晉文公在王令和賄賂下，便在魯僖公三十年秋季釋放衛成公。《左傳》僖公三十年云：

> 晉侯使醫衍酖衛侯。甯俞貨醫，使薄其酖，不死。公為之請，納玉
> 於王，與晉侯，皆十瑴，王許之。秋，乃釋衛侯。衛侯使賂周歂、
> 冶廑，曰：「苟能納我，吾使爾為卿。」周、冶殺元咺，及子適、子
> 儀。公入祀先君，周冶既服將命，周歂先入，及門，遇疾而死。冶
> 廑辭卿。〔註57〕

按照楊伯峻的說法，當初衛成公被晉文公捉走後，衛國為了穩定國勢，曾經另立衛成公的手足公子瑕為衛君。《春秋左傳注》云：「公子瑕立于二十八年冬，至此近二載。」〔註58〕如今衛成公被釋放後，想要回國重掌政權，衛君瑕在位就是一種障礙，因此冀望能順利回國重掌政權的衛成公，暗中賄賂周歂、冶廑，應允兩人若協助他回國掌政，將會讓兩人擔任卿位。在官職的賄賂下，周歂、冶廑毫不猶豫地殺掉衛君瑕和衛君瑕的弟弟公子儀，以及大夫元咺，幫衛成公鏟除競爭對手，迎立衛成公歸國掌政。衛成公回國後，準備在太廟祭祖，並且讓周歂、冶廑兩人穿上禮服準備接受任命。其中，由周歂先走進太廟，才剛到門口而已，就發病死亡。根據杜預的解釋，冶廑見到周歂死去，內心十分恐懼，〔註59〕於是向衛成公辭去卿位。

綜合來說，衛君瑕的死因，在於衛成公要回國重掌政權。衛君瑕因為具有衛成公手足的身分，而在衛成公出奔後被擁立為君。如今，衛成公想歸國重掌政權，手足身份的衛君瑕就成了阻礙，加上被殺害的公子儀，可見衛成公也是仗著血緣的身份，回國奪權，算是「嗣親奪權」的一種表現。此外，周歂、冶廑兩人身為衛君瑕的臣子，卻在官職的利誘下，協助前任君主回國奪權，並且殺掉現任君主，以及另一位擁有優先繼承權的儲君人選，這種未受君令而妄動的行為，也符合「臣僕專擅」的表現。

---

〔註57〕《春秋經傳集解》，頁122。
〔註58〕《春秋左傳注》，頁478。
〔註59〕杜注：「見周歂死而懼。」見《春秋經傳集解》，頁122。

# 第二節　文公時期的弒君事件

## 一、楚商臣殺楚成王（文公元年，公元前六二六年）

### （一）弒君事件概述

最初楚成王打算立公子商臣爲世子，向令尹子上徵求意見，令尹子上持反對意見，楚成王並沒有接納。立了公子商臣爲世子後，楚成王又想廢掉世子商臣，改立公子職（即王子職）爲大子。《左傳》文公元年云：「既又欲立王子職，而黜大子商臣。」〔註60〕世子商臣聽聞消息還尙未確認，於是向老師潘崇請益，依據潘崇的建議，故意激怒江羋以探聽消息。確認消息準確後，世子商臣決定先動手。魯文公元年，十月，商臣率領宮衛包圍、逼殺父親楚成王。楚成王請求吃了熊掌後再死，商臣不應允。《左傳》文公元年云：「冬，十月，以宮甲圍成王，王請食熊蹯而死，弗聽。丁未，王縊……穆王立。」〔註61〕不久楚成王自殺，此後世子商臣即位爲楚穆王，掌管楚國政權。

### （二）弒君原因分析

事先決定下任君主，可以大幅避免爭權奪位的現象出現，因此在事先選擇下任君主的時侯，一定要謹愼。一旦確立，擅行廢立，往往會引發更大的政治危機。晉獻公如此，齊桓公如此，楚成王亦復如此。楚成王還年輕的時候，有意立公子商臣爲世子，曾經向令尹子上詢問。當時令尹子上認爲楚成王年紀輕，萬一日後有更喜愛的兒子，可能會因此而改變主意。如果先立公子商臣爲世子，事後再廢掉公子商臣世子身份，一定會引發禍亂。《春秋左傳注》云：「謂若立其後所生愛子，必黜商臣而易之，則禍亂生。」〔註62〕再者，以楚國的傳統，立世子多半選擇年紀輕的繼承人。《春秋左傳注》云：「楚國以立少者爲常。」〔註63〕如今楚成王立公子商臣爲世子，有些違反傳統。

若是公子商臣十分賢明，違反傳統似乎也無妨，只是令尹子上就相貌來看，發現公子商臣屬於殘忍的人，不太適合立爲世子。可惜，楚成王雖然有詢問臣下的風範，卻沒有聽從令尹子上的意見，還是立公子商臣爲世子。《左傳》文公元年云：「初，楚子將以商臣爲大子，訪諸令尹子上。子上曰：『君

---

〔註60〕《春秋經傳集解》，頁 127。
〔註61〕《春秋經傳集解》，頁 128。
〔註62〕《春秋左傳注》，頁 514。
〔註63〕《春秋左傳注》，頁 514。

之齒未也，而又多愛，黜乃亂也。楚國之舉，恒在少者。且是人也，蠭目而豺聲，忍人也，不可立也。』弗聽。」〔註64〕世子商臣正式見立後，楚成王果然改變主意，轉而想立公子職為世子，廢掉世子商臣的世子封號。

楚成王有意廢立的風聲，傳到世子商臣耳中，自然心生不滿，只是消息未確定之前，隨意輕舉妄動，很可能全盤皆輸，於是世子商臣跑去找老師潘崇詢問意見，看看有什麼方法，能在不打草驚蛇狀況下取得正確消息。潘崇提的方法很簡單，讓世子商臣故意激怒江芊，從江芊的言語來判斷消息的準確度。

江芊的身份，杜預和太史公的說法不太一致。杜預認為江芊是楚成王的妹妹，因為嫁到江地去，所以稱為江芊〔註65〕；太史公認為江芊是楚成王的寵妾。〔註66〕楊伯峻認為江人姓嬴，所以江芊若是楚成王的寵姬，應該稱為江嬴；如今稱江芊，可見是姓芊，因此是楚成王妹妹的可能性比較高。《春秋左傳注》云：「據〈秦本紀〉太史公〈贊〉及〈陳杞世家〉索隱引《世本》，江為嬴姓。江芊若為成王寵姬，則當稱為江嬴，今稱江芊，明是芊姓，杜〈注〉是。」〔註67〕可見楊伯峻也認同杜預的解釋，認為江芊是楚成王的王妹，輩份上算世子商臣的姑姑。《左傳》文公元年云：

> 商臣聞之而未察，告其師潘崇曰：「若之何而察之？」潘崇曰：「享江芊而勿敬也。」從之，江芊怒曰：「呼！役夫，宜君王之欲殺女而立職也。」告潘崇曰：「信矣。」潘崇曰：「能事諸乎？」曰：「不能。」「能行乎？」曰：「不能。」「能行大事乎？」曰：「能。」〔註68〕

身為王妹，面對不太尊重長輩的晚輩，江芊的怒氣是可以想見的。因此，即使世子商臣是下任楚君，江芊也不假辭色。更何況，若是楚成王有意廢掉世子商臣，江芊更不用擔心世子商臣會成為下任楚君而忍讓。可見，江芊的用字越貶抑，用句越誇張嚴重，就可以證明楚成王的確有廢立心思。役夫是卑賤的稱呼，〔註69〕江芊就算貴為王妹，對未來君主使用如此低賤的稱呼，實在很不妥當；加上江芊明確說出「君王之欲殺女而立職也」的消息，可見

---

〔註64〕《春秋經傳集解》，頁127。
〔註65〕杜注：「江芊，成王妹，嫁於江。」見《春秋經傳集解》，頁128。
〔註66〕〈楚世家〉云：「饗王之寵姬江芊而勿敬也。」見《史記會注考證》，頁648。
〔註67〕《春秋左傳注》，頁514。
〔註68〕《春秋經傳集解》，頁127至128。
〔註69〕《春秋左傳注》云：「役夫，賤者之稱。」，頁514。

世子商臣被廢是早晚的事。江芊說世子商臣會被君主殺掉，改立公子職爲世子最好，可見公子職已經成爲楚成王心中的世子人選。楊伯峻認爲，江芊是在氣頭上，用語嚴重、誇張。因此所謂殺掉世子商臣，其實是廢掉世子商臣的意思，無須太拘泥在「殺」、「廢」二字上。《春秋左傳注》云：

> 殺女，《韓非子·內儲說下篇》作「廢女」，劉知幾《史通·言語篇》引亦作「廢女」，《列女傳·節義傳》載此事亦曰「大子知王之欲廢之也」，依上下文義，自以作廢爲順，下文潘崇問「能事諸乎」，則亦自以爲不至被殺。故王引之《述聞》謂「古字多以發爲廢，《傳》文蓋本作發，發殺形相近，因誤而爲殺」。然〈楚世家〉及〈年表〉俱作「殺」，則司馬遷所據本本作「殺」，未必爲誤字。陳樹華《考證》云：「江芊怒，故甚其辭，讀者正不必泥也。」或然。〔註70〕

至此，楚成王廢世子商臣，改立公子職的消息，幾乎是確定無誤。世子商臣確認消息的準確性後，立即向老師潘崇回報。知道世子要被廢另立，快被廢的世子只有兩條路，服從或者反抗。潘崇並不直接告訴世子商臣該怎麼做，而是以問句，導引出世子商臣的眞實想法。完全不想放棄君位的世子商臣，要他服從未來成爲世子的公子職、出奔到他國，世子商臣自認做不到，也不想如此做。至於反抗，世子商臣認爲絕對能做到。潘崇所謂大事，杜預認爲是弑君。〔註71〕楊伯峻以《戰國策·齊策》的說法，將「舉行軍事政變」備爲一說。《春秋左傳注》云：「〈齊策一〉『將軍可以爲大事乎』，蓋亦謂舉行軍事政變。」〔註72〕事實上兩者都說得通，通常想弑君篡位的人，多半都要武力政變，成功機會才高。無論如何，世子商臣都決定要成爲楚君，因此搶奪君位，成爲他絕對必行的目標，也印證當初令尹子上，憑外貌認定其性格殘忍的看法無誤。

魯文公元年，冬季，世子商臣率領軍隊，圍宮逼楚成王自殺，連楚成王希望能夠吃完熊掌後再死，世子商臣都不應允。〔註73〕根據楊伯峻的看法，熊掌要煮熟需要很長的時間，楚成王想要吃完熊掌後再死，只是一種拖延戰術，拉長時間好取得外界援救。《春秋左傳注》云：「熊蹯，熊掌也，其物難

---

〔註70〕《春秋左傳注》，頁514。
〔註71〕杜注：「大事，謂弑君。」見《春秋經傳集解》，頁128。
〔註72〕《春秋左傳注》，頁515。
〔註73〕《左傳》文公元年云：「冬，十月，以宮甲圍成王，王請食熊蹯而死，弗聽。丁未，王縊……穆王立。」見《春秋經傳集解》，頁128。

熟，宣二年《傳》『宰夫脈熊蹯不熟』可證。王請食之，蓋欲拖延時間以望外救。」〔註74〕不過，世子商臣既然不擇手段要當楚君，自然不會給予楚成王得救的機會，眼見求援無望，楚成王在丁未日上吊自殺。楚成王死後，世子商臣自立為楚穆王。

　　楚成王的死亡，實是自己造成的後果。本來事先立世子是要避免君位爭奪，然而一旦立下世子後，輕易更改廢立，則會引爆更嚴重的爭權奪勢。偏偏楚成王先立了公子商臣為世子，事後又想廢掉世子商臣，改立公子職，世子商臣為了保主君位，便以武力篡位。楚成王會被逼宮自殺，完全是自己造成「嗣親奪權」的局面。潘崇實際上是楚成王的臣子，然而潘崇心中只為學生世子商臣謀劃，沒有楚成王這位君主的存在，已是目中無君。世子商臣逼宮，潘崇一定知情並且協助，可見潘崇已符合「臣僕專擅」的行為。

　　一般來說，一旦被立為世子，責任在於奉事宗廟祭祀、社稷祭祀以及日夜看顧國君飲食，代替外出的國君守護國家，或在有人守國的時候跟隨國君。《左傳》閔公二年云：「大子奉冢祀社稷之粢盛，以朝夕視君膳者也，故曰冢子。君行則守，有守則從，從曰撫軍，守曰監國，古之制也。」〔註75〕基本上是不會給予任何正式官職。但世子是儲君，是君主的備位人選，與現任君主，通常為父子或兄弟等血親關係，因此世子商臣逼死父親楚成王，無疑是「嗣親奪權」的直接寫照。造成如此結果，緣自楚成王未能防止「匹嫡」情況，又不能洞見世子商臣個性之殘忍，形同見弒的自殺結局，終究不能避免。

## 二、齊商人殺齊君舍（文公十四年，公元前六一三年）

### （一）弒君事件概述

　　魯僖公十七年，雍巫（即易牙）、寺人貂（即豎刁）改立公子無虧為新任齊君，世子昭出奔宋國。〔註76〕魯僖公十八年，齊人殺死無虧。〔註77〕五月，宋國順利護送世子昭回齊為齊孝公。魯僖公二十七年，齊孝公逝去，由

〔註74〕《春秋左傳注》，頁515。
〔註75〕《春秋經傳集解》，頁86。
〔註76〕《左傳》僖公十七年云：「冬，十月，乙亥，齊桓公卒。易牙入，與寺人貂因內寵以殺羣吏，而立公子無虧，孝公奔宋。」見《春秋經傳集解》，頁104。
〔註77〕《左傳》僖公十八年云：「三月，齊人殺無虧……夏，五月，宋敗齊師于甗，立孝公而還。」見《春秋經傳集解》，頁104。

衛公子開方另立公子潘爲齊昭公。魯文公十四年，齊昭公逝去，由兒子舍繼位爲新任齊君。《春秋》文公十四年云：「九月，……齊公子商人弒其君舍。」〔註78〕同年，齊昭公的弟弟公子商人，殺掉齊君舍自立爲君，是爲齊懿公。

## （二）弒君原因分析

從齊桓公立公子昭爲世子以來，眾多兒子爲了君位彼此爭奪。至魯文公十四年，齊昭公逝去，由兒子舍即位，〔註79〕成爲新一任齊國君主。自此，齊桓公的兒子只剩下公子商人和公子元還在齊國，公子雍早已逃到秦國爲大夫。公子潘是齊孝公的弟弟，經過衛公子開方的擁立，即位爲齊昭公。公子潘成爲齊昭公後，曾經生下一位兒子舍。齊昭公雖然娶了子叔姬，也生了兒子，可惜子叔姬並不受齊昭公的寵愛。母親不受寵愛，兒子自然也就比較無權無勢。〈齊太公世家〉云：「十九年五月，昭公卒，子舍立爲齊君。舍之母無寵於昭公，國人莫畏。」〔註80〕雖然齊昭公死後，兒子舍成爲國君，卻因爲缺乏權勢，就連齊國人民也都不怎麼敬畏這位君主。

同前所述，齊國除了齊君舍之外，還有叔伯輩的公子商人和公子元。自當初五公子君位爭奪戰失利，公子商人就在暗中培養聲望，準備再一次奪取君位。〈齊太公世家〉云：「昭公之弟商人，以桓公死，爭立而不得，陰交賢士，附愛百姓，百姓說。」〔註81〕多次在國內施捨財物，供養許多門客，把家中的財產用光後，甚至向官員借貸來施捨。《左傳》文公十四年云：「公子商人驟施於國，而多聚士，盡其家，貸於公有司以繼之。」〔註82〕公子商人耗盡資產培育自己的名聲，眼見齊君舍勢單力薄，公子商人知道自己的機會終於降臨。

魯文公十四年，公子商人殺掉齊君舍自立爲君。《左傳》中記錄公子商人利用秋季夜晚殺掉齊君舍，因爲考慮到還有兄長公子元的存在，所以想將君位讓給公子元，公子元不願意接受君位，而叫公子商人即位，寧願成爲公子商人的臣子。《左傳》文公十四年云：「秋，七月，乙卯夜，齊商人弒舍而讓元。元曰：『爾求之久矣。我能事爾，爾不可使多蓄憾，將免我乎？爾爲

---

〔註78〕《左傳》文公十四年云：「子叔姬妃齊昭公，生舍，叔姬無寵，舍無威。……夏，五月，昭公卒，舍即位。」見《春秋經傳集解》，頁142。

〔註79〕《春秋經傳集解》，頁142。

〔註80〕《史記會注考證》，頁557。

〔註81〕《史記會注考證》，頁557。

〔註82〕《春秋經傳集解》，頁142。

之。』」〔註83〕按照太史公的記載，公子商人利用齊君舍上墳祭拜時，率眾殺掉君主，自立爲齊懿公。〈齊太公世家〉云：「及昭公卒，子舍立，孤弱，卽與眾，十月，卽墓上弒齊君舍，而商人自立，是爲懿公。懿公，桓公子也，其母曰密姬。」〔註84〕公子商人是齊桓公和寵妾密姬所生，由齊桓公引起的「嗣親奪權」戲碼，就算齊桓公死後都還沒結束。

公子無虧曾經成功過，公子潘也成功了，唯獨公子商人還在等待機會，並沒有放棄爭奪君位的野心。造成這麼多子孫自相殘殺，齊桓公可以說是罪魁禍首。齊昭公死後，齊君舍已經即位，在國中沒有聲望權威，也不見齊君舍有努力的記載，足見齊君舍爲君有失。然而，爲人臣子也不能因爲國君缺乏聲望權威，就擅殺自立。以此可知，公子商人以長輩身份欺負晚輩，以臣子身份不敬國君，完全踰越人臣份際，符合「臣僕專擅」的情況。因此，「嗣親奪權」、「臣僕專擅」是造成齊君舍見弒的原因。

## 三、宋帥甸殺宋昭公（文公十六年，公元前六一一年）

### （一）弒君事件概述

魯文公七年，宋成公逝去。〔註85〕宋成公死後，宋昭公即位，有意殺除諸位公子，樂豫勸諫阻止不聽。穆襄等族，因此率眾攻殺宋昭公，殺死了公孫固、公孫鄭等人，宋昭公即位後立即將他們安葬。《左傳》文公七年云：「夏，四月，宋成公卒……昭公將去羣公子。……穆襄之族，率國人以攻公，殺公孫固、公孫鄭……昭公即位而葬。」〔註86〕魯文公十六年，因爲宋昭公無道，宋襄夫人派帥甸殺掉宋昭公。《左傳》文公十六年云：「昭公無道，國人奉公子鮑以因夫人。……冬，十一月，甲寅，宋昭公將田孟諸，未至，夫人王姬使帥甸攻而殺之，蕩意諸死之。」〔註87〕宋國人民因爲宋襄夫人的關係，擁護公子鮑爲宋文公。

### （二）弒君原因分析

根據《左傳》，宋成公在魯文公七年逝世。關於繼承人，《春秋》、《左傳》

---

〔註83〕《春秋經傳集解》，頁142。
〔註84〕《史記會注考證》，頁557。
〔註85〕《左傳》文公七年云：「夏，四月，宋成公卒。」見《春秋經傳集解》，頁134。
〔註86〕《春秋經傳集解》，頁134。
〔註87〕《春秋經傳集解》，頁145至146。

只記錄宋成公的少子杵臼即位爲宋昭公，唯獨太史公特別記錄了一段經傳都沒有的內容。太史公在〈宋微子世家〉中解釋宋襄公死後，由兒子公子王臣即位爲宋成公，當宋成公死後，同爲宋襄公之子的公子禦，殺掉哥哥宋成公的世子和大司馬公孫固，自立爲宋君。〈宋微子世家〉云：「十四年夏，襄公病傷於泓而竟卒，子成公王臣立。……十七年，成公卒。成公弟禦，殺太子及大司馬公孫固，而自立爲君。宋人共殺君禦，而立成公少子杵臼，是爲昭公。」〔註88〕不久，宋君禦被宋國人殺掉，改立宋成公的少子公子杵臼爲宋昭公。根據瀧川資言的考證，《左傳》完全沒有公子禦篡位後見弒，這段事件的相關記載。〔註89〕

　　有趣的是，太史公還多了有關宋成公的死法。太史公在〈十二諸侯年表〉中，記載宋成公是被公孫固殺掉的。〔註90〕但依據《左傳》，公孫固是死在魯文公七年宋昭公與穆、襄之族的爭戰中，並沒有公孫固殺宋成公一事。〈十二諸侯年表〉考證云：「據文七年《左傳》，宋成公卒，昭公欲去羣公。穆、襄之族，率國人攻公，殺公孫固、公孫鄭于公宮，然則成公無被弒之事，而公孫固死昭公難。」〔註91〕無論是公孫固殺宋成公，公子禦殺宋成公世子自立爲君，宋人殺宋君禦，《春秋》、《左傳》都不見記載。楊伯峻認爲《史記》的記錄，可能是太史公兼採異說。《春秋左傳注》：「〈宋世家〉云：『十七年，成公卒。』此與《傳》合。然〈年表〉云：『十七年，公孫固殺成公。』司馬遷自相違異，恐是兼採異聞。」〔註92〕、又云：「至〈宋世家〉所述成公弟禦殺太子事，不見《左傳》，公孫固之死亦與《左傳》不合，恐皆是司馬遷所採之異聞。」〔註93〕本文以《左傳》提及的弒君案件爲主，是以經傳不提，只出現在《史記》的相關記載，不列入弒君案件討論。魯文公七年，宋成公死後，由宋昭公即位。

　　《左傳》提到的公子成是宋莊公的兒子，公孫友是宋桓公的孫子（宋桓公庶子目夷的兒子），樂豫是宋戴公的玄孫，鱗矔是宋桓公的孫子，公子蕩是

---

〔註88〕《史記會注考證》，頁615至616。
〔註89〕《史記會注考證》考證云：「沈家本曰：『《左傳》無殺太子事。』」，頁616。
〔註90〕〈十二諸侯年表〉宋成公十七年云：「公孫固殺成公。」見《史記會注考證》，頁256。
〔註91〕《史記會注考證》，頁256。
〔註92〕《春秋左傳注》，頁556。
〔註93〕《春秋左傳注》，頁557。

齊桓公的兒子，公子卬是宋成公的兒子（宋昭公的弟弟）。〔註94〕根據〈宋微子世家〉的記載，宋宣公之後，由弟弟宋穆公接位，再由宣公兒子宋殤公接位，再由穆公兒子宋莊公接位，再由莊公兒子宋湣公接位，再由湣公弟弟宋桓公接位，再由桓公兒子宋襄公接位，再由襄公兒子宋成公接位，再由成公弟弟公子禦接位，再由成公兒子宋昭公接位，再由昭公弟弟宋文公接位；至於宋戴公則是早在宋宣公之前幾任的君主。〔註95〕這些人和宋昭公都有血緣關係，同為君主家系之人。

至於華御事，是宋國大夫的後代。楊伯峻認為殺掉宋殤公的宋國大夫華督，他的孫子就是華御事，而華御事是華元的父親。《春秋左傳注》云：「文十六年孔〈疏〉引《世本》云：『華督生世子家，家生華孫御事，事生華元右師。』則華御事乃華督之孫，華元之父。」〔註96〕即位後，宋昭公就大開殺戒，其因若非宋昭公嗜殺成性，便是鏟除異己來求君位穩固。《左傳》文公七年云：

> 夏，四月，宋成公卒。於是公子成為右師，公孫友為左師，樂豫為司馬，鱗矔為司徒，公子蕩為司城，華御事為司寇。昭公將去羣公子，樂豫曰：「不可，公族，公室之枝葉也；若去之，則本根無所庇廕矣。葛藟猶能庇其本根，故君子以為比，況國君乎？此諺所謂『庇焉，而縱尋斧焉』者也，必不可。君其圖之！親之以德，皆股肱也，誰敢攜貳？若之何去之？」不聽。穆、襄之族，率國人以攻公，殺公孫固、公孫鄭于公宮。六卿和公室，樂豫舍司馬，以讓公子卬。昭公即位而葬。書曰「宋人殺其大夫」，不稱名，眾也，且言非其罪也。〔註97〕

楊伯峻據傳文觀之，認為宋昭公所去的羣公子，只是反對他的羣公子而已，並不是所有的羣公子。因此，《左傳》所謂六卿，就是指這一些和宋昭公不同派系的公卿之族，因為不受親信，所以由穆、襄之族率領國人和宋昭公作戰。《春秋左傳正義》注云：「《傳》言『六卿』，皆公族。昭公不親信之，所以致亂。」〔註98〕這場戰役，宋昭公雖然獲勝，卻損失公孫固、公孫鄭二人。《春秋左傳注》云：

〔註94〕《春秋左傳正義》，頁316至317。
〔註95〕《史記會注考證》，頁613至616。
〔註96〕《春秋左傳注》，頁556。
〔註97〕《春秋經傳集解》，頁134。
〔註98〕《春秋左傳正義》，頁316。

昭公欲去之羣公子，自是公族中之一部份，而非全部之羣公子。不
然，公孫固、公孫鄭不得被殺于公宮。據《傳》，「穆、襄之族率國
人以攻公」，或謂所去之羣公子盡為穆、襄之族，亦未必然。文八年
《傳》云：「夫人因戴氏之族以殺襄公之孫孔叔、公孫鍾離，及大司
馬公子印，皆昭公之黨也。」昭公黨羽中有襄公之孫，則不得盡去
其族也明矣。觀下文「親之以德，皆股肱也，誰敢攜貳」之諫，蓋
昭公之欲去者，其不從己之公族也。〔註99〕

　　《春秋》對於這場穆、襄禍亂，只寫「宋人殺其大夫」，而不寫出誰殺
了公孫固、公孫鄭二人。杜預的解釋是，依《春秋》筆法來說，沒有寫出殺
人者的名號，表示當時現場人多，多到難以得知真正動手殺人的是誰，因此
死在誰手上很難確定。〔註100〕不寫出被殺者的名號，是因為被殺的無罪，
所以不標出名號來表示死者無罪。同理，魯文公八年又發生一起殺大夫的案
件，也是不標出雙方名號。

　　宋襄夫人是周襄王的姐姐，是宋襄公的夫人。楊伯峻考證後，認為這位
宋襄公的夫人是繼室，就算是繼室，依輩份來說也算是宋昭公的祖母。《春秋
左傳注》云：「《禮記‧檀公上》云：『宋襄公葬其夫人，醯醢百甕。』是宋襄
有夫人死在其生前，而此時距宋襄之死已十八年，則此蓋其繼室。」〔註101〕
對這位女性長輩，宋昭公對她很不禮遇。魯文公八年，，宋襄夫人依靠著戴
族，殺掉宋昭公的黨羽，孔叔（宋襄公的兒子）、公孫鍾離、公子印（宋昭公
的弟弟）都死在這場禍事；蕩意諸（公子蕩的孫子）出奔到魯國，魯文公接
納蕩意諸他們並且給予原來的官職，因此《春秋》不記名字只記官職，是為
了表示尊重蕩意諸他們。所謂「戴族」，〔註102〕是指宋戴公的後代，分別有
華、樂、皇三姓，統稱為「戴族」。《左傳》文公八年云：

　　宋襄夫人，襄王之姊也，昭公不禮焉。夫人因戴氏之族，以殺襄公
　　之孫孔叔、公孫鍾離，及大司馬公子印，皆昭公之黨也。司馬握節
　　以死，故書以官。司城蕩意諸來奔，效節於府人而出。公以其官逆

〔註99〕《春秋左傳注》，頁557。
〔註100〕杜注：「不稱殺者及死者名。殺者眾，故名不可知。死者無罪，則例不稱名。」
　　　　見《春秋經傳集解》，頁134。
〔註101〕《春秋左傳注》，頁567。
〔註102〕《春秋左傳注》云：「據杜〈注〉，宋之華、樂、皇三氏皆為戴公之後，為戴
　　　　族。」，頁567。

之，皆復之。亦書以官，皆貴之也。〔註103〕

　　雖然宋昭公的黨羽損失不少，宋昭公還是依舊保有宋國君位。根據《史記》「成公少子杵臼」一語，得知宋昭公杵臼，只是宋成公的少子，不是世子，也不是庶子，以此判斷宋成公的兒子不只一位，光《左傳》有記錄的就有少子杵臼、公子卬、公子鮑三人。戴族禍事之後，公子卬死去，宋成公的兒子只剩宋昭公（公子杵臼）和公子鮑兩人。

　　關於公子鮑，在《左傳》的描述裡是一位對國人十分禮遇的人。宋國曾經發生過饑荒，公子鮑就把自己的糧食全部拿出施捨。只要年紀在七十歲以上的人，都被公子鮑妥善照顧過。公子鮑每天出入六卿的大門，對國內有才華的人會善加奉事。對親族裡自宋桓公以下的子孫，公子鮑都會加以救濟。從以上種種行為，推知公子鮑對待親友、人民都十分友善好禮。《左傳》文公十六年云：

> 宋公子鮑禮於國人。宋饑，竭其粟而貸之。年自七十以上，無不饋詒也。時加羞珍異。無日不數於六卿之門。國之材人，無不事也。親自桓以下，無不恤也。公子鮑美而豔，襄夫人欲通之，而不可，乃助之施。昭公無道，國人奉公子鮑以因夫人。〔註104〕

　　同時，公子鮑的長相也十分美豔，連祖母輩的宋襄夫人都想和他私通。不過，被公子鮑拒絕了，於是宋襄夫人轉而協助公子鮑施捨。《左傳》只用「無道」二字形容當時的宋昭公，雖然不清楚宋昭公詳細的無道舉動，和公子鮑樂善好施、知禮守份的行為相比，公子鮑肯定比宋昭公更得人喜愛。事實上，宋國人也因為宋襄夫人的關係，而對公子鮑特別擁護。

　　不久之後，宋襄夫人對於宋昭公的無禮、無道，似乎忍無可忍，決定趁宋昭公在孟諸田獵的時候，派人殺掉宋昭公。這消息宋昭公也事先知悉，卻還是照舊前往孟諸田獵，並且攜帶全部的珍寶出行。蕩意諸曾經勸過宋昭公出奔，宋昭公認為其他諸侯，不會接受不被臣民和君祖母信任的自己，寧願選擇身為君主而死，也不願成為他人臣下而苟活。《左傳》文公十六年云：

> 既，夫人將使公田孟諸而殺之，公知之，盡以寶行。蕩意諸曰：「盍適諸侯？」公曰：「不能其大夫，至于君祖母，以及國人，諸侯誰納我？且既為人君，而又為人臣，不如死。」盡以其寶賜左右，而

〔註103〕《春秋經傳集解》，頁136。
〔註104〕《春秋經傳集解》，頁145。

使行。夫人使謂司城去公，對曰：「臣之而逃其難，若後君何？」冬，十一月，甲寅，宋昭公將田孟諸，未至，夫人王姬使帥甸攻而殺之，蕩意諸死之。書曰「宋人弒其君杵臼」，君無道也。文公即位。〔註105〕

於是，宋昭公將攜帶出的珍寶全部賜給左右隨行者，然後讓他們離去。宋襄夫人曾經讓蕩意諸離開宋昭公，但是蕩意諸認為因為災禍逃離宋昭公，以後也無法侍奉新的國君，拒絕了宋襄夫人的好意。魯文公十六年，十一月甲寅日，宋昭公在前往孟諸的路上，被宋襄夫人派來的帥甸殺死，蕩意諸也因此死亡，之後由公子鮑即位為宋文公。對於宋昭公被殺，《春秋》只寫「宋人弒其君杵臼」，不寫出帥甸的名字，是為了表示宋昭公之所以被殺，是宋昭公自己「無道」造成的後果。

分析宋昭公見弒一案，除了《春秋》指明的無道之外，其實和宋襄夫人、公子鮑、帥甸有很大的關係。宋襄夫人身為宋襄公的夫人，論輩是公子鮑的祖母，卻因為公子鮑貌美而有意私通，不止違背夫人應有的禮儀，也是亂倫，不能免其「伴侶無狀」的批評。雖然公子鮑拒絕了宋襄夫人私通的邀請，從宋襄夫人的協助行動，可以看出公子鮑身為前任國君兒子的身份，是有繼承君位的資格。無論公子鮑本身有無爭權奪位的意願，然而宋襄夫人求愛不成，將愛意轉移助公子鮑為君，算是人之常情；何況當時的宋昭公無道，又對宋襄夫人無禮過，因此助長宋襄夫人可能擅自決定，幫公子鮑奪取君位，形成「嗣親奪權」的局面。當時，宋昭公還在位，帥甸就是宋昭公的臣子，卻聽從宋襄夫人的言語，動手殺掉自己的君主，可知在帥甸心中，並沒有宋昭公這位君主，才敢妄行弒君，正是「臣僕專擅」。總之，宋昭公見弒，雖是無道致死，亦包括「伴侶無狀」、「嗣親奪權」、「臣僕專擅」等弒君因素。

## 四、齊邴、閻殺齊懿公（文公十八年，公元前六〇九年）

### （一）弒君事件概述

齊桓公因寵妾眾多，死後造成諸公子嗣位之爭，國內政治動亂不已。魯僖公十七年，公子無虧即位為齊君。魯僖公十八年，齊人殺死無虧，立世子昭為齊孝公；〔註106〕齊孝公死後由公子潘即位為齊昭公。魯文公十四年齊

---

〔註105〕《春秋經傳集解》，頁145至146。
〔註106〕《左傳》僖公八年云：「三月，齊人殺無虧。」見《春秋經傳集解》，頁104。

昭公逝去，兒子舍繼位爲齊君。同年，公子商人殺掉齊君舍自立爲齊懿公。
〔註107〕魯文公十八年，齊國人殺掉齊懿公，〔註108〕改立公子元爲齊惠公。

## （二）弒君原因分析

　　如前文提及，齊桓公曾事先立公子昭爲世子，日後卻因爲美食寵信雍巫
（即易牙），應允改立公子無虧爲世子，親手種下諸子奪權的種子。公子無
虧在雍巫、寺人貂（即豎刁）的協助下成爲齊君，不久被齊人殺死，由宋國
護送世子昭回國，正式擁立爲齊孝公。孝公在位十年，於魯僖公二十七年卒。
〔註109〕依照常理來說，齊孝公如果有生下兒子，死後應該由兒子繼承君位。
除非沒有兒子，才由其他還活著的兄弟繼承君位。從《史記》「殺孝公子而
立潘」幾字可以得知，原本齊孝公死後，應該是由其子繼承君位，不料卻被
衛公子開方所殺，改立齊公的弟弟公子潘爲齊昭公。〔註110〕但《春秋左傳
注》云：「此事《經》、《傳》未載。」〔註111〕、又《史記會注考證》考證云：
「梁玉繩曰：『此事三傳不載，別有所本也。』」〔註112〕足證《經》、《傳》
未提，因此衛公子開方殺齊孝公之子一事，本文不列爲弒君案件。

　　衛公子開方，在《春秋》、《左傳》、《史記》都沒有詳細的記錄，只有當
初齊桓公在管仲死前問相的時候，提到這個人。〔註113〕裴駰的《集解》說
明，公子開方本來是衛國的世子，拋下世子的身份而前來齊國任官。《史記
會注考證》集解云：「管仲曰：『衛公子開方，去其千乘之太子而臣事君也。』」
〔註114〕裴駰的說法來自《管子》一書，〔註115〕當時衛懿公戰敗，衛公子開
方雖然身爲衛懿公的長子，因爲心慕齊強，自願成爲齊國的臣子。

　　齊桓公因此寵信衛公子開方，甚至聽從衛公子開方的建議，迎娶兩位衛

---

〔註107〕《春秋》文公十四年云：「齊公子商人弒其君舍。」見《春秋經傳集解》，頁
　　　　142。
〔註108〕《春秋》文公十八年云：「齊人弒其君商人。」見《春秋經傳集解》，頁147。
〔註109〕《春秋》僖公二十七年云：「夏，六月，庚寅，齊侯昭卒。秋，八月，乙未，
　　　　葬齊孝公。」見《春秋經傳集解》，頁116。
〔註110〕〈齊太公世家〉云：「十年，孝公卒，孝公弟潘，因衛公子開方，殺孝公子而
　　　　立潘，是爲昭公。昭公，桓公子也，其母曰葛嬴。」見《史記會注考證》，頁
　　　　557。
〔註111〕《春秋左傳注》，頁443。
〔註112〕《史記會注考證》，頁557。
〔註113〕《史記會注考證》，頁556。
〔註114〕《史記會注考證》，頁556。
〔註115〕《史記會注考證》考證云：「《集解》據《管子・戒篇》。」，頁556。

姬，寵愛非常，分別生下了公子無虧和公子元。依照傳統的嫡長繼承制，齊孝公死後，齊孝公的兒子就是理所當然的繼承人。《左傳》僖公十七年云：「長衛姬生武孟，少衛姬生惠公，鄭姬生孝公，葛嬴生昭公，密姬生懿公，宋華子生公子雍。」〔註116〕雖然《經》《傳》沒有記載，但衛公子開方欲立公子潘為齊君，必先殺孝公之子。

衛公子開方身為臣子，妄行廢立殺戮，肯定符合「臣僕專擅」的行為。此外，衛公子開方處心積慮讓公子潘成為齊君，推源還是出在齊桓公所釀成的「嗣親奪權」場面。如果不是齊桓公開起諸公子爭奪君位的野心，公子元、公子無虧、公子潘、公子商人不會與世子昭爭君權；既然都敢和世子昭爭權奪利，更不可能在齊孝公即位後就放棄爭權奪位。從公子商人散盡家產，努力培養聲望勢力的情形推測，〔註117〕就能得知齊桓公引發的「嗣親奪權」還沒結束。

經過長時期的計劃，公子商人終於登上君位，自立為齊懿公。早在齊懿公還是公子商人的時候，曾經和邴歜的父親有過爭執。《左傳》文公十八年云：「齊懿公之為公子也，與邴歜之父爭田，弗勝。」〔註118〕兩人為了爭奪過田地而起衝突，爭奪的後果是公子商人失敗，這讓公子商人覺得很沒面子，一直記在心上。

等到商人自立為齊懿公後，準備報當初爭執仇隙，然而在他即位時，邴歜的父親早已逝世，不在人間。記恨的齊懿公，竟然派人挖出邴歜父親的屍體，砍斷屍體的腳後才解氣，然後竟然還讓邴歜成為自己駕車的奴僕。《左傳》文公十八年云：「及即位，乃掘而刖之，而使歜僕。」〔註119〕死者為大，更何況傳統上一直保持著全屍的概念，如今邴歜父親的屍體無法保有全屍，身為兒子的邴歜，心中自然有所不滿。只是面對身為君主的齊懿公，暫時不能與之為敵，唯有等待機會報仇。

除了邴歜外，閻職也遭遇雷同的情況。齊懿公奪取閻職的妻子，成為自己的伴侶，竟然還讓閻職也擔任驂乘職位。《左傳》文公十八年云：「納閻職之妻，而使職驂乘。」〔註120〕根據太史公的說法，齊懿公看中閻職（即庸職）

---

〔註116〕《春秋經傳集解》，頁104。
〔註117〕《左傳》文公十四年云：「公子商人驟施於國，而多聚士，盡其家，貸於公有司以繼之。」見《春秋經傳集解》，頁142。
〔註118〕《春秋經傳集解》，頁147。
〔註119〕《春秋經傳集解》，頁147。
〔註120〕《春秋經傳集解》，頁147。

妻子的美色，因而奪來佔爲己有。〈齊太公世家〉云：「庸職之妻好，公內之宮。」〔註121〕君奪臣妻，顯見齊懿公之無行。損毀他人父親的屍體，奪取臣下的妻子，齊懿公的行爲算得上暴虐。更詭異的是，齊懿公竟然還讓這二位有仇怨的人靠近自己，放在身邊擔任貼身僕吏，不知是爲了補償，還是爲了羞辱；齊懿公行止無良，已達匪夷所思的地步。

　　魯文公十八年，春季，齊懿公生病，醫生問診完後，認爲齊懿公的病不但無法痊癒，還會危及性命，指出齊懿公活不過秋天就會死去。《左傳》文公十八年云：「春，齊侯戒師期，而有疾。醫曰：『不及秋，將死。』」〔註122〕夏季，齊懿公跑到申池遊玩，連帶陪在身邊的邴歜、閻職也隨行前往。邴歜和閻職泡在池中洗澡的時候，邴歜突然用馬鞭編打閻職，莫名其妙被攻擊的閻職自然十分生氣。邴歜卻在此時以言語譏諷，認爲閻職連妻子被奪都不敢發怒，輕輕被鞭打又何妨。聞言，閻職也不甘示弱，反譏比起父親屍身被毀，默不吭聲的邴歜好許多。《左傳》文公十八年云：「夏，五月，公游于申池。二人浴于池，歜以扑抶職，職怒，歜曰：『人奪女妻而不怒，一抶女，庸何傷？』職曰：『與刖其父而弗能病者，何如？』乃謀弒懿公，納諸竹中。歸，舍爵而行。齊人立公子元。」〔註123〕兩人心中早就積怨已久，如今說開後，加上遠離都城，於是當場策劃，除掉彼此的仇人齊懿公。

　　《左傳》描述兩人殺掉齊懿公後，將齊懿公的屍體放在竹林中，然後回到宗廟祭拜，擺好酒杯後，光明正大的離開而不受阻撓。《史記》則描述兩人趁齊懿公在竹林中遊玩時，在馬車上殺掉齊懿公，棄屍竹林裡後逃走。〈齊太公世家〉云：「職曰：『斷足子！』戎曰：『奪妻者！』二人俱病此言，乃怨。謀與公游竹中，二人弒懿公車上，棄竹中而亡去。」〔註124〕從邴歜的突然發難，不難看出其實早就懷怨在心，只是一直在等待機會，尋求幫手報仇。孤掌難鳴，因此邴歜有意激起閻職的殺意，才會故意攻擊閻職。

　　邴歜、閻職二人，雖然有私怨的理由殺掉君主，終究還是以齊懿公僕臣的身份，妄殺自己的君主，舉止符合「臣僕專擅」。另外，《左傳》記錄邴歜、閻職二人殺掉齊懿公後，還能來去自如，在無人攔阻的狀況下離開。兩人都只是小小的僕臣，沒有驚人的怪力，沒有駭人的腦力，卻能夠在殺掉君主後

〔註121〕《史記會注考證》，頁557。
〔註122〕《春秋經傳集解》，頁147。
〔註123〕《春秋經傳集解》，頁147。
〔註124〕《史記會注考證》，頁557。

安然無恙。這可能代表齊懿公即位之後，在齊國聲望直落，根本就不受國人歡迎，恐怕是巴不得他趕緊下台，所以邴歜、閻職二人，算是實現眾人不可說的心願，因此沒人想找邴歜、閻職二人，聲討弒君大罪。

太史公記錄邴歜、閻職二人，把齊懿公棄屍竹林中逃逸後，補文說明自齊懿公即位，驕傲自信，導致齊人民心背離，齊懿公完全失民卻還不自知，連帶影響著自己的兒子，竟然被齊國人民廢除君位，改立齊桓公和少衛姬生的兒子公子元爲齊惠公。〈齊太公世家〉云：「懿公之立，驕，民不附。齊人廢其子，而迎公子元於衛立之，是爲惠公。」〔註125〕當初處心積慮取得的君位，最終仍是旁落他人手中。

齊桓公親手揭開的「嗣親奪權」戲碼，在齊桓公死後持續上演。雍巫等人，改立公子無虧；衛公子開方殺齊孝公之子，另立公子潘；公子商人殺齊君舍自立，最後君位落到公子元身上；「嗣親奪權」的亂象，終於邁向終點。造成許多子孫之間的自相殘殺，身爲五霸的齊桓公若是死後有知，恐怕會悔不當初。齊懿公的死，實和齊桓公開啓的「嗣親奪權」戲碼無關，因爲公子元並沒有出手和齊懿公爭奪權位；齊君的位子是人民主動送到公子元手中。齊民會將君位轉送他人，而不立齊懿公兒子爲君，簡單來說就是父過子償，一位不受人民擁戴的君主，連帶兒子也受影響。

齊懿公主要死在邴歜、閻職二人手上，二人以齊懿公僕臣的身份，基於個人恩怨妄行殺戮，從身爲僕臣的身份來說，已是「臣僕專擅」。齊懿公不得民心，所以弒君的邴歜、閻職二人，沒有受到太大的譴責，《春秋》也沒寫明是邴歜、閻職二人弒君，而是書寫「齊人弒其君商人」。《春秋左傳正義》疏云：「而云：『弒君，稱君，君無道。』者。弒君之人，固爲大罪，欲見君之無道，罪亦合弒……而稱國、稱人以弒，言眾之所共絕也。」〔註126〕只是縱使「君不君」，身爲臣子也無權「臣不臣」，〔註127〕邴歜、閻職二人挾怨弒君的行爲還是不可取的。

# 五、魯襄仲殺魯君惡（文公十八年，公元前六○九年）

## （一）弒君事件概述

〔註125〕《史記會注考證》，頁557。
〔註126〕《春秋左傳正義》，頁369。
〔註127〕《春秋左傳正義》疏云：「然君雖不君，臣不可以不臣。」，頁369。

　　魯文公十八年春季，魯文公逝世。《春秋》文公十八年云：「春，王二月，丁丑，公薨于臺下。」〔註128〕魯文公長妃是齊國的姜氏，生有公子惡、公子視兩個兒子；次妃敬嬴比較受寵，生有兒子魯宣公，私下與襄仲結交。襄仲想立魯宣公為魯國國君。叔仲不同意，於是襄仲前往齊國請求協助。《左傳》文公十八年云：「冬，十月，仲殺惡及視，而立宣公。」〔註129〕同年冬季，襄仲殺死魯君惡和公子視二人，擁立魯宣公成為國君。

## （二）弒君原因分析

　　即位十八年後，魯文公逝世，死前沒有決定世子是誰，也沒有指明下一任君主由誰擔任。若兒子只有一位，倒不必擔心君位繼承問題，但魯文公總共有二位寵妃，分別都生下兒子，一場君位爭奪戰就此開始。魯文公十八年，六月安葬魯文公，秋季時襄仲和莊叔前往齊國，一面慶祝齊惠公新立，一面謝齊會葬。〔註130〕

　　楊伯峻認為《左傳》記錄「文公有二妃」，後文只接敬嬴一人，文意似乎有所缺漏。《春秋左傳注》云：「《傳》蓋本云『文公二妃，元妃齊姜，生惡及視；次妃敬嬴，生宣公』。此句若以為無脫文，則可讀作『文公二妃敬嬴，生宣公』，二妃猶言次妃也。亦猶十四年《傳》之『邾文公元妃齊姜，生定公，二妃敬姬，生捷菑』。」〔註131〕參考〈魯周公世家〉所錄：「文公有二妃：長妃齊女，為哀姜，生子惡及視；次妃敬嬴嬖愛，生子俀。」〔註132〕這二妃應該是：長妃齊女哀姜，生下公子惡、公子視二子；次妃敬嬴，生下公子俀。

　　因為敬嬴不是夫人，她所生的公子俀身為庶子，在嫡長子公子惡、嫡子公子視存在的時候，原則上是不能繼承君位。為了讓兒子公子俀成為魯君，敬嬴私下將公子俀委託襄仲照顧，祈望襄仲可以擁立公子俀為魯君。襄仲本身也有意擁立公子俀為魯君，不料卻遭到叔仲的反對，襄仲只好去請求齊惠公的協助。公子惡雖然是齊國哀姜所生，與齊惠公有血緣關係，但是公子惡

---

〔註128〕《春秋經傳集解》，頁147。
〔註129〕《春秋經傳集解》，頁147。
〔註130〕《左傳》文公十八年云：「六月，葬文公。秋，襄仲、莊叔如齊，惠公立故，且拜葬也。文公二妃敬嬴，生宣公，敬嬴嬖，而私事襄仲。宣公長，而屬諸襄仲，襄仲欲立之，叔仲不可。仲見于齊侯而請之，齊侯新立，而欲親魯，許之。」見《春秋經傳集解》，頁147。
〔註131〕《春秋左傳注》，頁631。
〔註132〕《史記會注考證》，頁574。

身爲嫡子，理所當然會繼承，若是齊惠公擁立理所當然會繼承的嫡子公子惡，事成後無法得到公子惡太多的回報。反之，公子俀按理無法繼承，若是齊惠公擁立公子俀成功，公子俀自然欠齊惠公恩情，對齊惠公的回報也比較可觀。《春秋左傳正義》云：「惡是齊甥，齊侯許廢惡者，惡以世適嗣立，不受齊恩。宣以非分得國，荷恩必厚。齊侯新立，欲親魯爲援，故許之。」〔註133〕適巧齊惠公剛即位，有意與魯國交好，於是同意協助襄仲擁立公子俀爲魯君。

《左傳》文公十八年云：

> 冬，十月，仲殺惡及視，而立宣公。書曰「子卒」，諱之也。仲以君命召惠伯，其宰公冉務人止之，曰：「入必死。」叔仲曰：「死君命可也。」公冉務人曰：「若君命可死，非君命何聽？」弗聽，乃入，殺而埋之馬矢之中。〔註134〕

魯文公十八年冬季，魯文公逝世後，嫡長子公子惡按理繼承君位，然而襄仲卻殺掉魯君惡和公子視，改立公子俀爲魯宣公，然後以國君的命令，召回惠伯（即叔仲、叔彭生）。〔註135〕惠伯對於這項君命，公冉務人認爲此去必死，勸阻叔仲前往。只是惠伯抱持著，若是聽從君命而死也無妨的心態，執意前往。公冉務人可以接受惠伯爲眞君命而死，但無法認同聽從假君命。

眞假君命，單純從字面來看，魯宣公不該即位爲君，因此被公冉務人視爲「假」君，勸阻惠伯別爲「假」君命令前往赴死。不過，杜預解釋此處的君命，名義上是出自魯君惡的命令，因爲按理公子惡應該繼承君位。《春秋左傳注》云：「文公死，太子惡當立，則此『君』乃指惡，故杜〈注〉云『詐以子惡命』。」〔註136〕若是惠伯還不知道魯君惡、公子視已經被殺的消息，襄仲就有可能假造魯君惡的命令，騙取惠伯前來送死。若是惠伯已經知道即位的是公子俀，還聽從襄仲發布新任魯君魯宣公的君命回城，惠伯就是抱著爲魯君惡殉身的心態前往。無論是哪一個，公冉務人的勸阻都止不住叔仲的死亡。順應君命回去的惠伯，不但被殺掉，屍體還被埋在「馬矢」（即馬糞）中，〔註137〕惠伯的下場如此難堪，實在可嘆。

---

〔註133〕《春秋左傳正義》，頁351。

〔註134〕《春秋經傳集解》，頁147。

〔註135〕《春秋左傳注》云：「叔仲，惠伯也，即叔彭生。」，頁631。

〔註136〕《春秋左傳注》，頁632。

〔註137〕《春秋左傳注》云：「沈欽韓《補注》曰：『《說文》：「蔄，糞也」。』《韻會》云：『通作矢。』《莊子・人間世篇》：『夫愛馬者以筐承矢。』《音義》：『矢或

　　公子惡身爲儲君，在前任君主喪期未過就死亡，《春秋》只寫「子卒」二字，「卒」字看來像是自殺，但事實上是他殺，並非自殺，可見又是《春秋》避諱的筆法。當前任國君喪期還沒過之前，新任國君就死了，就稱爲「子」，因此魯君惡的死亡，就用「子卒」二字帶過。《春秋左傳注》云：「不書『弒』或『殺』，而書卒，似其自死，故云諱之。公侯在喪稱子，見僖九年《傳》。《公羊傳》云：『「子卒」者孰謂？謂子赤也。』以『赤』是其名，與《傳》名惡者不同。視及惠伯之死皆不書，亦不得不諱之也。」〔註138〕至於公子視的死和惠伯的死，《春秋》都不寫明，只見《左傳》記錄，也是《春秋》避諱的筆法所致。

　　分析魯君惡見弒，魯文公首當其責。魯文公沒能先指定儲君，促成敬嬴恃寵，干涉君位繼承；私下勾結襄仲廢嫡立庶，意圖讓公子俀成爲新任魯君，所作所爲展現「伴侶無狀」的無禮行爲，還同時開啓「嗣親奪權」的狀況。至於襄仲，身爲人臣，無視嫡長繼承制，爲一己利欲殺嫡立庶，所作所爲符合「臣僕專擅」。因此，魯襄仲殺魯君惡的弒君案件，符合「伴侶無狀」、「嗣親奪權」、「臣僕專擅」等弒君因素。

## 六、莒公僕殺莒紀公（文公十八年，公元前六〇九年）

### （一）弒君事件概述

　　莒紀公先立世子僕，後來廢世子僕，改立季佗爲世子。《左傳》文公十八年云：「僕因國人以弒紀公。」〔註139〕魯文公十八年，前世子僕依靠國人的力量，殺了莒紀公。

### （二）弒君原因分析

　　現任國君如果在死前沒決定好繼承人，容易引發君位爭奪戰。當然，如果立了世子，後來又廢世子，另外改立世子，同樣容易引發君位爭奪戰，嚴重的連自己的君位都被篡掉，性命不保，不止是死後嗣親間爭奪君位而已。《左傳》原文「莒紀公子」四字，「子」字是衍文，可以刪去。〔註140〕莒紀

---

　　　　作屍。』」，頁632。
〔註138〕《春秋左傳注》，頁632。
〔註139〕《春秋經傳集解》，頁148。
〔註140〕《春秋左傳注》云：「阮刻本『公』下衍『子』字，據《校勘記》及各本刪正。」，頁633。

公先後生下二位兒子，長子僕生出來的時候，莒紀公就事先立僕爲世子。不久，又生下季佗，莒紀公因爲偏愛季佗，故而廢掉僕的世子封號，改立季佗爲世子。光從妄行廢立來看，推想莒紀公是一位不管後果，非常隨性而行的君主。

　　《左傳》在文後加上「多行無禮於國」六字，是指莒紀公在國內做了許多不合禮的事情，再加上《春秋》把被殺的莒紀公名字「庶其」二字挑明，〔註141〕可見莒紀公本身是無道國君。通常無道國君，最容易受國民唾棄，前世子僕就是依靠著莒國人民的力量，殺掉紀公。本來殺掉紀公後，前世子僕大可以自立爲君，可是僕沒有自立爲君，反而盜取寶玉投奔魯國，尋求魯宣公的接納。關於莒紀公死後的繼承，《左傳》沒有記錄，由前世子僕盜取寶玉投奔魯國推想，世子季佗在這場弒君事件中，應該沒有失去性命，因此前世子僕雖然殺掉莒紀公，卻還有另一位正統君主，世子季佗的存在。前世子僕恐怕就是躲避世子季佗的討罪，才會出奔魯國。

　　面對攜帶寶玉的莒公子僕，魯宣公十分歡迎，下令當天就要授與公子僕食邑。沒想到季文子卻派司寇把莒公子僕趕出國境，並且強調當天就要趕出國境。對於季文子的堅決，魯宣公十分不解。季文子引用魯國先大夫臧文仲的話回應，認爲對國君有禮的人要好好事奉，反之對國君無禮的人要驅逐、誅戮。引用《周禮》，說明禮儀是用來觀察德行，德行用來處理事情，事情用來衡量功勞，功勞用來取食於民。引用《誓命》說明毀棄禮是賊，窩藏賊是藏，竊取財是盜，盜寶器是姦。更何況窩藏贓物的名聲，和取用姦人的寶器，都是極大的凶德，國家是有相應的刑罰，無法赦免。《左傳》文公十八年云：

> 莒紀公子生大子僕，又生季佗，愛季佗而黜僕，且多行無禮於國。僕因國人以弒紀公，以其寶玉來奔，納諸宣公。公命與之邑，曰：「今日必授。」季文子使司寇出諸竟，曰：「今日必達。」公問其故，季文子使大史克對曰：「先大夫臧文仲，教行父事君之禮，行父奉以周旋，弗敢失隊。曰：『見有禮於其君者事之，如孝子之養父母也；見無禮於其君者誅之，如鷹鸇之逐鳥雀也。』先君周公制《周禮》曰：『則以觀德，德以處事，事以度功，功以食民。』作〈誓命〉曰：『毀則爲賊，掩賊爲藏。竊賄爲盜，盜器爲姦。主藏之名，賴姦之用，

---

〔註141〕《春秋》文公十八年云：「莒弒其君庶其。」見《春秋經傳集解》，頁147。

爲大凶德。有常無赦,在九刑不忘。』行父還觀莒僕,莫可則也。
孝、敬、忠、信,爲吉德;盜、賊、藏、姦,爲凶德。夫莒僕,則
其孝敬,則弒君父矣,則其忠信,則竊寶玉矣;其人,則盜賊也;
其器,則姦兆也;保而利之,則主藏也。以訓則昏,民無則焉,不
度於善,而皆在於凶德,是以去之。〔註142〕

依據季文子的觀察,前來投奔的莒公子僕,論孝敬是個弒君殺父的人,論忠信是個偷盜寶器的人,可見莒公子僕,論人是盜賊,論寶器是贓物。若是魯宣公接納了莒公子僕和他的寶器,對百姓就是一種示範教育,會造成百姓昏亂無法,因此季文子爲了魯國好,必須趕走莒公子僕。可見,就算莒公子僕殺掉無道莒君,行爲上的缺失,還是不能被接受;再一次印證所謂君可以不君,臣不可以不臣的論點。

綜觀莒紀公見弒,在於擅行廢立引發的「匹嫡」而致「嗣親奪權」危機。既得利益者,一旦被剝奪原擁有權益,一定會心懷不甘,想方設法取回。恰巧,莒紀公的行爲又符合「無道」君主的形象,因此讓前世子僕率領莒民弒君。公子僕利用民眾的力量弒君,說明人民有參加弒君行動,凡國民都是廣義的臣僕,所以莒民助前世子僕弒君的行爲,也算符合「臣僕專擅」。

# 第三節　宣公時期的弒君事件

## 一、晉趙穿殺晉靈公（宣公二年,公元前六〇七年）

### （一）弒君事件概述

魯文公六年,晉襄公逝世。當時晉靈公還年幼,晉國人由於發生禍難的緣故,想要立年長的國君。《左傳》文公六年云:「八月,乙亥,晉襄公卒。靈公少,晉人以難故,欲立長君。」〔註143〕趙孟想擁立公子雍,派士會到秦國迎接公子雍;賈季想擁立公子樂,也派人到陳國迎接公子樂,故趙孟派人在郫地殺了公子樂。《左傳》文公六年云:「使先蔑、士會如秦,逆公子雍。賈季亦使召公子樂于陳,趙孟使殺諸郫。」〔註144〕爲了安然護送公子雍回國

〔註142〕《春秋經傳集解》,頁148。
〔註143〕《春秋經傳集解》,頁133。
〔註144〕《春秋經傳集解》,頁133。

即位，秦康公讓許多步兵衛士跟隨。

　　未料，穆嬴日日抱著晉靈公啼哭，晉國的大夫們害怕穆嬴，又害怕公子雍帶來的軍衛，因此背棄到秦國迎接公子雍的先蔑，改立晉靈公爲晉國國君，並起兵對抗秦君。《左傳》文公七年云：「穆嬴日抱太子以啼于朝……出朝，則抱以適趙氏……宣子與諸大夫皆患穆嬴，且畏偪，乃背先蔑而立靈公，以禦秦師。」〔註145〕秋季，晉靈公即位。晉靈公做事不合君道，趙盾和士會時常進諫，晉靈公仍舊行爲不改，甚至連續伏殺趙盾失敗，趙盾倖免於難後就逃亡了。《左傳》宣公二年云：「乙丑，趙穿攻靈公於桃園。」〔註146〕魯宣公二年乙丑日，趙穿在桃園殺死晉靈公。

## （二）弒君原因分析

　　晉襄公逝世之後，身爲嫡子的夷皋還被抱在懷中，加上晉襄公還有其他年長的兒子。〔註147〕晉國的臣子們，爲了解決連年秦、狄、楚的侵犯，興起立年長國君的想法，不想立個年幼、無法掌事的幼君，於是紛紛爲了立哪一位公子而意見分歧。

　　趙孟（即趙盾），〔註148〕首先推薦公子雍，認爲公子雍的母親杜祁本來位列第二，因爲數次讓位才列次第四，身懷讓位賢德道義。〔註149〕公子雍年長樂善好施，受晉文公寵愛。而且還親近秦國，強大外援可以穩固晉國國勢，威臨百姓。賈季則推薦公子樂，認爲公子樂的母親辰嬴受到兩朝國君的寵愛，比較受百姓擁戴。趙孟反駁賈季的提議，認爲辰嬴地位低賤，位次在九，造成公子樂缺乏威嚴。〔註150〕辰嬴受到晉懷公、晉文公兩位國君的寵幸，算是淫蕩；以及公子樂只能出居小國，過於鄙陋，缺乏強大外援。由於各大夫堅持己見，紛紛派人去迎接自己推薦的國君人選，趙盾甚至遣人殺害公子樂，阻止公子樂和公子雍爭位。《左傳》文公六年云：

〔註145〕《春秋經傳集解》，頁134。
〔註146〕《春秋經傳集解》，頁152。
〔註147〕《春秋左傳注》云：「晉國當時有何患難，《傳》未言及。顧炎武《補正》云：『謂連年有秦、狄之師，楚伐與國。』」，頁550。
〔註148〕《春秋左傳注》云：「趙孟即趙盾，自趙盾以後，趙氏世稱孟。」，頁550。
〔註149〕《春秋左傳注》云：「辰嬴班在九，趙盾以爲賤，則杜祁班在四，亦未必貴，此所以釋之，然則杜祁班本在二也，並以見杜祁之賢。」，頁552。
〔註150〕《春秋左傳注》云：「辰嬴即僖二十二年《傳》子圉之妻嬴氏，二十三年《傳》之懷嬴。謂之懷嬴者，當時猶晉懷公之妻也。後又嫁文公，故今改謂爲辰嬴，辰或其謚也。」，頁551。

趙盾曰：「立公子雍。好善而長，先君愛之，且近於秦。秦，舊好也，
置善則固，事長則順，立愛則孝，結舊則安。爲難故，故欲立長君。
有此四德者，難必抒矣。」賈季曰：「不如立公子樂。辰嬴嬖於二君，
立其子，民必安之。」趙盾曰：「辰嬴賤班在九人，其子何震之有，
且爲二嬖，淫也。爲先君子，不能求大，而出在小國，辟也。母淫，
子辟，無威。陳小而遠，無援，將何安焉？杜祁以君故，讓偪姞而
上之。以狄故，讓季隗而己次之，故班在四，先君是以愛其子，而
仕諸秦，爲亞卿焉。秦大而近，足以爲援；母義子愛，足以威民；
立之不亦可乎？」使先蔑、士會如秦，逆公子雍。賈季亦使召公子
樂于陳，趙盾使殺諸郫。〔註151〕

面對諸大夫捨嫡外求，身爲晉襄公夫人的穆嬴，只能天天抱著幼子哭鬧
朝廷，借以表示不滿。從先前諸大夫意欲改立年長爲君的想法來看，身爲嫡
長子的夷皋，雖然年幼，應該已具有世子身份。尤其是穆嬴拿晉襄公曾經請
託趙盾的言語，希望趙盾努力輔導世子夷皋，這番話語表明世子夷皋才是正
統又唯一的繼承人。〔註152〕白天抱著世子夷皋登朝哭啼，朝畢再抱著世子夷
皋到趙盾家哭啼，長時間的疲勞轟炸，再加上諸大夫違背晉襄公意願的心虛，
以及擔憂各種勢力的逼迫，只好背棄到秦國迎接公子雍的先蔑和士會，擁立
世子夷皋爲晉靈公。《左傳》文公七年云：

夏四月，……。秦康公送公子雍于晉，曰：「文公之入也，無衛，故
有呂郤之難」，乃多與之徒衛。穆嬴日抱大子以啼于朝，曰：「先君
何罪？其嗣亦何罪？捨適嗣不立，而外求君，將焉寘此。」出朝，
則抱以適趙氏，頓首於宣子曰：「先君奉此子也，而屬諸子，曰：『此
子也才，吾受子之賜。不才，吾唯子之怨。』今君雖終，言猶在耳，
而弃之若何？」宣子與諸大夫皆患穆嬴，且畏偪，乃背先蔑而立靈
公。〔註153〕

秦康公鑑於當年晉文公缺乏衛士，產生呂郤之難，於是讓許多護衛隨公
子雍回國。晉國諸大夫們畏懼穆嬴的哭逼，擁立世子夷皋爲晉靈公，又害怕
公子雍從秦國，挾帶龐大軍衛歸來，因此起兵對抗秦軍。魯文公七年，趙盾

〔註151〕《春秋經傳集解》，頁133。
〔註152〕《春秋左傳注》云：「吾唯子之怨，吾唯子是怨也，之字作是字用。此蓋襄公
　　　　欲趙盾善于教訓輔導其子。」見《春秋左傳注》，頁559。
〔註153〕《春秋經傳集解》，頁134。

利用夜襲擊敗秦軍，先蔑和士會先後出奔到秦國。《左傳》云：「潛師夜起，戊子，敗秦師于令狐，至于刳首。己丑，先蔑奔秦，士會從之。」〔註154〕早在先蔑前往秦國迎接公子雍時，荀林父就曾經勸阻，認為夫人穆嬴和世子夷皋都還在晉國，捨棄世子夷皋，前往他國迎求國君，一定不可行。可惜荀林父的再三勸告，沒讓先蔑打消念頭，最後先蔑逃亡秦國，荀林父顧及過往同僚之情，協助護送先蔑的妻兒、財貨到秦國。《左傳》文公七年云：

> 先蔑之使也，荀林父止之曰：「夫人、大子猶在，而外求君，此必不行。子以疾辭，若何？不然，將及。攝卿以往，可也，何必子？同官為寮，吾嘗同寮，敢不盡心乎？」弗聽。為賦〈板〉之三章，又弗聽。及亡，荀伯盡送其帑，及其器用財賄於秦，曰：「為同寮故也。」〔註155〕

隨著時間過去，本來還在懷抱的世子夷皋，已經成長，卻不是位好君主，做了許多傷害人民的事，顯得十分殘酷無情。雖說趙盾和晉國諸大夫當初在穆嬴的疲勞轟炸下，擁立世子夷皋為晉靈君，就結果來看，趙盾的教導，似乎讓晉靈公偏向「不才」。晉靈公的行事作風，《左傳》給予「不君」的評價。收重稅來彩繪牆壁，還從高臺上用彈丸打人取樂，看人們躲避彈丸的情形。有次，廚師煮的熊掌沒有熟透，晉靈公就殺了廚師，放在畚箕中，讓女人用頭頂著走過朝上。趙盾和士會看見外露的死人手，問起殺人原因後，感到不安而準備進諫。士會決定自己先進入勸諫，若晉靈公不聽，趙盾再接著進諫。士會去了三趟，晉靈公才賞眼，承認自己知錯會改正。士會舉《詩經》勸解晉靈公能彌補錯誤，但是晉靈公只是口頭要改，行為依舊如故。《左傳》宣公二年云：

> 晉靈公不君，厚斂以彫牆，從臺上彈人，而觀其辟丸也。宰夫胹熊蹯不熟，殺之，寘諸畚，使婦人載以過朝。趙盾、士季，見其手，問其故，而患之。將諫，士季曰：「諫而不入，則莫之繼也。會請先，不入，則子繼之。」三進，及溜，而後視之，曰：「吾知所過矣，將改之。」稽首而對曰：「人誰無過，過而能改，善莫大焉。《詩》曰：『靡不有初，鮮克有終。』夫如是，則能補過者鮮矣。君能有終，則社稷之固也，豈惟羣臣賴之。又曰：『袞職有闕，惟仲山甫補之。』，

---

〔註154〕《春秋經傳集解》，頁135。
〔註155〕《春秋經傳集解》，頁135。

能補過也。君能補過，袞不廢矣。」猶不改。〔註156〕

趙盾履次進諫，讓晉靈公覺得十分厭煩，於是派遣鉏麑去刺殺趙盾。鉏麑這趟刺殺並沒有成功，在見識到趙盾所表現出心繫人民的恭敬態度，認為刺殺為民謀福的人是不忠，放棄國君的命令是不信，無法兩全之下，鉏麑選擇自殺，趙盾因此躲過一場死劫。《左傳》宣公二年云：「宣子驟諫，公患之，使鉏麑賊之。晨往，寢門闢矣，盛服將朝。尚早，坐而假寐。麑退，歎而言曰：『不忘恭敬，民之主也。賊民之主，不忠；弃君之命，不信。有一於此，不如死也。』觸槐而死。」〔註157〕而鉏麑撞趙盾庭樹，意在告君一己之心，亦在警示趙盾，明君欲殺之意，此計不成，定有他計。

果不其然，魯宣公二年，鉏麑失職，靈公便在酒宴中伏甲、放出獒犬襲殺趙盾，提彌明將獒犬殺死，二人與伏兵邊打鬥邊退出，提彌明以命力救趙盾，最後死在伏兵手下。晉靈公的衛兵靈輒，曾在翳桑餓倒路旁被趙盾救過，在這次事件中，靈輒為報趙盾往昔救饑恩情，也倒戟相救，協助趙盾倖免於難之，然後逃亡出奔他國。《左傳》宣公二年云：

> 秋，九月，晉侯飲趙盾酒，伏甲，將攻之。其右提彌明知之，趨登，曰：「臣侍君宴，過三爵，非禮也。」遂扶以下。公嗾夫獒焉，明搏而殺之。盾曰：「弃人用犬，雖猛何為？」鬥且出，提彌明死之。初，宣子田於首山，舍于翳桑，見靈輒餓，問其病，曰：「不食三日矣。」食之，舍其半。問之，曰：「宦三年矣，未知母之存否？今近焉，請以遺之。」使盡之，而為之簞食與肉，寘諸橐以與之。既而與為公介，倒戟以禦公徒而免之。問何故，對曰：「翳桑之餓人也。」問其名居，不告而退，遂自亡也。〔註158〕

從重重殺機中，可知靈公除趙盾心切。一介朝臣，為國勞心，雖無大功，也有苦勞，竟然被自己的君主力除後快，實在情何以堪。更別說，趙盾在心寒之際，脫口說出「弃人用犬」四字，明白透露孺子不可教的感慨。憑趙盾的才能，大概也清楚輔臣責任難盡，唯有出奔以求自保。

魯宣公二年己丑日，趙穿在桃園殺死晉靈公，當時趙盾還未逃出晉國國境，聽聞消息之後就再度回到朝廷任職，派遣趙穿迎接公子黑臀回國即位為

〔註156〕《春秋經傳集解》，頁151。
〔註157〕《春秋經傳集解》，頁151至152。
〔註158〕《春秋經傳集解》，頁152。

晉成公。〈晉世家〉云：「趙盾使趙穿迎襄公弟黑臀于周，而立之，是爲成公。」
〔註159〕太史在史書上記載「趙盾弒其君」幾字，並且公佈在朝廷上，趙盾
以自己沒有親手弒君，拒絕背負弒君罪名。太史則認爲趙盾身爲正卿，逃亡
卻沒有走出國境，回歸朝廷後卻沒有討伐弒君兇手，憑這兩點，就足以合理
懷疑趙盾的居心；因此，太史從誅心論的角度，認爲趙盾必須承擔弒君罪名。
在古代，人臣出奔他國之後，就和原國君恩義斷絕，毫無瓜葛，所以不必爲
國君討伐兇手。如今的問題，在於趙盾未出境就復返，返回後又沒有討伐趙
穿弒君大罪；孔子因此替趙盾感到惋惜，感嘆趙盾因爲古史筆法背負弒君罪
名，若是越竟就能免除這尷尬的情景。《左傳》宣公二年云：

> 乙丑，趙穿攻靈公於桃園。宣子未出山而復，大史書曰：「趙盾弒其
> 君。」以示於朝。宣子曰：「不然。」對曰：「子爲正卿，亡不越竟，
> 反不討賊，非子而誰？」宣子曰：「烏呼！『我之懷矣，自詒伊慼』
> 其我之謂矣。」孔子曰：「董狐，古之良史也，書法不隱。趙宣子，
> 古之良大夫也，爲法受惡。惜也，越竟乃免。」宣子使趙穿逆公子
> 黑臀于周，而立之。〔註160〕

綜觀晉靈公被殺，主因在於爲人太過殘忍無道，君不君在他身上表露無
遺。不過，起初晉國諸臣眼見晉靈公幼小，興起廢嫡改立的心思，促成短暫
的「嗣親奪權」景況。穆嬴啼朝的行爲，乍看有些踰越夫人該有的禮節，只
是爲了護全幼主儲君，確保正統繼承人的地位，動機純正，並不構成「伴侶
無狀」的因素。再者，晉國諸臣異心，各立心中公子人選，又迫於夫人穆嬴
進逼，復立晉靈公，全都是爲了私心謀動；以及，趙穿以晉靈公臣子身份，
擅自行動殺掉晉靈公，則在在展現「臣僕專擅」的一面。如此一來，晉靈公
見弒事件，就包括「嗣親奪權」和「臣僕專擅」的弒君因素。

## 二、鄭歸生殺鄭靈公（宣公四年，公元前六〇五年）

### （一）弒君事件概述

魯宣公四年，楚國人獻給鄭靈公一隻黿，公子宋（即子公）和公子歸生
（即子家）在觀見鄭靈公的路上，公子宋的食指忽然自己動起來。公子宋向
公子歸生表明只要遇到這種情況，一定可以嘗到美味，進入宮中後，果然有

---

〔註159〕《史記會注考證》，頁638。
〔註160〕《春秋經傳集解》，頁152。

廚師正在分解黿。《左傳》宣公四年云：

> 楚人獻黿於鄭靈公。公子宋，與子家將見，子公之食指動，以示子家，曰：「他日我如此，必嘗異味。」及入，宰夫將解黿，相視而笑。公問之，子家以告，及食大夫黿，召子公而弗與也。子公怒，染指於鼎，嘗之而出，公怒，欲殺子公。子公與子家謀先，子家曰：「畜老，猶憚殺之，而況君乎？」反譖子家，子家懼而從之。夏，弒靈公。〔註161〕

鄭靈公得知食指忽動一事後，把黿賜給眾大夫享用，獨獨不給公子宋吃。生氣的公子宋以指探入鼎中嘗味後離去。鄭靈公因此大怒，最後公子宋和公子歸生共謀，魯宣公四年夏季，殺掉鄭靈公。

### （二）弒君原因分析

俗話說：「人為財死，鳥為食亡。」事實上，也有因為食物而死亡的人，鄭靈公便是一例。鄭穆公逝世，由兒子公子夷即位為鄭靈公。〈鄭世家〉云：「二十二年，鄭繆公卒，子夷立，是為靈公。」〔註162〕鄭穆公二十二年，也就是魯宣公三年，〔註163〕而後，楚國送上一隻黿給鄭靈公。楊伯峻根據《說文解字》的說法，認為黿就是大鱉。〔註164〕得到這種珍味，初即位的鄭靈公，自然想分予眾卿，博得一些好感。

恰巧楚國送上黿的這天，公子宋（即子公）和公子歸生（即子家），〔註165〕兩人要前往覲見鄭靈公。裴駰的《集解》引賈逵的話，說明二人都是鄭國的卿，〔註166〕在鄭國朝廷任官，可見是鄭靈公的臣子無疑。二人在前往宮中的路上，公子宋的食指突然自己晃動起來，於是展示給公子歸生看，告訴公子歸生每當食指自行動作，就有機會品嚐美食。等到二人進入宮中，正好發現大廚已經烹熟黿，正在分解黿，不自覺對視而笑。

二人的特殊舉動，引起鄭靈公的好奇，二人也如實將在路上發生的事告

---

〔註161〕《春秋經傳集解》，頁154。
〔註162〕《史記會注考證》，頁679。
〔註163〕《春秋左傳注》云：「三年，乙卯，公元前六○六年，……鄭穆二十二年。」，頁666。
〔註164〕《春秋左傳注》云：「黿音元，《說文》：『大鱉也。』鱉今俗名腳魚，又名團魚。」見《春秋左傳注》，頁677。
〔註165〕杜注：「宋，子公也。子家，歸生。」見《春秋經傳集解》，頁154。
〔註166〕《史記會注考證》集解云：「二子，鄭卿也。」，頁679。

知。誰知道鄭靈公將黿賜給諸大夫的時候，特別召來公子宋，卻獨獨不把黿分給公子宋品嚐。杜預對鄭靈公的行動，解釋爲要讓公子宋「食指動嘗異味」一事失效。〔註167〕《東周列國志》描繪鄭靈公「在寡人」的自信，又描述鄭靈公當眾取笑，都顯示出鄭靈公是刻意讓公子宋「食指動嘗異味」失靈。《東周列國志》云：「靈公戲之曰：『驗與不驗，權尚在寡人也！』」〔註168〕、又云：「靈公大笑曰：『寡人命遍賜諸卿，而偏缺子公，是子公數不當食黿也！食指何嘗驗耶？』」〔註169〕試想當時的狀況，公子宋食指動的事情，應該傳遍朝中，如今當著眾臣的面，鄭靈公看似開玩笑的舉動，卻讓公子宋備感羞辱。怒氣衝腦，公子宋自動走到鼎前，用指蘸嚐味道後離去，讓「食指動嘗異味」應驗。

對剛上任的鄭靈公，也許以爲是無傷大雅的玩笑，也許是有意羞辱立威，無論何者，在君主的威嚴下臣子應該吞忍順從，如今公子宋卻當眾抗衡，著實讓鄭靈公的顏面蕩然無存，鄭靈公的怒氣，自然可以想見。臣子觸怒君主，在君主盛怒狀況下，多半會被斬殺。公子宋事後恐怕也害怕性命不保，於是和公子歸生策劃先殺死鄭靈公自保。公子歸生本來表示自己不敢弒君，卻因此讓公子宋誣蔑自己謀反。〔註170〕害怕因爲謀反之名被殺，公子歸生只好跟著公子宋謀劃弒君。

魯宣公四年夏季，鄭靈公被殺，《春秋》宣公四年云：「鄭公子歸生弒其君夷。」〔註171〕《左傳》用君子曰補充說明，凡是弒君案件中，寫出國君名字，就表示國君無道，寫出臣子的名字，就表示臣子有罪。〔註172〕此處，鄭靈公和公子歸生的名字皆被寫出，就史家看法，這次弒君事件是君無道且臣有罪。然而，鄭靈公被殺，實際上是公子宋和公子歸生共謀，如今卻只寫公子歸生的名字，似乎顯得公子宋沒有任何罪過？

《左傳》解釋《春秋》不書公子宋，只書公子歸生，主因在於公子歸生

---

〔註167〕杜注：「欲使指動無效。」見《春秋經傳集解》，頁154。
〔註168〕《東周列國志》，〔明〕余邵魚，臺南市，世一文化事業股份有限公司，1995年10月初版，頁454。
〔註169〕《東周列國志》，頁455。
〔註170〕杜注：「譖子家於公。」見《春秋經傳集解》，頁154。
〔註171〕《春秋經傳集解》，頁154。
〔註172〕《左傳》宣公四年云：「凡弒君，稱君，君無道也。稱臣，臣之罪也。」見《春秋經傳集解》，頁154。

權不足。《左傳》宣公四年云：「夏，弒靈公，書曰『鄭公子歸生弒其君夷』，權不足也。」〔註173〕楊伯峻引杜預的說法，認為公子宋在當時的權位似乎比公子歸生高，因此公子宋譖公子歸生，公子歸生無法洗清嫌疑，只好成為共犯。楊伯峻又引朱彬的意見，認為起初公子歸生以「畜老彌殺」為由，希望能勸退公子宋弒君想法。不過，將君主以「畜」來比擬，公子歸生似乎內心對君主的不敬，可以窺見一二。對於惹怒鄭靈公的公子宋，只想弒君保命，又哪會放棄。公子歸生勸退無果，卻沒能討伐公子宋的弒君行動，寧願共罪，就足夠想見公子宋的權勢威脅。因此，臣服在公子宋威脅下的公子歸生，雖然一開始有仁心不忍弒君，卻沒有討伐賊人，最後更選擇同流合汙，比公子宋更加罪惡。楊伯峻再引《韓非子》的看法，從法家的法、術、勢論點觀察，認為鄭靈公怒而不誅，自惹殺機，怨不得人。《春秋左傳注》云：

> 此解《經》僅書歸生之故。子公之位似高于子家，故言「權不足」。杜〈注〉云：「子家權不足以禦侮，懼譖而從弒君，故書以首惡。」……杜〈注〉：「初稱畜老，仁也；不討子公，是不武也。故不能自通於仁道，而陷弒君之罪。朱彬《經傳考證》云：「達猶通也，行也。歸生聞宋之言，當以討賊為義，因循不果，甘蹈弒君之罪，故初雖止其惡，而終不可行也。」……《韓非子‧難四篇》云：「明君不懸怒，懸怒則臣懼罪、輕舉以行計，則人主危。……食黿之羹，鄭君怒而不誅，故子公弒君。」則又以法家角度論此事。〔註174〕

實際上，若鄭靈公別特意彰顯公子宋「食指動嘗異味」不準，將黿好好的讓眾大夫分享，公子宋便不會怒而蘸食離去，更不會招來危及性命的殺意。公子宋怒而蘸食離去，朝中竟然無人阻止，可以推想公子宋在朝中勢力不小，這或許正是鄭靈公想略挫公子宋威風，好穩定初登位的國君威嚴，可惜結果是弄巧成拙。分析鄭靈公被殺一事，導火線出在「食指動嘗異味」是否靈驗。公子宋欲靈，鄭靈公欲不靈，最後君臣雙方弄得不愉快，端看誰先下手為強。公子宋和公子歸生身為鄭靈公的臣子，公子宋觸怒國君後畏死起殺心，公子歸生懼譖反而選擇共謀，已失臣子服君的本份，妄行弒君的行為自然是「臣僕專擅」的結果。

---

〔註173〕《春秋經傳集解》，頁154。
〔註174〕《春秋左傳注》，頁678。

## 三、陳夏南殺陳靈公（宣公十年，公元前五九九年）

### （一）弒君事件概述

魯宣公九年，陳靈公和陳國大夫孔寧、儀行父兩人與夏姬私通，並在朝廷上開玩笑。陳國大夫洩冶進諫，陳靈公卻將洩冶的話告訴孔寧、儀行父二人。《左傳》宣公九年云：「公告二子，二子請殺之，公弗禁，遂殺洩冶。」〔註175〕孔寧、儀行父二人要求殺掉大夫洩冶，陳靈公並不加以禁止，大夫洩冶因此被殺害。魯宣公十年夏季，陳靈公和孔寧、儀行父在夏徵舒家喝酒。《左傳》宣公十年云：「陳靈公與孔寧、儀行父，飲酒於夏氏。公謂行父曰：『徵舒似女。』對曰：『亦似君。』徵舒病之。公出，自其廄射而殺之。」〔註176〕君臣以夏徵舒長得像彼此開玩笑，讓夏徵舒十分怨恨，於是從馬房中用箭射殺陳靈公。

### （二）弒君原因分析

春秋時期，以宣淫他人之妻有名的國君，兄妹亂倫屬齊襄公，君臣亂倫屬陳靈公。《春秋左傳正義》注云：「夏姬，鄭穆公女，陳大夫御叔妻。」〔註177〕夏姬是鄭穆公的女兒，後來嫁給陳國大夫夏御叔爲妻，生下一位兒子夏徵舒，字子南，《詩經》中稱夏南。由於夏御叔已經病逝，年輕貌美的寡婦夏姬，引起陳靈公及朝臣孔寧、儀行父的注意，進而私通。當時夏姬住在株林，君臣三人時常往來株林，只爲與夏姬相通，此事在當時甚至傳爲歌謠，記錄在《詩經・陳風・株林》當中。〔註178〕

夏姬和陳靈公、孔寧、儀行父君臣三人的淫樂，在《左傳》魯宣公九年、十年都有相關的記錄。魯宣公九年，君臣三人在朝中肆虐談論和夏姬相通的情事，甚至拿出夏姬給的貼身衣物彼此取樂。《左傳》宣公九年云：「陳靈公與孔寧、儀行父，通於夏姬，皆衷其祖服以戲于朝。」〔註179〕魯宣公十年，君臣三人不在他處喝酒，而是特別跑到株林喝酒，其實是和夏

---

〔註175〕《春秋經傳集解》，頁157。

〔註176〕《春秋經傳集解》，頁157。

〔註177〕《春秋左傳正義》，頁380。

〔註178〕朱注：「《春秋》傳，夏姬，鄭穆公之女也，嫁於陳大夫夏御叔，靈公與其大夫孔寧、儀行父通焉。洩冶諫不聽而殺之，後辛爲其子夏徵舒所弒，而徵舒後爲楚莊王所誅。」見《詩集傳》，〔宋〕朱熹集註，臺北市，中華書局，1969年5月臺1版，頁84。

〔註179〕《春秋經傳集解》，頁157。

姬私通取樂。《左傳》宣公十年云：「陳靈公與孔寧、儀行父，飲酒於夏氏。」
〔註180〕君臣共通一婦，如此荒淫的行為，使得史家對夏姬的批評，措辭相
當嚴厲，《左傳》成公二年云：「是不祥人也！是夭子蠻，殺御叔，弒靈侯，
戮夏南，出孔儀，喪陳國，何不祥如是。人生實難，其有不獲死乎！天下
多美婦人，何必是。」〔註181〕對於夏姬的描述，除了和陳國君臣私通外，
根據魯成公二年巫臣的話語，可以推測在嫁給陳國大夫叔御前，夏姬本是
子蠻的妻子。

　　楊伯峻依杜預的看法，認為子蠻是鄭靈公的字，鄭靈公和夏姬是兄妹。
但是楊伯峻根據魯昭公二十八年傳文發現，夏姬的哥哥鄭靈公字子貉才對，
因此判斷子蠻是夏姬最早嫁的丈夫，只是和再嫁的夏御叔一樣短命早死。
《春秋左傳注》云：「成二年《傳》巫臣謂夏姬『夭子蠻，殺御叔』，則子蠻
是初嫁夫，御叔是其再嫁夫，巫臣則其三嫁夫。」〔註182〕夏姬總共嫁三次，
首嫁子蠻，後改嫁夏御叔，最後嫁給巫臣。《春秋左傳注》云：

> 子蠻，杜〈注〉謂鄭靈公之字，為夏姬之兄。然據昭二十八年《傳》，
> 夏姬之兄字子貉，子貉實鄭靈公之字。子蠻非鄭靈公字。昭二十八
> 《傳》又謂夏姬殺三夫，由此推測，子蠻或是其最早之丈夫。互詳
> 昭二十八年《傳》注。……御叔是夏姬之次夫，亦即夏徵舒之父。
> 據〈楚語上〉，為陳公子夏之子。子蠻、御叔或皆短命早死，巫臣因
> 歸罪於夏姬。〔註183〕

　　史書上對女性不貞行為，幾乎都是嚴厲譴責，似乎只要此女不淫，就不
會有禍及君臣，殃及都國的事情。然而，所謂男女私通，自然是男女之間的
性關係，既然是「雙方」，只歸罪一方的淫穢，在這需要雙方配合的事情上，
似乎說不過去。此外，在丈夫死後的美麗寡婦，在古代是否有足夠的權勢，
拒絕君主的求歡？若是只能以死拒絕，只剩兒子夏徵舒一人，為人母親，按
理多數是捨不得棄子而逝。在這種男尊女卑的封建社會，不斷改嫁已是美麗
女性的悲哀，最後還要捨貞保命，備受罵名，對在社會上柔弱無助的女性而
言，實在嚴苛。

---

〔註180〕《春秋經傳集解》，頁157。
〔註181〕《春秋經傳集解》，頁176。
〔註182〕《春秋左傳注》，頁1492。
〔註183〕《春秋左傳注》，頁803至804。

　　不過，正如同君可以不君，臣不可以不臣一樣，就算有任何理由，夏姬畢竟是背叛了自己的丈夫，背離身為寡婦該有的儀節，違背身為人母該有的端莊，夏姬的確和陳國的君臣三人私通，若通一人是不得已，通三人則不可不謂淫蕩。

　　根據魯成公二年巫臣的言語來看，和夏姬有過親密接觸的男性，至少有子蠻、御叔、陳靈公、孔寧、儀行父五位。前三位死去，後二位出奔。兒子夏徵舒因她而死，陳國因她遭受戰亂，巫臣也因為她叛國出奔。種種壞事似乎都出自夏姬的淫蕩，無論夏姬是自願與眾多男性周旋，還是為了存活不得不賣色侍人，都可以看出古人對夏姬與陳國君臣三人淫事的譴責。從夏姬無法潔身自保的行為，加上曾經和陳靈公有過親密關係，夏姬某種程度來看，算是陳靈公的伴侶之一。身為君主的伴侶，即使名份不正，卻又同時和同朝臣子私通，夏姬的行為可謂「伴侶無狀」。

　　魯宣公九年，洩冶對陳靈公、孔寧、儀行父三人公然在朝廷上以私通取樂，無法再忍受，直接向陳靈公諫阻。表面上陳靈公答應改過，私下卻將洩冶的諫言告知孔寧和儀行父。《左傳》宣公九年云：「洩冶諫曰：『公卿宣淫，民無效焉，且聞不令，君其納之。』公曰：『吾能改矣。』」〔註184〕在孔寧和儀行父二人請殺洩冶狀態下，陳靈公完全不阻止，洩冶可以說是死在陳靈公、孔寧、儀行父三人手上。

　　對於洩冶的敢言直諫，《春秋》並未褒美他，反而將洩冶的大名寫上，彰顯洩冶的過錯。《春秋》宣公九年云：「陳殺其大夫洩冶。」〔註185〕洩冶直諫致死是匹夫之勇，妄行勸諫，沒有考慮過該不該諫，適不適合諫，最後不但沒能諫醒君主，反而憑白招惹殺身之禍，徒然送死而已。《春秋左傳正義》疏云：「陳靈公宣淫，悖德亂倫，志同禽獸，非盡言所救。洩冶進無匡濟遠策，退不危行言孫，安昏亂之朝，慕匹夫之直，忘籧氏可卷之德，死而無益，故經同罪賤之文。」〔註186〕因此，《春秋》特別寫出洩冶的名字，昭示後代諫臣別重蹈覆轍。

　　陳靈公、孔寧、儀行父三人和夏姬之間的事，夏徵舒不可能不知道，只是身為兒子，無法以此質問母親罪過；身為人臣，無法以此抗議君主，夏徵

---

〔註184〕《春秋經傳集解》，頁157。

〔註185〕《春秋經傳集解》，頁156。

〔註186〕《春秋左傳正義》，頁380。

舒的無奈，顯而易見。不過，人的忍耐度都是有限。魯宣公十年，陳靈公、孔寧、儀行父三人，依恃和夏姬之間的感情，彼此言語中全沒分寸，甚至拿夏徵舒的出生開玩笑。〔註187〕

對平時努力視若無睹的夏徵舒而言，這樣子的戲言，無異是最後一根稻草。長期壓抑的憤怒，在當下全數爆發，利用陳靈公走出馬廄的時候，用箭射殺這位礙眼的姦夫。依杜預的說法，此時離陳靈公即位已經十五年，夏徵舒能在朝為卿，是因為母親夏姬的關係，而在官場上得到庇蔭，是以成為荒淫君臣，三人提出取笑作樂的對象。〔註188〕

《經》《傳》並沒有描述陳靈公死後，君位由誰繼承。《左傳》在魯宣公十一年，說明孔寧、儀行父在陳靈公被殺後奔楚，因此楚國出兵討伐夏徵舒的弒君大罪。《史記》卻寫明夏徵舒殺掉陳靈公後，陳靈公的世子午奔晉，夏徵舒自立為陳君。〈陳杞世家〉云：「孔寧、儀行父，皆奔楚，靈公太子午奔晉。徵舒自立為陳侯。」〔註189〕基於《經》《傳》未載明，本文並不採納夏徵舒自立為君的說法，僅列舉《史記》內容備為一說而已，因此夏徵舒日後為楚所殺，並不列入本文弒君案件討論。

分析夏徵舒殺陳靈公一事，主因出在陳靈公和夏姬私通。《春秋》宣公十年云：「陳夏徵舒弒其君平國。」〔註190〕由《春秋》直書陳靈公大名來看，陳靈公無道形象十分明顯。夏姬雖無名份，實質上也屬陳靈公的伴侶，雖然陳靈公無異議，夏姬同時和三位男人私通，也未免過於放縱，因此夏姬與陳國君臣相淫的行為符合「伴侶無狀」。同時，在陳靈公的默許下，孔寧、行儀父擅殺洩冶，又和君主共一婦，行為上也違禮至極，展現標準的「臣僕專擅」模樣。夏徵舒身為人臣，怒於戲言，憤而弒君，雖說其情可憫，卻避不開親手弒君的罪惡，也是符合「臣僕專擅」形象。因此，陳靈公被殺全案，符合「伴侶無狀」、「臣僕專擅」的弒君因素。

---

〔註187〕《左傳》宣公十年云：「陳靈公與孔寧、儀行父，飲酒於夏氏。公謂行父曰：『徵舒似女。』對曰：『亦似君。』徵舒病之。公出，自其廄射而殺之。」見《春秋經傳集解》，頁157。
〔註188〕杜注：「靈公即位於今十五年，徵舒已為卿，年大，無嫌是公子，蓋以夏姬淫放，故謂其子多似以為戲。」見《春秋經傳集解》，頁157。
〔註189〕《史記會注考證》，頁595。
〔註190〕《春秋經傳集解》，頁157。

# 第四節　成公時期的弒君事件

## 一、鄭人殺鄭君繻（成公十年，公元前五八一年）

### （一）弒君事件概述

魯成公九年，鄭成公被晉國抓起，拘留在銅鞮。公孫申派兵圍許，僞裝要另立新君，詐使晉國主動釋放鄭成公回來。鄭公子班聽聞公孫申的謀略後，在魯成公十年三月，另立公子繻爲新君。《左傳》成公十年云：「鄭公子班聞叔申之謀，三月，子如立公子繻。夏，四月，鄭人殺繻，立髡頑。」〔註191〕四月，鄭國人殺掉鄭君繻，改立鄭成公兒子髡頑爲鄭僖公。

### （二）弒君原因分析

自楚國開始壯大後，常常和晉國互相爭戰，夾在兩大國之間的小國家，常常被迫選擇其一陣營，鄭國的地理位置恰好位於楚、晉二國之間，因此常常爲了要倚楚，還是靠晉而困擾，最後只好兩邊示好以求保國。

魯莊公十六的時候，鄧國就已經被楚國所滅。〔註192〕因此，此處所記鄭國受賄往鄧，應該是指楚國境內的鄧地。同年秋季，鄭成公前往晉國示好，晉國卻因爲鄭國向楚國臣服，以對晉國有貳心爲由，將鄭成公抓至銅鞮，並且派欒書出兵討伐鄭國。這段期間，鄭國派出的使者伯蠲也被晉國殺害。根據當時禮儀，國家交戰，不斬來使，如今晉國殺害鄭國的使者，很明顯地違禮而被史書記載下來。《左傳》成公九年云：

> 楚人以重賂求鄭，鄭伯會楚公子成于鄧。……秋，鄭伯如晉，晉人討其貳於楚也。執諸銅鞮，欒書伐鄭，鄭人使伯蠲行成，晉人殺之，非禮也。兵交，使在其間可也。……鄭人圍許，示晉不急君也，是則公孫申謀之曰：「我出師以圍許，爲將改立君者，而紓晉使，晉必歸君。」〔註193〕

國不可一日無君，即使是小國家也一樣。爲了避免過度彰顯國君的重要性，避免被晉國過度要脅，公孫伸（即叔申）讓鄭國出兵圍攻許國，故意表現圍許比救鄭成公更重要。《春秋左傳注》云：「鄭成公爲晉拘留，鄭故意向

---

〔註191〕《春秋經傳集解》，頁 186。

〔註192〕《春秋左傳注》云：「鄧國於魯莊公十六年爲楚所滅，見莊六年《傳》。此疑是楚國之鄧。」，頁 843。

〔註193〕《春秋經傳集解》，頁 185 至 186。

晉表示，不以其君被執爲急務，尚有心力用兵圍許。」〔註194〕同時，更假裝另立新鄭君，解除鄭成公的人質價值，期望以「不憂國君見執」這樣的表象，促使晉國打消拘禁鄭成公的念頭，轉而釋放沒有人質價值的鄭成公。根據太史公的記錄，鄭成公的確在鄭國的計謀下，被晉國安然釋放歸國；鄭國人甚至殺掉鄭君繻，好迎接回國的鄭成公。〈鄭世家〉云：「其四月，晉聞鄭立君，乃歸成公。鄭人聞成公歸，亦殺君繻迎成公。」〔註195〕《左傳》則是描述鄭人殺掉新立的鄭君繻，改立鄭成公的兒子爲新君，然後鄭成公才被歸放回鄭國，二說稍異。

　　公子班聽聞公孫申的計謀，於是在魯成公十年三月的時候，另立公子繻爲新任鄭君。公子班（即子如），公子繻是鄭襄公的庶子，是鄭成公的庶兄。有關公子班立公子繻一事，太史公認爲是要應付領兵前來攻鄭的晉國欒書，《左傳》則認爲是公子班聽聞公孫申假裝另外立君的計劃，才另立公子繻爲鄭君。〔註196〕《左傳》成公十年云：

> 鄭公子班聞叔申之謀。三月，子如立公子繻。夏，四月，鄭人殺繻，立髡頑。子如奔許，欒武子曰：「鄭人立君，我執一人焉，何益？不如伐鄭，而歸其君，以求成焉。」晉侯有疾。五月，晉立大子州蒲以爲君，而會諸侯伐鄭。鄭子罕賂以襄鐘，子然盟于脩澤，子駟爲質。辛巳，鄭伯歸。〔註197〕

　　此處公子班另立新君，有許多問題。首先是君令問題，在國君還活著的時候，沒有國君的命令，大臣擅自廢立君主，很容易被活著的國君以及國君的子嗣視爲謀反。再者是人選問題，按理當時鄭成公已經有兒子，就算要假裝立新鄭君，應該也是從鄭成公的兒子先立起。熟料，公子班卻是立鄭成公的庶兄爲君，剝奪鄭成公嫡子的繼承權。因此，就算要行「僞立君」的計劃，卻沒有立到該立的人，而是另有人選，自然給人君一種篡位奪權的感覺。

　　《左傳》在文後載明公孫申和弟弟因爲立君罪行被殺。《左傳》成公十年云：「鄭伯討立君者，戊申，殺叔申、叔禽，君子曰：『忠爲令德，非其人猶

---

〔註194〕《春秋左傳注》，頁846。

〔註195〕《史記會注考證》，頁680。

〔註196〕《春秋左傳注》云：「子如即公子班。〈鄭世家〉云：『鄭患晉國，公子如乃立成公庶兄繻爲君。』則公子繻乃鄭襄公子，成公庶兄。但司馬遷以子如之立公子繻爲應付晉欒書圍鄭，《左傳》則以爲子如聞叔申「僞立君」之謀。兩說不同。」，頁848。

〔註197〕《春秋經傳集解》，頁186。

不可，況不令乎。』」〔註198〕杜預也說明「僞立君」的計策讓鄭成公順利歸國，但是無令擅立，以及人選問題，已經替公孫申埋下殺機。〔註199〕公孫申救鄭成公的權宜之計，雖然成功卻顧慮不周，招來日後禍及手足的死亡，足證伴君如伴虎的古語，誠不欺人。

其次，公子班可能是聽從公孫申的計劃，因此假裝另立公子繻爲鄭君；也可能是藉公孫申的計劃，而自行趁機另立公子繻爲君。根據《左傳》文後描述新立的鄭君繻死掉後，公子班就出奔到許國。如果公子班是聽從公孫申的計劃，才另立鄭君繻，在計劃結束後，應該和公孫申同樣居功，似乎不需要出奔到他國。一般來說，大臣出奔到他國，多半是身懷罪過。若是公子班是聽說公孫申「僞立君」的計劃，藉此弄假成眞而另立鄭君繻，對鄭成公、鄭成公的子嗣、公孫申等人而言，公子班就算是叛徒。身懷叛君之罪，出奔他國，似乎就比較說得通公子班奔許的行爲。

另外，公子繻被立爲鄭君，如果只是一時權宜之計，相信公子繻在嫡弟鄭成公回國後，識相歸還君位應該不至喪命。若是貪戀富貴，不願還位而喪命也是有可能；只是新君初立，舊君就被釋放回國，短短一個月左右的時間，公子繻只怕也來不及建立自己的權勢，在孤立無援狀態下，眷戀君位不還而喪命，未免太過愚蠢。反之，若公子繻被立，並不是權宜之計，而是假戲眞作的話，可算是懷有謀反篡位之心，因此在鄭成公歸國後被殺，似乎不爲過。不論何者，沒能拒絕被立以避嫌，可知鄭君繻自身有失。

鄭國人雖然另立鄭成公的兒子爲新君，也不過是權宜之計，因爲鄭成公歸國後，政權還是由鄭成公掌握，並不是由立爲新君的兒子控制。《史記》記錄鄭成公，是在鄭成公四年被晉國抓又放。〈鄭世家〉云：「四年春，鄭患晉圍，公子如乃立成公庶兄繻爲君。其四月，晉聞鄭立君，乃歸成公。鄭人聞成公歸，亦殺君繻迎成公。……十四年，成公卒，子惲立。是爲釐公。」〔註200〕一直到鄭成公十四年死去後，隔年才眞正由兒子即位爲眞正的鄭君，也就是魯襄公三年鄭僖公才即位改元。〔註201〕

分析鄭君繻被殺的原因，主因出在公孫申爲了安然救回鄭成公，而使出

---

〔註198〕《春秋經傳集解》，頁186。
〔註199〕杜注：「言叔申爲忠，不得其人，還害身。」見《春秋經傳集解》，頁186。
〔註200〕《史記會注考證》，頁680。
〔註201〕《春秋左傳注》云：「三年，辛卯，公元前五七〇年。……鄭僖公髡頑元年。」，頁924。

「僞立君」的計劃。如前文所述，君主尚存，臣子無令擅立，會形成「臣僕專擅」的現象。更何況公孫申的計劃，在公子班的行動下，竟然是立鄭成公的庶兄公子繻，而不是鄭成公兒子髡頑。無論公子班是否聽令公孫申，也是同公孫申一般擅行廢立，展現「臣僕專擅」的行爲。同理，被立爲新君的公子繻，無論是否知曉「僞立君」的權宜計劃，順從臣意即位，促成「嗣親奪權」的景象，卻沒有安排好自己安危，使得君行有失。可見，這位在「僞立君」權宜之計下即位的鄭君繻，最後被鄭國人殺掉的理由，和「嗣親奪權」、「臣僕專擅」的因素脫不了關係。

## 二、曹成公殺曹宣公世子（成公十三年，公元前五七八年）

### （一）弒君事件概述

魯成公十三年，晉國率領諸侯君，在麻隧與秦國交戰。《左傳》成公十三年云：「曹宣公卒于師。」〔註202〕曹宣公死於軍中，因此曹國派公子負芻留守，讓公子欣去迎接曹宣公的屍體。《左傳》成公十三年云：「曹人使公子負芻守，使公子欣時逆曹伯之喪。秋，負芻殺其大子而自立也。」〔註203〕秋季，公子負芻殺掉曹宣公的世子，自立爲曹成公。

### （二）弒君原因分析

秦、晉兩國在秦穆公和晉文公時期交情還不錯，不過戰場上沒有永遠的朋友和敵人。魯成公十三年，秦晉交戰，參與戰爭的曹宣公不幸在戰役中死亡。失去國君的曹國，一方面派人迎回國君屍首，一方面派人護守國家，等國君迎回後再立嗣君。曹宣公有好幾位兒子，其中公子負芻和公子欣時都是庶子。〔註204〕於是曹國派公子欣時前去迎回曹宣公的屍首，讓公子負芻協助管理國政。不料，公子負芻竟然趁機殺掉曹宣公的世子，也就是自己的嫡兄，自立爲君。《左傳》成公十三年云：

> 五月，丁亥，晉師以諸侯之師，及秦師戰于麻隧，秦師敗績，獲秦成差，及不更女父。曹宣公卒于師，師遂濟涇，及侯麗而還。……秋，負芻殺其大子而自立也，諸侯乃請討之。晉人以其役之勞，請俟他年。冬，葬曹宣公，既葬，子臧將亡，國人皆將從之。成公乃

〔註202〕《春秋經傳集解》，頁191。
〔註203〕《春秋經傳集解》，頁191。
〔註204〕《春秋左傳注》云：「負芻、欣時皆曹宣公庶子。」，頁867。

懼，告罪，且請焉，乃反而致其邑。〔註205〕

　　有參與秦晉戰爭的各諸侯國，聽到曹宣公庶子負芻擅弒自立，紛紛準備出兵伐曹討罪。晉人以曹宣公對戰爭有功爲由，希望各諸侯國緩兵，別在曹宣公死的當年出兵。等到安葬好曹宣公後，公子欣時決定要逃奔他國，〔註206〕不料曹國人民都將跟隨公子欣時離開，曹成公才感到恐懼，承認自己的過錯，挽留住公子欣時，暫時穩定住曹國政治局勢。

　　從《史記》的描述來看，公子欣時的人品比曹成公好。前往迎接父親屍首，等父親曹宣公安葬完成後，不參與君位爭奪而離開，可知公子欣時對君位沒興趣，故君子給予「守節」的評語。〔註207〕魯成公十六年，曹成公被晉厲公所虜，也是以公子欣時歸國爲條件，才願意放曹成公回國。《左傳》成公十六年云：「晉侯謂子臧：『反，吾歸而君。』子臧反，曹伯歸。子臧盡致其邑與卿而不出。」〔註208〕回國後的公子欣時，甚至不出來當官，盡力避免和政治扯上關係。對曹成公而言，公子欣時這位手足，眞是最佳保固君位的人選。

　　曹宣公世子的死，相關史料沒有詳細的描述，《左傳》也只有簡單交代「負芻殺其大子而自立」幾字。公子負芻只是庶子的身份，在世子存在的狀況下，沒有繼承機會。恰巧此時父親曹宣公死亡，被委予守國的責任，於是利用這難得的機會，擅自殺掉正統繼承人，自己即位爲曹成公。因此，曹成公身爲曹宣公庶子，卻妄殺嫡長子自立，顯見「嗣親奪權」的行爲。

## 三、晉程滑殺晉厲公（成公十八年，公元前五七三年）

### （一）弒君事件概述

　　魯成公十年，晉景公生病，先立世子州蒲爲國君。《左傳》成公十年云：「晉侯有疾，五月，晉立大子州蒲以爲君。」〔註209〕不久，晉景公病逝，冬季下葬。世子州蒲即位爲晉厲公，在寵臣胥童、夷陽五、長矯魚等人的私怨中，晉厲公在一天內殺了三位郤氏大臣。本來胥童還抓了欒書、中行偃準

---

〔註205〕《春秋經傳集解》，頁190至191。
〔註206〕《春秋左傳注》云：「子臧，欣時之字。」，頁867。
〔註207〕〈吳太伯世家〉云：「曹宣公之卒也，諸侯與曹人，不義曹君，將立子臧，子臧去之，以成曹君，君子曰：『能守節矣。』」見《史記會注考證》，頁539。
〔註208〕《春秋經傳集解》，頁197。
〔註209〕《春秋經傳集解》，頁186。

備殺掉，晉厲公卻以一日三屍，不忍再增加而放過。日後，晉厲公到匠麗氏遊玩，被欒書與中行偃抓住。《左傳》成公十八年云：「二月，乙酉朔，晉悼公即位于朝。」〔註210〕魯成公十八年，正月庚申日，欒書、中行偃派程滑殺死晉厲公，另立晉悼公。

## （二）弒君原因分析

晉景公死後，由世子州蒲即位為晉厲公。晉厲公個性奢侈，有很多寵信的大夫。從鄢陵回來後，想去掉其他的大夫而立寵信的人。其中，胥童因為胥克被廢怨恨郤氏，成為晉厲公的寵臣。郤錡奪走夷陽五的田，夷陽五後來也是晉厲公的寵臣。郤犨和長矯魚爭奪田地，把長矯魚及其父母逮捕囚禁，繫在同一個車轅上，不久長矯魚也受到晉厲公的寵信。《左傳》成公十七年云：

> 晉厲公侈，多外嬖，反自鄢陵，欲盡去羣大夫，而立其左右。胥童以胥克之廢也，怨郤氏，而嬖於厲公。郤錡奪夷陽五田，五亦嬖於厲公。郤犨與長魚矯爭田，執而梏之，與其父母妻子同一轅；既，矯亦嬖於厲公。欒書怨郤至，以其不從己而敗楚師也，欲廢之。使楚公子筏告公曰：「此戰也，郤至實召寡君，以東師之未至也，與軍帥之不具也，曰：『此必敗。吾因奉孫周以事君。』」公告欒書。書曰：「其有焉。不然，豈其死之不恤，而受敵使乎？君盍嘗使諸周而察之？」郤至聘于周，欒書使孫周見之。公使覘之，信，遂怨郤至。
> 〔註211〕

對於郤氏不滿的，還有欒書。欒書怨恨郤至不聽己言並且打敗楚軍，想要廢掉郤至，於是讓楚國的公子筏告知晉厲公，郤至和孫周，〔註212〕也就是日後的晉悼公有往來。《春秋左傳注》云：「此虛構郤至密使言於楚共王者，君指楚共王。孫周即晉悼公。」〔註213〕晉厲公向欒書詢問，欒書建議派郤至到成周來試探。郤至到成周聘問，欒書故意讓孫周與郤至會面，晉厲公派人在旁窺探，證實一切有如楚公子筏所說，因此晉厲公開始怨恨郤至。

---

〔註210〕《春秋經傳集解》，頁201。
〔註211〕《春秋經傳集解》，頁199至200。
〔註212〕〈晉世家〉云：「悼公周者，其大父捷，晉襄公少子也，不得立，號為桓叔，桓叔最愛。桓叔生惠伯談，談生悼公周。」見《史記會注考證》，頁641。
〔註213〕《春秋左傳注》，頁900。

後來，晉厲公外出打獵，和婦人一起射獵、喝酒後，再讓大夫狩獵。《左傳》成公十七年云：「厲公田，與婦人先殺而飲酒，後使大夫殺。」〔註 214〕田獵的時候，原則上是由諸侯放箭射殺禽獸之後，再由大夫射獵，婦人是不可以參與射獵的。〔註 215〕郤至奉獻野豬，卻被寺人孟張奪走，於是郤至射殺孟張，晉厲公認為郤至欺人太甚，準備討伐郤至。《左傳》成公十七年云：「郤至奉豕，寺人孟張奪之。郤至射而殺之，公曰：『季子欺余。』」〔註 216〕胥童提議從三郤著手，依照楊伯峻的看法，「三郤」是指郤錡、郤犫、郤至三人。〔註 217〕郤氏一族知道後，郤錡想要攻打晉厲公，被郤至阻止。

魯成公十七年，壬午日，胥童、夷陽五、長魚矯、清沸魋這些晉厲公的外嬖，在晉厲公的示意下，領兵攻伐郤氏，將三郤全部殺死，陳屍朝廷上。古代殺人，依照罪刑大小分別陳屍地點，可以陳屍在朝或在市。〔註 218〕同時，胥童還劫持欒書、中行偃，打算一併鏟除。此時，晉厲公以「一朝三屍」為理由，不忍心再見到晉臣傷亡，赦免欒書、中行偃二人，並恢復二人職位，還讓胥童擔任卿，長魚矯因此請求離開晉國，逃亡到狄人那裡。《左傳》成公十七年云：

> 厲公將作難，胥童曰：「必先三郤，族大多怨，去大族不偪，敵多怨有庸。」公曰：「然。」郤氏聞之，郤錡欲攻公，曰：「雖死，君必危。」郤至曰：「人所以立，信知勇也。信不叛君，知不害民，勇不作亂，失茲三者，其誰與我？死而多怨，將安用之？君實有臣而殺之，其謂君何？我之有罪，吾死後矣，若殺不辜，將失其民，欲安得乎？待命而已。受君之祿，是以聚黨，有黨而爭命，罪孰大焉。」壬午，胥童、夷羊五，帥甲八百，將攻郤氏；長魚矯請無用眾，公使清沸魋助之，抽戈結衽而偽訟者。三郤將謀於榭，矯以戈殺駒伯苦成叔於其位，溫季曰：「逃威也。」遂趨，矯及諸其車，以戈殺之，皆尸諸朝。胥童以甲劫欒書中行偃於朝，矯曰：「不殺二子，憂必及

---

〔註 214〕《春秋經傳集解》，頁 200。

〔註 215〕《春秋左傳注》云：「據《禮記・王制》與《詩・小雅・車攻》毛《傳》，田獵時諸侯發矢殺禽獸後，應即由大夫獵射，婦人不應參與。」，頁 901。

〔註 216〕《春秋經傳集解》，頁 200。

〔註 217〕《春秋左傳注》云：「必先從郤錡、郤犫、郤至三人開刀。」，頁 901。

〔註 218〕《春秋左傳注》云：「古代殺人，或陳尸於朝，或陳尸於市。……梁履繩《補釋》云『於朝、於市，亦以罪之大小分』，或然。」，頁 902。

君。」公曰：「一朝而尸三卿，余不忍益也。」對曰：「人將忍君。
臣聞亂在外為姦，在內為軌，御姦以德，御軌以刑。不施而殺，不
可謂德；臣偪而不討，不可謂刑。德刑不立，姦軌並至，臣請行。」
遂出奔狄。公使辭於二子曰：「寡人有討於郤氏，郤氏既伏其辜矣。
大夫無辱，其復職位。」皆再拜稽首曰：「君討有罪而免臣於死，君
之惠也。二臣雖死，敢忘君德。」乃皆歸，公使胥童為卿。〔註219〕

對於晉厲公的不殺之恩，欒書、中行偃二人口頭道謝，實際上卻心藏不
軌。利用晉厲公到匠麗氏處遊玩的時候，欒書與中行偃二人乘機抓住晉厲公。
抓住晉厲公的期間，二人曾經找過士匄和韓厥，但都被拒絕了。《左傳》成公
十七年云：「公遊于匠麗氏，欒書、中行偃，遂執公焉。召士匄，士匄辭；召
韓厥，韓厥辭。」〔註220〕不久，欒書、中行偃二人就殺掉胥童。由於百姓不
親附郤氏，加上胥童導引晉厲公為亂，因此《春秋》記載為「晉殺其大夫」
五字。《左傳》成公十七年云：「閏月，乙卯，晦，欒書、中行偃殺胥童，民
不與郤氏、胥童，道君為亂，故皆書曰『晉殺其大夫』。」〔註221〕魯成公十八
年，正月，欒書與中行偃二人派程滑殺死晉厲公，只用一輛車，將晉厲公安
葬在翼地的東門外。《左傳》成公十八年云：「春，王正月，庚申，晉欒書、
中行偃，使程滑弒厲公，葬之於翼東門之外，以車一乘。使荀罃、士魴，逆
周子于京師而立之，生十四年矣。」〔註222〕然後派遣荀罃、士魴前往京師迎
接十四歲的周子回歸晉國，立周子為新任晉國國君，是為晉悼公。

晉厲公被抓的時候是在翼地，加上古人對於被殺的君主多半不會葬到族
墓去，因此在翼地被殺的晉厲公，應該是在翼地下葬。另外，根據杜預的說
法，凡是諸侯死亡，應用七乘的制度，可是晉厲公卻只有一乘，可知並不是
以諸侯之禮下葬晉厲公，也就表示不用國君的葬禮對待他，可以推想晉厲公
在欒書、中行偃二人的心中已不視晉厲公為君。《春秋左傳注》云：

> 晉厲公時正在翼，因之被執、被殺亦在翼。翼為晉舊都，參見隱五
> 年、桓二年《傳·注》。至于葬，本應與晉之先君葬於絳，但《周禮·
> 春官·冢人》云，「凡死于兵者，不入兆域」，則古代於被殺之君，
> 不葬於族墓兆域中。因之晉厲死於翼，即葬於翼。襄二十五年《傳》

---

〔註219〕《春秋經傳集解》，頁 200。
〔註220〕《春秋經傳集解》，頁 200 至 201。
〔註221〕《春秋經傳集解》，頁 201。
〔註222〕《春秋經傳集解》，頁 201。

述齊崔杼殺齊莊公而葬之，亦比當時一般禮儀有所減損，但尚用「下車七乘」。杜預〈注〉云「諸子葬車七乘」，而晉厲公之葬僅一乘，故杜〈注〉云「不以君禮葬」。〔註223〕

　　綜觀晉厲公死在欒書和中行偃手中，首先當然是晉厲公多外嬖的關係，給予太大權力而致使「伴侶無狀」。從胥童、夷陽五、長魚矯、清沸魋等人的待遇來看，就知道晉厲公對這群臣子有多厚待；甚至讓這些權臣，隨著個人恩怨進讒言，最終導致三郤在一日中滅亡。此外，晉厲公論心狠又不夠狠，不但沒能根絕禍患，更無法消除權臣心中的屈辱怨懟，最後因自身過失讓自己被欒書與中行偃二人活捉，然後又任這二人擅動殺意，派遣程滑執行死刑。無論胥童、夷陽五、長魚矯、清沸魋等人，或是三郤、欒書、中行偃、程滑等人，都是晉厲公手下的權臣，彼此間相互爭鬥亂國外，甚至波及到晉厲公身上，可見囂張的「臣僕專擅」舉止，晉國的國政恐怕早已陷於「兩政」的情形。

---

〔註223〕《春秋左傳注》，頁906。

# 第五章　春秋後期弒君事件

本章是將《春秋》魯國十二公，魯隱公、魯桓公、魯莊公、魯閔公、魯僖公、魯文公、魯宣公、魯成公、魯襄公、魯昭公、魯定公、魯哀公，依年代先後四位一組，取後四位魯襄公、魯昭公、魯定公、魯哀公，併為春秋後期。依據《左傳》的記載，分別析論各國發生的弒君事件，是否符合由辛伯所提「並后、匹嫡、兩政、耦國」四項亂國根本概念，衍生出「伴侶無狀」、「嗣親奪權」、「臣僕專擅」、「都國無別」四項弒君因素。

## 第一節　襄公時期的弒君事件

### 一、鄭子駟殺鄭僖公（襄公七年，公元前五六六年）

#### （一）弒君事件概述

鄭國子駟擔任相的時候，鄭僖公不以禮相待，侍者勸諫鄭僖公，卻被鄭僖公殺掉。《左傳》襄公七年云：「子駟相，又不禮焉。侍者諫，不聽；又諫，殺之。及鄵，子駟使賊夜弒僖公，而以瘧疾赴于諸侯。簡公生五年，奉而立之。」〔註1〕魯襄公七年，鄭僖公到鄵地時，子駟派人夜殺鄭僖公，然後向諸侯報告鄭僖公得急病死去，改立鄭僖公五歲的兒子嘉為鄭簡公。

#### （二）弒君原因分析

魯襄公二年，鄭成公生病，子駟請求服從晉國，以解除來自楚國的負擔。

---

〔註1〕《春秋經傳集解》，〔晉〕杜預註，相臺岳氏本，臺北市，七略出版社，1991年9月2版，頁212。

然而，鄭成公感念楚君，當初為鄭國而被射傷眼睛的恩情，堅持不願背棄楚國，拒絕了子駟的請求。《左傳》襄公二年云：「鄭成公疾，子駟請息肩於晉。公曰：『楚君以鄭故，親集矢於其目，非異人任。寡人也，若背之，是弃力與言，其誰暱我。免寡人，唯二三子。』。」〔註2〕根據杜預的說法，鄭國服從楚國，但是楚國對於鄭國的要求越來越多，使得鄭國不堪負荷，因此子駟才興起改服晉的想法。《春秋左傳注》云：「據杜〈注〉，其意謂鄭服於楚，楚國對鄭需求過甚，鄭不堪負擔，子駟因欲改服從晉國，以避免楚之役使與誅求。頗合情禮。」〔註3〕不過，礙於鄭成公感恩的心意，最後鄭國還是繼續服從楚國。

同年秋季，鄭成公逝世後，由子罕掌管國政，子駟處理政務，子國擔任司馬。《左傳》襄公二年云：「秋，七月，庚辰，鄭伯睔卒，於是子罕當國，子駟為政，子國為司馬。晉師侵鄭，諸大夫欲從晉，子駟曰：『官命未改。』。」〔註4〕後來晉國侵略鄭國，鄭國大夫都主張服從晉國，子駟以鄭成公不願背楚的心意，拒絕服從晉國。依照楊伯峻觀點，春秋時期的制度，在舊君尚未下葬，新君尚未改元的時候，還是依照舊君所頒的命令執行，因此子駟才會用「官命未改」的理由，拒絕眾大臣改服晉國的意見。《春秋左傳注》云：「此官命即指鄭成公之令。春秋之制，新君于第二年始改元。且此時成公雖死，尚未下葬，嗣君不得發佈新令，故曰『官命未改』。」〔註5〕鄭成公死後傳位給兒子鄭僖公，當鄭僖公還是世子的時候，對於大臣就有過不以禮相待的紀錄。

魯成公十六年，鄭僖公以世子身份和子罕一同出使到晉國，對子罕不曾禮遇。日後又和子豐出使到楚國，同樣對子豐也不曾禮遇。子罕和子豐都是鄭穆公的兒子，鄭穆公算是鄭僖公的曾祖父，因此子罕和子豐和鄭僖公的爺爺鄭襄公同輩。《春秋左傳注》云：「子罕、子豐皆鄭穆公子，較僖公長三輩。」〔註6〕雖然身為人臣，但是晚輩卻如此不禮貌，自然讓這些長輩內心十分不滿。等到鄭僖公即位元年的時候，眾人前往朝見晉國，子豐想趁機向晉國控

---

〔註2〕 《春秋經傳集解》，頁205。
〔註3〕 《春秋左傳注》，〔民國〕楊伯峻，臺北縣，漢京文化事業有限公司，1987年1月，頁922。
〔註4〕 《春秋經傳集解》，頁205。
〔註5〕 《春秋左傳注》，頁922。
〔註6〕 《春秋左傳注》，頁953。

訴鄭僖公的過失，希望能藉由晉國的力量，廢掉鄭僖公改立其他人爲鄭君，被子罕出面勸阻而作罷。《左傳》襄公七年云：

> 鄭僖公之爲大子也，於成之十六年。與子罕適晉，不禮焉；又與子豐適楚，亦不禮焉。及其元年，朝于晉，子豐欲愬諸晉而廢之，子罕止之。及將會于鄬，子駟相，又不禮焉。侍者諫，不聽；又諫，殺之。及鄬，子駟使賊夜弒僖公，而以瘧疾赴于諸侯。簡公生五年，奉而立之。〔註7〕

在鄬地會盟的時候，子駟擔任相，鄭僖公同樣也不以禮相待。侍者勸諫鄭僖公以禮待臣，鄭僖公不聽；侍者再次勸諫，鄭僖公就殺了勸諫的侍者。魯襄公七年，到達鄬地的時候，子駟派人在夜裡殺了鄭僖公，卻跟諸侯說鄭僖公急病死去。當時鄭僖公的兒子嘉只有五歲，因此被奉立爲鄭簡公。《左傳》記載鄭僖公是「子駟使賊夜弒」，《史記》則是記載鄭僖公是被毒藥毒死的。〈鄭世家〉云：「釐公五年，鄭相子駟朝釐公，釐公不禮。子駟怒，使廚人藥殺釐公，赴諸侯曰：『釐公暴病卒。』」〔註8〕雖然死法的記錄不相同，但是都能看出命令下手的人是子駟無疑。

楊伯峻引用高士奇的看法，發現鄭成公一心服楚，子駟雖然曾有意改服晉，最後卻選擇服從鄭成公的意見，繼續服楚，甚至在新君未改元前，用「官命未改」一語，抗拒眾大夫服晉的意見。不過，從鄭僖公即位後朝晉的舉動，就可以明顯看出，鄭僖公是有意背楚服晉，和子駟等人遵循舊君意願的意見相背。《春秋左傳注》云：

> 高士奇《紀事本末》云：「僖公之爲此行也，棄楚而從晉也，而子駟執官命未改之說於前此請大夫請從晉之日，則知公欲棄楚，非子駟意也。及楚子囊伐鄭，子駟、子國、子耳欲從楚，子孔、子蟜、子展欲待晉，而子駟曰：『請從楚，騑也受其咎』，然則子駟固未嘗一日忘楚也。僖公舍楚從晉，身卒見弒，此事勢相倚之必然者。」

〔註9〕

當君臣意見相佐時，國君對臣子的不禮貌行爲，似乎變得有跡可尋。在無禮相待的狀況下，君臣之間情誼，恐怕是不斷的惡性循環，最後造成一方

---

〔註7〕　《春秋經傳集解》，頁212。
〔註8〕　《史記會注考證》，〔日〕瀧川龜太郎，臺北市，萬卷樓圖書股份有限公司，1996年10月初版，頁680。
〔註9〕　《春秋左傳注》，頁953至954。

忍無可忍，便出手讓另一方死亡的局面。鄭僖公不禮人臣的原因沒有記載，鄭僖公最後被子駟殺掉的原因，與其說在於不禮人臣，反而比較像是背楚服晉的一意孤行所導致。

　　《左傳》所說掌管國政的子罕、處理政務的子駟、擔任司馬的子國、子豐、子孔等，同為鄭襄公的手足，都算是鄭僖公爺爺輩的長輩，也都是鄭僖公的臣子。雖然身為臣子，想必老臣總是習慣倚老賣老，對於身為晚輩的國君，可以想像，常有長輩善勸晚輩的情況出現。對於再次進諫的侍者，鄭僖公毫不留情殺掉，面對這些人臣長輩，想必鄭僖公只覺得囉嗦老頭一堆，認為不殺掉他們已算十分隱忍。《左傳》列舉鄭僖公對子罕、子豐、子駟不禮，足見身為君主，鄭僖公對部份臣子不善；身為孫輩，鄭僖公缺乏敬老尊賢的德行。促使鄭僖公如此對待長輩，無論是否真如高士奇所謂「服晉背楚」造成，都顯示出鄭僖公的缺點。然而，如《春秋》一再強調，即使國君缺點再多，君可不君，臣不可不臣。即便身為長輩，子駟畢竟還是鄭僖公的臣子，無論什麼原因都不可以弒君，偏偏子駟叫唆弒君，顯現出「臣僕專擅」的一面。

## 二、齊崔杼殺齊莊公（襄公二十五年，公元前五四八年）

### （一）弒君事件概述

　　魯襄公二十三年，秋季，齊莊公趁晉國動亂攻晉，崔杼勸阻無效。《春秋》襄公二十三年云：「秋，齊侯伐衛，遂伐晉。」〔註 10〕後來，崔杼娶棠姜為妻，齊莊公便和棠姜私通。崔杼因此懷恨，想殺掉齊莊公來討好晉國。《左傳》襄公二十五年云：「崔子因是，……欲弒公以說于晉。」〔註 11〕魯襄公二十五年，夏季，齊莊公趁崔杼告病，前往崔杼家中與棠姜私通。《春秋》襄公二十五年云：「夏，五月，乙亥，齊崔杼弒其君光。」〔註 12〕結果，被偽病告假的崔杼設計殺害。

### （二）弒君原因分析

　　由於崔杼受到齊惠公的寵信，高、國兩族十分擔憂，將會遭到受寵的崔

---

〔註10〕　《春秋經傳集解》，頁 244。

〔註11〕　《春秋經傳集解》，頁 250。

〔註12〕　《春秋經傳集解》，頁 250。

杼權勢威逼。〔註13〕於是在魯宣公十年，齊惠公死後，合力趕走崔杼，崔杼
因此逃奔到衛國。《左傳》宣公十年云：「夏，齊惠公卒，崔杼有寵於惠公，
高、國畏其偪也，公卒而逐之，奔衛。」〔註14〕齊惠公死後，由兒子無野即
位爲齊頃公，齊頃公再傳位給兒子環，即位爲齊靈公。〈齊太公世家〉云：「十
年，惠公卒，子頃公無野立。……十七年，頃公卒，子靈公環立。」〔註15〕
先前逃奔到衛國的崔杼，則在魯成公十七年，成爲齊靈公的大夫。〔註16〕

　　根據《左傳》襄公十九年記載：「齊侯娶于魯，曰顏懿姬，無子。其姪
鬷聲姬生光，以爲大子。諸子仲子、戎子，戎子嬖，仲子生牙，屬諸戎子。」
〔註17〕以及《左傳》襄公二十五年記載：「叔孫宣伯之在齊也，叔孫還納其
女於靈公，嬖，生景公。」〔註18〕齊靈公有多位妻子，分別生下三位兒子。
魯國顏懿姬的姪女鬷聲姬生下公子光，立爲世子，日後即位爲齊莊公。仲子
生下公子牙，交給受寵的戎子撫養。叔孫宣伯的女兒穆孟姬〔註19〕生下公子
杵臼〔註20〕，也就是日後的齊景公。

　　由於戎子備受寵幸，於是請求齊靈公改立公子牙爲世子，齊靈公立即答
應。公子牙的親生母親仲子出面勸阻齊靈公，認爲世子光是嫡長子，又曾經
參與過諸侯盟會，是受到各國諸侯承認的齊國世子；〔註21〕若是無視嫡長繼
承制的常規，甚至背離各國諸侯的承認，任意廢立，勢必爲齊國招惹禍端。
可惜齊靈公不聽，將世子光遷移到東部邊境，改立公子牙爲世子，讓高厚當
世子牙的太傅，夙沙衛當世子牙的少傅。《左傳》襄公十九年云：

　　戎子請以爲大子，許之。仲子曰：「不可，廢常不祥，聞諸侯難，光
　　之立也，列於諸侯矣。今無故而廢之，是專黜諸侯，而以難犯不祥

---

〔註13〕　《春秋左傳注》云：「不知崔杼弱冠有寵，雖不當政，有寵即有權，高、國亦
　　　　　可畏之。」，頁706。
〔註14〕　《春秋經傳集解》，頁157。
〔註15〕　《史記會注考證》，頁558至559。
〔註16〕　《左傳》成公十七年云：「齊侯使崔杼爲大夫。」見《春秋經傳集解》，頁199。
〔註17〕　《春秋經傳集解》，頁237。
〔註18〕　《春秋經傳集解》，頁251。
〔註19〕　《春秋左傳注》云：「景公母，後稱穆孟姬，見昭十年《傳》。」，頁1099。
〔註20〕　《史記會注考證》云：「崔杼立莊公異母弟杵臼，是爲景公。」，頁560。
〔註21〕　《春秋左傳注》云：「三年盟雞澤，五年會于戚，又救陳，九年伐鄭，同盟于
　　　　　戲，十年會吳於柤，十一年伐鄭，同盟於亳城北，會於蕭魚，太子光皆參與。」，
　　　　　頁1048。從魯襄公三年到魯襄公十一年，齊世子光就不停的參與諸侯的盟會，
　　　　　足證《左傳》襄公十九年所述仲子「列於諸侯矣」的說法。

也，君必悔之。」公曰：「在我而已。」遂東大子光，使高厚傅牙，
以爲大子，夙沙衛爲少傅。〔註22〕

如今，齊靈公無視現實狀況，純粹滿足個人私欲，改立公子牙爲世子，
甚至將世子光遷移到邊境，用意大概在避免世子光奪回權益的機會，然而齊
靈公的擅行廢立，終究還是埋下「嗣親奪權」的種子，讓有心大臣覷得可利
用的機會。不久，齊靈公病重，崔杼偷偷把已經被廢的原世子子光接回齊國。

魯襄公十九年，崔杼擁立被廢的原世子光爲齊莊公。齊莊公首先將戎子
殺掉，把屍體擺在朝廷上。《春秋左傳正義》疏云：「婦人從人者也，故不爲
制刑。及犯惡，從男子之刑也。」〔註23〕古代男尊女卑，因此婦女被視爲男
人的附屬品，一旦婦女犯罪，就比照男子犯罪的罪刑處理，並不會特別爲婦
女另設刑罰。《春秋左傳注》云：「古代五刑，唯宮刑男女有異，餘皆爲男子
設。若婦女有罪，僅比照男子罪刑爲之。」〔註24〕只有在宮刑施行的部份，
因男女天生生理構造不同而使得處理方式不同，其餘都是比照男子犯罪的罪
刑方式處理。不論是用哪種刑罰方式，根據古禮，對於婦女就算用刑，也不
能將屍體擺放在朝廷上，可見齊莊公的舉動於禮不合。

此外，齊莊公還在句瀆之丘逮捕世子牙，並認爲當初被廢世子身份，出
主意者是身爲公子光少傅的夙沙衛，夙沙衛因此叛變投奔到高唐國。魯襄公
十九年，八月，崔杼在灑藍殺掉高厚，兼併掉高厚的采邑。《春秋》認爲身爲
公子光大傅的高厚，被殺原因出在聽從齊靈公昏庸的廢立命令。《左傳》襄公
十九年云：

> 齊侯疾，崔杼微逆光，疾病而立之，光殺戎子，尸諸朝，非禮也。
> 婦人無刑，雖有刑，不在朝市。夏，五月，壬辰，晦，齊靈公卒，
> 莊公即位，執公子牙於句瀆之丘，以夙沙衛易己，衛奔高唐以叛。……
> 秋，八月，齊崔杼殺高厚於灑藍，而兼其室，書曰「齊殺其大夫」
> 從君於昏也。〔註25〕

《左傳》只描述到世子牙被抓，並沒有寫出世子牙的下場。不過，連世
子牙名義上的母親戎子被殺掉，老師一個被迫逃亡，一個被殺，可知齊莊公

〔註22〕《春秋經傳集解》，頁237。
〔註23〕《春秋左傳正義》，《十三經注疏》第6冊，〔清〕阮元校勘，〔清〕嘉慶20年（1815
　　　　年）江西南昌府學刊本，臺北縣，藝文印書館，1976年5月6版，頁586。
〔註24〕《春秋左傳注》，頁1049。
〔註25〕《春秋經傳集解》，頁237。

對於被廢世子一事，肯定心懷怨懟。以此推想，齊莊公不可能留世子牙的性命。依據太史公的記載，世子牙被抓到後，就被齊莊公殺死。〔註26〕但是，《經》《傳》沒有寫明世子牙是否被殺害，因此本文於此略提，不另闢爲弒君案件探討。總之，齊靈公妄行廢立，加上崔杼暗迎齊莊公的行爲，造成大臣一死一叛，危及及世子牙性命，實在爲害不淺。

　　魯襄公二十三年，秋季，齊莊公不顧晏平仲和崔杼的勸阻，執意趁晉國動亂攻晉。推敲齊莊公一心攻晉的原因，可能和身爲世子時曾到晉國作人質一事相關，多少帶些復仇的意味。陳文子詢問崔杼對齊莊公此次一意孤行的意見，崔杼認爲齊莊公不聽自己的勸阻，以晉國的禍難圖利，妄想攻打奉爲盟主的晉國，若引發事端，臣子們一旦急迫就不會顧慮國君。對於崔杼「君於何有」的說法，陳文子已經看出，崔杼重視自己勝過國君，未來極有可能犯下弒君罪行。《左傳》襄公二十三年云：

> 秋，齊侯伐衛，……自衛將遂伐晉，晏平仲曰：「君恃勇力以伐盟主，
> 若不濟，國之福也。不德而有功，憂必及君。」崔杼諫曰：「不可。
> 臣聞之，小國閒大國之敗而毀焉，必受其咎，君其圖之。」弗聽。
> 陳文子見崔武子曰：「將如君何？」武子曰：「吾言於君，君弗聽也。
> 以爲盟主，而利其難，羣臣若急，君於何有？子姑止之。」文子退，
> 告其人曰：「崔子將死乎，謂君甚，而又過之，不得其死。過君以義，
> 猶自抑也，況以惡乎。」〔註27〕

　　陳文子對崔杼的觀點，日後果然發生。魯襄公二十五年，崔杼的確犯下弒君大罪，導火線則起於一位美麗的女人，齊國棠公的妻子，棠姜。齊國棠公的妻子是東郭偃的姐姐，東郭偃又是崔杼的家臣。棠公死後，東郭偃駕車，送崔杼前往棠公處弔唁。崔杼看到棠姜的美貌，十分喜愛，於是讓東郭偃幫自己，準備迎娶棠姜。在齊國，崔氏一族是齊丁公的後裔，而東郭氏一族是齊桓公的後裔，兩族同爲姜姓，因此，東郭偃以兩族血脈相近，同姓不得成婚，拒絕崔杼。崔杼轉而求助占卜，太史都覺得卦象吉利，唯獨陳文子認爲是凶兆。然而崔杼不聽，認爲凶兆已經應驗在棠公身上，自己迎娶成爲寡婦的棠姜，並不會應驗到凶兆。然而，迎娶棠姜後，沒多久崔杼就發現齊莊公

---

〔註26〕〈齊太公世家〉云：「五月壬辰，靈公卒，莊公卽位，執太子牙於句竇之丘殺之。」見《史記會注考證》，頁559。

〔註27〕《春秋經傳集解》，頁245。

和棠姜私通。《左傳》襄公二十五年云：

> 齊棠公之妻，東郭偃之姊也。東郭偃臣崔武子，棠公死，偃御武子
> 以弔焉，見棠姜而美之，使偃取之。偃曰：「男女辨姓，今君出自丁，
> 臣出自桓，不可。」武子筮之，遇困䷮之大過䷛，史皆曰吉。
> 示陳文子，文子曰：「夫從風，風隕，妻不可娶也。且其繇曰：『困
> 于石，據于蒺梨，入于其宮，不見其妻，凶。』困于石，往不濟也；
> 據于蒺梨，可恃傷也；入于其宮，不見其妻，凶。無所歸也。」崔
> 子曰：「嫠也何害，先夫當之矣。」遂取之。莊公通焉，驟如崔氏，
> 以崔子之冠賜人。侍者曰：「不可。」公曰：「不為崔子，其無冠乎。」
> 崔子因是，又以其閒伐晉也，曰：「晉必將報。」欲弒公以說于晉，
> 而不獲閒。公鞭侍人賈舉，而又近之，乃為崔子閒公。〔註28〕

　　齊莊公經常趁崔杼不在時，到崔杼家中與棠姜私通，甚至擅拿崔杼的帽
子賜給他人；即使侍者勸阻齊莊公的賜帽行為，齊莊公依然故我。崔杼因此
懷恨在心，加上先前齊莊公執意攻晉，促使崔杼想殺掉齊莊公來討好晉國，
只是一直找不到機會。不久之後，齊莊公鞭打侍人賈舉，後來又親近賈舉，
賈舉決定為崔杼尋找機會殺死齊莊公。

　　魯襄公二十五年，夏季，莒國為了且于之役，到齊國朝見。甲戌日，齊
莊公在北郭設宴招待，崔杼推稱生病不參加。乙亥日，齊莊公前去問候崔杼
的病情，趁機與棠姜幽會，完全不知道這是崔杼請君入甕之計。棠姜進入內
室後，和崔杼從側門離開，獨留齊莊公在房中。齊莊公沒有察覺到危機，還
拍著柱子唱歌，侍人賈舉在外禁止齊莊公的隨從跟進入內，自己進入崔家後
關上大門，埋伏在內的甲士就蜂擁而上。齊莊公登上高臺，請求眾人饒他免
死，眾人不答應；齊莊公又請求和眾人立約，眾人也不答應；齊莊公又請求
讓自己在太廟自殺，眾人還是不答應。齊莊公眼見緩兵之計都不成功，只好
跳牆逃走，在越牆的時候被箭射中大腿，掉落牆內被眾人殺死。《左傳》襄公
二十五年云：

> 夏，五月，莒為且于之役故，莒子朝于齊。甲戌，饗諸北郭，崔子
> 稱疾不視事。乙亥，公問崔子，遂從姜氏，姜入于室，與崔子自側
> 戶出，公拊楹而歌，侍人賈舉止眾從者，而入閉門，甲興。公登臺
> 而請，弗許；請盟，弗許；請自刃於廟，弗許。皆曰：「君之臣杼疾

病，不能聽命。近於公宮，陪臣干掫有淫者，不知二命。」公踰牆，

又射之，中股，反隊，遂弒之。〔註29〕

在這場動亂中，齊莊公所變信的賈舉、州綽、邴師、公孫敖、封具、鐸父、襄伊、僂堙都被殺死；祝佗父在高唐祭祀，回到國都復命，還未脫掉官帽就在崔杼家中被殺死；申蒯負責管理漁業，和他的家臣一起自殺；釁蔑在平陰被崔氏殺死；只有晏子在崔家大門打開後，入內對著齊莊公屍體號哭後平安離去。有人勸崔杼殺掉晏子，崔杼認為晏子深得民心，想借晏子來奪得民心依附，因此不殺害晏子。盧蒲癸投奔晉國，王何則逃往莒國。《左傳》襄公二十五年云：

> 賈舉、州綽、邴師、公孫敖、封具、鐸父、襄伊、僂堙，皆死。祝
> 佗父祭於高唐，至復命，不說弁而死於崔氏。申蒯侍漁者，退謂其
> 宰曰：「爾以帑免，我將死。」其宰曰：「免，是反子之義也。」與
> 之皆死。崔氏殺釁蔑于平陰。晏子立於崔氏之門外……門啟而入，
> 枕尸股而哭。興，三踊而出，人謂崔子，必殺之。崔子曰：「民之望
> 也，舍之得民。」盧蒲癸奔晉，王何奔莒。〔註30〕

當初叔孫宣伯在齊國的時候，把女兒穆孟姬嫁給齊靈公，受到寵愛，生下齊景公。《左傳》襄公二十五云：「叔孫宣伯之在齊也。叔孫還納其女於靈公，嬖，生景公。丁丑，崔杼立而相之，慶封為左相。」〔註31〕魯襄公二十五年，丁丑日，崔杼擁立齊景公，自己擔任宰相，封慶封為左相。齊國的大史，在史書上記載「崔杼弒其君」一語，因此被崔杼殺死；大史的弟弟，又在史書上記載一樣的文字，也被崔杼殺死；大史的另一個弟弟，繼續記載相同的語句，崔杼明白殺人無效，終於止殺。《左傳》襄公二十五年云：「大史書曰：『崔杼弒其君。』崔子殺之。其弟嗣書，而死者二人，其弟又書，乃舍之。南史氏聞大史盡死，執簡以往，聞既書矣，乃還。」〔註32〕本來南史氏聽說齊國大史都被殺死，拿著同樣記載史事的竹簡前往齊國，聽到事件被如實記載後才返回。由此可知，古代史家貫徹秉筆直書的決心。

崔杼先是受到齊惠公的寵信，在高、國二族威逼下逃奔衛國，最後成為齊靈公的大夫。齊惠公是齊靈公的祖父，齊莊公是齊靈公的兒子，以此推想，

---

〔註29〕《春秋經傳集解》，頁250至251。
〔註30〕《春秋經傳集解》，頁251。
〔註31〕《春秋經傳集解》，頁251。
〔註32〕《春秋經傳集解》，頁251。

崔杼算是齊莊公的長輩，也是齊國資深的大臣，權勢一定不小。加上迎立齊莊公有功，想必也受到齊莊公一定的權益賞賜。齊靈公擅行廢立，造成「嗣親奪權」的局面。戎子憑藉齊靈公的寵愛，干涉國君繼承人選的行為，符合「伴侶無狀」的舉止。崔杼無視齊靈公改立世子牙的君命，暗中偷渡前世子光回國，即位為齊莊公，也展現「臣僕專擅」的大膽動作。齊莊公即位後，違背盟約攻晉，還和權臣的妻子私通，足見國君品行有所缺失。棠姜再嫁給崔杼後，不管是否自願，和齊莊公私通是事實；棠姜身為崔杼妻子，卻婦道不守，成為國君無名有份的伴侶，不但引發崔杼產生殺君意念，更進而導致齊莊公見弒，也稱得上是「伴侶無狀」的表現。崔杼先是無視先君命令，迎立齊莊公，卻又因為攻晉事件和妻子外遇，對齊莊公痛下殺手，任意弒君的行為，已是「臣僕專擅」的最佳代言。因此，崔杼殺齊莊公一案，符合「伴侶無狀」、「嗣親奪權」、「臣僕專擅」等弒君因素。

## 三、衛甯喜殺衛侯剽（襄公二十六年，公元前五四七年）

### （一）弒君事件概述

衛定公死後，由兒子衎即位為衛獻公。衛獻公因嬖妾學琴一事，鞭笞過師曹，還曾經失約、失禮於孫文子和甯惠子。《左傳》襄公十四年云：「公出奔齊，孫氏追之，敗公徒于阿澤」〔註33〕魯襄公十四年，師曹故意唱〈巧言〉的卒章，激怒孫文子來報復衛獻公，衛獻公因此出奔齊國，於是衛國人立公孫剽為國君，由孫林父、甯殖輔佐。《左傳》襄公十四年云：「衛人立公孫剽，孫林父、甯殖，相之，以聽命於諸侯。」〔註34〕衛獻公出奔後，曾經派人和甯喜談復位的事，甯喜表示一定要公子鮮在場，事情才會成功。因此，魯襄公二十六年，衛獻公派公子鮮協助自己復登君位。《左傳》襄公二十六年云：「辛卯，殺子叔及大子角，書曰『甯喜弒其君剽』。」〔註35〕為了迎回衛獻公，甯喜殺死衛侯剽和世子角，重立衛獻公為君。

### （二）弒君原因分析

起初，衛獻公的嬖妾想學琴，於是衛獻公命令師曹教嬖妾學琴。在學習的過程中，師曹鞭打過這位嬖妾，衛獻公因此生氣，鞭打師曹三百下，造成

---

〔註33〕《春秋經傳集解》，頁228。
〔註34〕《春秋經傳集解》，頁228。
〔註35〕《春秋經傳集解》，頁256。

師曹懷怨在心。魯襄公十四年的時候，衛獻公和孫文子和甯惠子約好共同吃飯，〔註36〕孫文子、甯惠子兩人穿上朝服在朝廷上待命，但是直到晚上都不見衛獻公的召集。得知衛獻公在苑囿中狩獵飛禽，孫文子、甯惠子兩人前往苑囿晉見衛獻公，衛獻公卻穿戴著皮帽和他們對話，讓兩人十分不滿。

　　依照當時的禮節，當臣子穿著朝服的時候，國君接見時要脫帽表示尊重。即使是臣子彼此間見面，只要穿著朝服的時候，都必須脫帽或是卸下甲冑表示禮貌。《春秋左傳注》云：「君見臣，臣若朝服，依當時儀節，應脫去皮冠。……卽羣臣相見，亦必脫皮冠或冑。……孫林父、甯殖著朝服，衛獻見之不脫皮冠，蓋故意辱之。」〔註37〕如今衛獻公先讓孫文子、甯惠子兩人空等，見面的時候又不脫帽顯然衛獻公有意要羞辱兩人。被如此對待，孫文子、甯惠子自然非常憤怒，但是礙於對方是國君，也只能暫時吞忍。《左傳》襄公十四年云：

> 衛獻公戒孫文子，甯惠子，食，皆服而朝。日旰不召，而射鴻於囿，二子從之，不釋皮冠而與之言，二子怒。孫文子知戚，孫蒯入使，公飲之酒，使大師歌〈巧言〉之卒章，大師辭，師曹請爲之。初，公有嬖妾，使師曹誨之琴，師曹鞭之，公怒，鞭師曹三百，故師曹欲歌之，以怒孫子，以報公。公使歌之，遂誦之，蒯懼，告文子。文子曰：「君忌我矣。弗先，必死。」并帑於戚，而入見蘧伯玉曰：「君之暴虐，子所知也。大懼社稷之傾覆，將若之何？」對曰：「君制其國，臣敢奸之。雖奸之，庸知愈乎。」遂行，從近關出。公使子蟜、子伯、子皮，與孫子盟于丘宮，孫子皆殺之。四月，己未，子展奔齊。公如鄄，使子行於孫子，孫子又殺之。公出奔齊，孫氏追之，敗公徒于阿澤。〔註38〕

　　從魯襄公十四年傳文記錄，孫文子找蘧伯玉商量的時候，在對話中明確地說衛獻公的「暴虐」人臣明知。可見衛獻公對待臣僕，並非好禮相待。這種行事作風的國君，容易使臣僕驚懼多疑，甚至揣測國君將要對自己不利，進而先下手爲強。後來孫文子的兒子孫蒯入朝請命，衛獻公擺下酒席，席中

---

〔註36〕《春秋左傳注》云：「戒食，謂約期與之共食。……旰因幹，日晚也。」，頁1010至1011。

〔註37〕《春秋左傳注》，頁1011。

〔註38〕《春秋經傳集解》，頁227至228。

命令樂官之長唱《詩經‧小雅‧巧言》的末章，〔註39〕被樂官之長拒絕。杜預認為，這是衛獻公暗指孫文子有意作亂。〔註40〕樂官之長明白〈巧言〉末章的寓意，一旦唱出〈巧言〉末章，本來無意作亂的孫文子，很可能因此起意為亂，故而拒絕。

當時，師曹也在現場，師曹想藉由〈巧言〉末章來激怒孫蒯，報復衛獻公先前鞭笞的仇恨。於是師曹向衛獻公請求，替代樂官之長完成任務，衛獻公也十分樂意的答應。聽完師曹誦讀的〈巧言〉末章，孫蒯驚懼不已，連忙告知孫文子。孫文子明白衛獻公對自己興起忌憚之心，決定先下手為強，避免被衛獻公殺死。魯襄公十四年，孫蒯發動政變成功，殺掉子蟜、子伯、子皮等人，子展和衛獻公則是逃亡到齊國。

衛獻公出奔之後，衛國人改立公孫剽為新任衛君，並且讓孫文子（即孫林父）和寧殖共同輔佐。公孫剽的身份，《左傳》沒有直接記錄。杜預認為公孫剽是衛穆公的孫子。〔註41〕太史公記為衛定公的弟弟，〔註42〕衛定公是衛穆公的兒子，可見太史公認為衛君剽是衛穆公的兒子，和杜預說法不同。瀧川資言考證，採梁玉繩的說法駁太史公的意見，認為衛侯剽是衛穆公的兒子黑背的兒子，〔註43〕衛君剽算是衛穆公的孫子。楊伯峻也認為衛侯剽是子叔黑背的兒子。〔註44〕子叔黑背曾經出現在《春秋》成公十年云：「春，衛侯之弟黑背，帥師侵鄭。」〔註45〕、《左傳》成公十年云：「衛子叔黑背侵鄭。」〔註46〕根據《春秋左傳注》魯成公十年為衛定公八年，〔註47〕可見文中的衛侯是指衛定公，子叔黑背是衛定公的弟弟，衛穆公的兒子。據此，本文認定衛侯剽是子叔黑背的兒子，是衛穆公的孫子，和衛獻公是堂兄弟關係。

---

〔註39〕 杜注：「巧言，《詩‧小雅》，其卒章曰：『彼何人斯？居河之麋？無拳無勇，職為亂階。』」見《春秋經傳集解》，頁227。

〔註40〕 杜注：「公欲以喻文子居河上而為亂。」見《春秋經傳集解》，頁227。

〔註41〕 杜注：「剽，穆公孫。」見《春秋經傳集解》，頁228。

〔註42〕 〈衛康叔世家〉云：「獻公犇齊……孫文子、甯惠子共立定公弟秋為衛君。」見《史記會注考證》，頁604。

〔註43〕 《史記會注考證》云：「剽乃穆公子黑背之子，於定公為從子，於獻公為從父昆弟，此與年表俱云定公弟，謬。」，頁604。

〔註44〕 《春秋左傳注》云：「公孫剽，子叔黑背子。剽是穆公子孫，定公之子。」，頁916。又云：「剽之父為子叔黑背。」，頁1113。

〔註45〕 《春秋經傳集解》，頁186。

〔註46〕 《春秋經傳集解》，頁186。

〔註47〕 《春秋左傳注》：「十年，庚辰，公元前五八一年。……衛定公八年。」，頁847。

　　雖然國內已經由衛侯剽即位，人在國外的衛獻公，依然一心想回國復位。按理而言，被臣僕逼迫到逃亡國外，衛獻公應該好好檢討自己的過失，並且努力改過，表示自己知錯能，改好讓國人願意接受這位出奔的國君回國。然而，衛獻公一點也沒察覺到自己的錯誤，逃亡到國境的時候，派人向宗廟報告逃亡一事，竟然還表明自己是無罪的。《左傳》襄公十四年云：

> 子鮮從公，及竟，公使祝宗告亡，且告無罪。定姜曰：「無神何告？若有，不可誣也。有罪，若何告無？舍大臣而與小臣謀，一罪也。先君有冢卿，以爲師保，而蔑之，二罪也。余以巾櫛事先君，而暴妾使余，三罪也。告亡而已，無告無罪。」〔註48〕

　　對於衛獻公向宗廟報告無罪，定姜直接列出三罪，戳破衛獻公的自欺欺人。捨棄大臣和小臣同謀是一罪，鄙視先君留下的孫文子、甯惠子兩位重臣是一罪，未能敬養嫡母是三罪。定姜是衛定公的夫人，衛獻公是衛定公的妾敬姒親生，因此定姜算是衛獻公的嫡母；即使沒有親生血緣，按古禮，衛獻公也必須視若己母來奉養，然而衛獻公卻將定姜視同婢妾，粗暴地對待。〔註49〕定姜認爲，若相信有神靈的存在，就必須誠實報告，衛獻公至少犯了三條罪狀，卻稱自己無罪，與其欺誣神靈，不如只報告逃亡，何必又報告無罪。從《左傳》特別記錄定姜的說法，就可以看出衛獻公完全沒意識到自己的過失，認定一切都是別人的過錯。《左傳》襄公十四年云：

> 衛侯在郲，臧紇如齊，唁衛侯。衛侯與之言，虐，退而告其人曰：「衛侯其不得入矣。其言糞土也，亡而不變，何以復國？」子展、子鮮聞之，見臧紇與之言，道，臧孫說，謂其人曰：「衛君必入。夫二子者，或輓之，或推之，欲無入得乎。」〔註50〕

　　衛獻公出亡到齊國的時候，齊國讓衛獻公居住在郲地。《左傳》襄公十四年云：「齊人以郲寄衛侯，及其復也，以郲糧歸。」〔註51〕齊國好心收留衛獻公，不料等到日後衛獻公回衛國復位的時候，竟然還帶著郲地的糧食回衛國去。杜預直接說明這表示衛獻公根本就是個貪心的人。〔註52〕正當衛獻公居住在郲地的時候，臧紇曾經到齊國慰問失去國家的衛獻公。言談間衛獻公態

〔註48〕《春秋經傳集解》，頁228。
〔註49〕《春秋左傳注》云：「暴妾使余者，待余甚暴若婢妾也。」，頁1013。
〔註50〕《春秋經傳集解》，頁228。
〔註51〕《春秋經傳集解》，頁228。
〔註52〕杜注：「言其貪。」見《春秋經傳集解》，頁228。

度粗暴，臧紇因此認為衛獻公不知改過，光憑衛獻公自己絕對回不了衛國。

子展和子鮮聽聞後，兩人便前往和臧紇會面談話，言談間通情達禮，讓臧紇很高興，會後臧紇認為有子展和子鮮兩人協助，衛獻公就能回衛國復位。魯襄公二十五年，衛獻公從夷儀派人向甯喜談論復國的事，甯喜同意。《左傳》襄公二十五年云：「衛獻公自夷儀使與甯喜言，甯喜許之。」〔註53〕對於衛獻公渴望回國一事，甯喜雖然同意，卻強調要有公子鮮幫忙才能成功。根據杜預的看法，公子鮮素有賢名，深得衛國人信任，因此甯喜才需要公子鮮協助衛獻公歸國復位。〔註54〕當初和衛獻公一同逃亡到國外的公子鮮，因為擔憂衛獻公言而無信，對於衛獻公復國的要求，本來不願意出面協助，最後在生母敬姒的要求下才出面協助衛獻公。《左傳》襄公二十六年云：「衛獻公使子鮮為復，辭，敬姒強命之，對曰：『君無信，臣懼不免。』敬姒曰：『雖然，以吾故也。』許諾。」〔註55〕甯喜知道公子鮮出面後，便將迎接衛獻公回國的事情告知右宰穀，右宰穀認為不可行。先前孫文子迫使衛獻公出奔，甯氏因此得罪了衛獻公；如今為了要迎回衛獻公，甯喜又得罪衛侯剽，連續獲罪於兩位君主，是十分不智的舉動。甯喜卻十分堅持，右宰穀便決定先到夷儀觀察衛獻公。

右宰穀前去夷儀見衛獻公後，回來告知甯喜，認為衛獻公出奔在外長達十二年之久，一點悔意都沒有，依然故我，實在不適合迎接回衛國。一旦迎接衛獻公回國，死期就不遠了。甯喜認為有公子鮮坐鎮，應該沒有問題，右宰穀卻覺得公子鮮自顧不暇，根本無法保全其他人，可惜甯喜經無法回頭了。《左傳》襄公二十六年云：

> 告右宰穀，右宰穀曰：「不可，獲罪於兩君，天下誰畜之？」悼子曰：「吾受命於先人，不可以貳。」穀曰：「我請使焉而觀之。」遂見公於夷儀，反曰：「君淹恤在外，十二年矣。而無憂色，亦無寬言，猶夫人也。若不已，死無日矣。」悼子曰：「子鮮在。」右宰穀曰：「子鮮在何益？多而能亡，於我何為？」悼子曰：「雖然，弗可以已。」
> 〔註56〕

從衛獻公出奔告宗廟無罪，定姜認為衛獻公有三罪，還有衛獻公對臧紇

---

〔註53〕《春秋經傳集解》，頁254。
〔註54〕杜注：「子鮮賢，國人信之，必欲使在其間。」見《春秋經傳集解》，頁255。
〔註55〕《春秋經傳集解》，頁255。
〔註56〕《春秋經傳集解》，頁255。

言語無禮，公子鮮畏懼衛獻公言而無信，甚至衛獻公回國時還帶走郲地糧食，以及右宰穀認定衛獻公依然故我的種種事件來看，可知《左傳》描述的衛獻公，是一位有錯不自覺、暴虐無禮、缺乏信用、貪心、不知悔改的不及格國君。如此的舊君，既然都已經被驅逐出境，加上國內已經立有新君，實在不該再迎接回來。偏偏甯喜基於「受命於先人」執意要接回，完全忽略衛獻公是否合適的現實。有關甯喜「受命先人」一事，《東周列國志》有十分生動的描繪：

> 卻說衛大夫孫林父、甯殖既逐其君衎，奉其弟剽爲君。後甯殖病篤，召其子甯喜謂曰：「甯氏自莊武以來，世篤忠貞。出君之事，孫子爲之，非吾意也。而人皆稱曰『孫、甯』。吾恨無以自明，即死，無顏見祖父於地下！子能使故君復位，蓋吾之愆，方是吾子。不然，吾不享汝之祀矣。」喜泣拜曰：「敢不勉圖！」殖死，喜嗣爲左相，自是日以復國爲念。奈殤公剽屢會諸侯，四境無故；上卿孫林父又是獻公衎的嫡仇，無間可乘。〔註57〕

根據《東周列國志》的敘述，當初驅逐衛獻公，並非甯殖的本意，但是眾人都以爲是孫林父（即孫文子）和甯殖（即甯惠子）共謀，爲此甯殖懷憾至死，死前交代甯喜一定要迎回衛獻公，好洗刷甯氏逐君的罪名。如此看來，甯喜雖然心中明白衛獻公的缺點，也清楚以衛獻公的爲人，就算協助他歸國復位，還是會記舊仇報復，如同右宰穀所說死期不遠。即使如此，爲了父親甯殖，甯喜還是執意接回衛獻公，和《左傳》所謂甯喜「受命於先人」的說法相同，可視作甯喜一意孤行的緣由。

爲了迎回衛獻公，國內的君位必須空出來，當然衛侯剽不會自動退位，因此甯喜只能強迫衛國空出君位。魯襄公二十六年，辛卯日，甯喜殺死子叔和大子角。《左傳》襄公二十六年云：「辛卯，殺子叔，及大子角，書曰『甯喜弒其君剽』。言罪之在甯氏也。」〔註58〕子叔就是衛侯剽，因爲衛侯剽當時還沒有稱號，因此以父親子叔黑背的「子叔」稱號來稱呼，也就是子叔一族的意思。〔註59〕根據太史公的記錄，後來衛侯剽被追諡爲殤公。甯喜派人

---

〔註57〕《東周列國志》，〔明〕余邵魚，臺南市，世一文化事業股份有限公司，1995年10月初版，頁585。

〔註58〕《春秋經傳集解》，頁256。

〔註59〕《春秋左傳注》云：「子叔即衛侯剽，〈衛世家〉及〈年表〉號之曰殤公，蓋追諡也。剽之父爲子叔黑背，此或以其父之號稱之爲子叔。其大子角亦被殺，

殺掉衛侯剽，甚至連衛侯剽的兒子世子角都一併殺除，使得衛侯剽自此絕後。一切就只爲空出君位，好讓衛獻公歸國復位，因此《春秋》記爲「甯喜弒其君剽」將弒君罪名歸給甯喜。

衛侯剽的死亡，近看，是甯喜爲了迎接衛獻公回國復位造成；往前推因，則是孫文子畏懼衛獻公的猜忌，先一步逼迫衛獻公出奔國外。師曹因爲鞭仇，故意代誦〈巧言〉末章，意在促成孫氏動亂，好報復衛獻公；孫文子身爲衛獻公的臣子，曾遭衛獻公耍弄，加上擔憂國君的猜忌，於是先行集結勢力，迫使國君出奔，這些人的行爲都不能免去「臣僕專擅」的批評。衛獻公既然出奔，卻一心念著君位，無視國內已經另立新君，執意回國重掌政權，依仗自己是衛定公的血脈，造成「嗣親奪權」的局面。甯喜身負輔佐衛侯剽的重任，卻以衛侯剽臣子的身份，執意迎接衛獻公回國復位，無視現在的君主是衛獻公，心中已是無君狀態。面對一心想復位的衛獻公，衛侯剽沒能作初防範動作，沒能阻止甯喜的反叛，足見衛侯剽爲君有失。最後，甯喜甚至動手滅絕衛侯剽的血脈，包括現任君主衛侯剽，以及衛侯剽死後的正統繼承人世子角；甯喜可說是連續殺了兩位衛國的國君，展現「臣僕專擅」的舉止，就只爲了完成先人遺命，迎回不曾悔改的被逐舊君。此外，敬姒身爲衛定公的妾，在衛獻公出奔後，不但沒能教好兒子改過，還強迫公子鮮協助失職國君復國，干涉衛國國君人選，促成衛侯剽的死亡，行爲上已經失去妃妾該有的儀節，也算是「伴侶無狀」的表現。

## 四、越俘闇殺吳王餘祭（襄公二十九年，公元前五四四年）

### （一）弒君事件概述

吳王壽夢有四子：諸樊、餘祭、餘昧、季札。其中季札最賢能，吳王壽夢想立他爲儲君被推辭，於是立諸樊爲儲君，訂下傳弟不傳子的約定。魯襄公十二年春季，吳王壽夢逝世。《左傳》襄公十二年云：「秋，吳子壽夢卒。」〔註60〕魯襄公十四年，吳王壽夢死後，長子諸樊服完喪，打算依父命立季札爲國君，季札辭謝。諸樊堅持要立季札爲國君，季札便丟掉家產跑去種田，諸樊於是不再勉強季札。《左傳》襄公十四年云：「吳子諸樊既除喪，將立季

竟無後。」，頁1113。

〔註60〕《春秋經傳集解》，頁223。

札，季札辭……固立之，弃其室而耕，乃舍之。」〔註61〕吳王諸樊死後，由弟弟餘祭即位。《春秋》襄公二十九年云：「闇弒吳子餘祭。」〔註62〕魯襄公二十九年，，吳王餘祭被看門人用刀殺死。

### （二）弒君原因分析

由於吳王壽夢特別喜愛賢能的季札，有意直接讓四子季札繼承君位，不料卻被季札拒絕。根據太史公的記錄，在吳王壽夢的兒子中，最年長的是諸樊，次子是餘祭，然後是餘眛，最後是季札。吳王壽夢想立季札爲儲君，卻被季札推辭，於是吳王壽夢只好先立諸樊爲儲君。〈吳太伯世家〉云：「壽夢有子四人，長曰諸樊，次曰餘祭，次曰餘眛，次曰季札。季札賢，而壽夢欲立之，季札讓不可，於是乃立長子諸樊，攝行事當國。」〔註63〕不過，吳王壽夢並沒有放棄讓季札當國君的願望，於是和兒子們約好傳弟不傳子，務必一直傳到季札當上國君爲止。

魯襄公十二年，吳王壽夢死後，隔兩年，魯襄公十四年，服完喪的諸樊，本想完成父親遺願，擁立季札爲國君，季札依舊拒絕。季札還援用曹國臧子去國，讓負芻能擔任國君的例子，表明自己和臧子有同樣的志願。依照杜預的解釋，諸樊是嫡長子，〔註64〕因此，非嫡長子的季札，更不願意越級繼承君位。兄弟各執己見，最後季札乾脆棄室耕田，終於讓兄長諸樊放棄逼自己當國君，於是諸樊即位。《左傳》襄公十四年云：

> 吳子諸樊旣除喪，將立季札。季札辭曰：「曹宣公之卒也，諸侯與曹人不義曹君，將立子臧，子臧去之，遂弗爲也，以成曹君。君子曰：『能守節。』君義嗣也，誰敢奸君？有國，非吾節也，札雖不才，願附於子臧，以無失節。」固立之，棄其室而耕，乃舍之。〔註65〕

諸樊即位後，在魯襄公二十五年十二月，爲報復魯襄公二十四年夏季的舟師之役率兵攻打楚國，進攻巢地的城門。巢地的牛臣認爲吳王諸樊勇猛輕敵，建議打開城門誘敵，於是躲在短牆後，成功用箭射死吳王諸樊。《左傳》襄公二十五年云：「十二月，吳子諸樊伐楚，以報舟師之役，門于巢。……

---

〔註61〕　《春秋經傳集解》，頁226。
〔註62〕　《春秋經傳集解》，頁270。
〔註63〕　《史記會注考證》，頁539。
〔註64〕　杜注：「諸樊適子，故曰義嗣。」見《春秋經傳集解》，頁226。
〔註65〕　《春秋經傳集解》，頁226。

吳子門焉，牛臣隱於短牆，以射之，卒。」〔註66〕吳王諸樊死後，爲了完成吳王壽夢的遺願，也爲了成全季札的節義，於是再由弟弟餘祭即位爲國君，務必傳弟君位直到傳給么弟季札。〈吳太伯世家〉云：「十三年，王諸樊卒，有命授弟餘祭，欲傳以次必致國於季禮而止，以稱先王壽夢之意，且嘉季札之義，兄弟皆欲致國，令以漸至焉。」〔註67〕吳王餘祭即位後，在魯襄公二十九年時，吳國攻打越國。這場戰爭中，抓到了越國俘虜，讓他做守門人，〔註68〕還派他看守船隻。《左傳》襄公二十九年云：「吳人伐越，獲俘焉，以爲閽，使守舟。吳子餘祭觀舟，閽以刀弒之。」〔註69〕不久，吳王餘祭前往觀看船隻，看門的越國人用刀殺死了吳王餘祭。吳王餘祭死後，君位再由弟弟餘昧繼承。〈吳太伯世家〉云：「十七年，王餘祭卒，弟餘昧立。」〔註70〕有關吳王餘祭的死因，《經》《傳》只用「閽弒餘祭」帶過，《史記》也沒有相關記載。

在吳王壽夢的遺願中，吳王壽夢的幾位兒子，都遵守傳弟不傳子的君位繼承方式，務必要讓季札輪到而繼承君位。在這過程中，次子餘祭也得到繼承君位的資格。使用敵國俘虜當奴僕，在古代是很常見的事，吳王餘祭讓越俘當守門、守船人也是理所當然。只是，吳王餘祭稍微欠缺提防之心，要不就是吳國的君主安全守備薄弱，竟然讓卑微的俘僕有機會刺殺國君。雖然是俘虜，但已是吳王餘祭的僕人，算是廣義的吳國臣僕，擅殺君主，亦是「臣僕專擅」的舉動。

## 五、蔡靈侯殺蔡景侯（襄公三十年，公元前五四三年）

### （一）弒君事件概述

魯襄公三十年，夏季，蔡國的蔡景侯，替自己的兒子世子般在楚國娶妻。《左傳》襄公三十年云：「蔡景侯爲大子般娶于楚，通焉，大子弒景侯。」〔註71〕不久，卻和自己的媳婦私通，世子般因此殺死了蔡景侯，自立爲蔡靈侯。

〔註66〕《春秋經傳集解》，頁254。
〔註67〕《史記會注考證》，頁539。
〔註68〕杜注：「閽，守門者。下賤非士，故不言盜。」見《春秋經傳集解》，頁270。
〔註69〕《春秋經傳集解》，頁270至271。
〔註70〕《史記會注考證》，頁542。
〔註71〕《春秋經傳集解》，頁275。

### （二）弒君原因分析

魯襄公二十八年，蔡景侯從晉國返回蔡國，途中經過鄭國。鄭簡公設宴款待蔡景侯，誰知蔡景侯卻不恭敬。見到蔡景侯失禮的舉動，子產就表示蔡景侯未來將會有禍端。

早在蔡景侯從蔡國前往晉國的時候，鄭簡公就曾經派遣子展前往東門外邊慰勞蔡景侯，當時的蔡景侯十分驕傲，子產認為小國國君見過大國後，態度就會改變。然而，蔡景侯從晉國返回後，接受鄭簡公的宴享卻表現怠惰樣貌，可見這就是蔡景侯的本性。這種性格，對小國的國君來說，在侍奉大國時，極有可能招惹禍端；就算沒惹到大國，也容易遇到子嗣為亂。《左傳》襄公二十八年云：

> 蔡侯歸自晉，入于鄭，鄭伯享之，不敬。子產曰：「蔡侯其不免乎！
> 日其過此也，君使子展、廷勞於東門之外，而傲。吾曰：『猶將更之。』
> 今還，受享而惰，乃其心也。君小國，事大國，而惰傲以為己心，
> 將得死乎？若不免，必由其子，其為君也，淫而不父，僑聞之，如
> 是者，恆有子禍。」〔註72〕

子產根據蔡景侯朝晉前後的表現，判斷蔡景侯將會自食其果。畢竟有其父必有其子，父親沒能做好榜樣，底下的子嗣學壞很正常。魯襄公三十年，蔡景侯本來是去楚國幫世子般挑選妻子，媳婦娶回後，卻和自己的媳婦私通。同時被自己的妻子和父親背叛，也難怪世子般憤怒之下就殺了父親蔡景侯。根據太史公的記載，蔡文侯傳位給蔡景侯，蔡景侯私通媳婦被自己的兒子般殺掉後，世子般就自立為蔡靈侯。〈管蔡世家〉云：「二十年，文侯卒，子景侯固立。景侯元年，楚莊王卒。二十九年，景侯為太子般娶婦於楚，而景侯通焉。太子弒景侯而自立，是為靈侯。」〔註73〕如果說，君不君，臣卻不可以不臣，同理可證，親子間就算父不父，子也不可以不子，因此世子般殺父的確是大逆不道的事件。

本來身為人子而弒親是大不孝，在古代是很轟動、很重大的罪過，只是思考蔡景侯為人父，卻和媳婦通姦，自種惡果，也是咎由自取。因為私通媳婦，導致兒子作亂，蔡景侯完全應驗當初子產的斷言。

蔡景侯被兒子般殺死，主因在蔡景侯奪佔子妻，和媳婦私通，這種「不

---

〔註72〕《春秋經傳集解》，頁265。
〔註73〕《史記會注考證》，頁589。

君」、「不父」的缺失行爲，促使兒子怒不可遏而動殺念。蔡景侯從楚國幫兒子娶回媳婦，楚女身爲人妻，雖說迫於國君的勢力而服從是情有可原；但是當國君是丈夫的父親時，就輩份上來說已構成亂倫，無論勢力再大都不該屈服。此處雖無法得知楚女是自願或是被強迫，從世子的伴侶身份來說，也已經踰禮太過，行爲上已經符合「伴侶無狀」。更何況，世子般弒君弒父，不爲繼承權，而是爲了妻子和父親外遇，因此世子般殺蔡景侯，符合「伴侶無狀」的弒君因素。

## 六、莒公展輿殺莒犂比公（襄公三十一年，公元前五四二年）

### （一）弒君事件概述

莒國的莒犂比公十分暴虐，莒國國內的人們爲此困擾不已。《左傳》襄公三十一年云：「犂比公虐，國人患之。十一月，展輿因國人以攻莒子，弒之，乃立。」〔註 74〕魯襄公三十一年，十一月，公子展輿倚靠莒國人，攻殺莒犂比公，成爲莒國的國君。

### （二）弒君原因分析

莒國的犂比公和齊女生了去疾，和吳女生了展輿，計有兩位兒子。本來，犂比公已經先立展輿爲世子，後來又廢除展輿的世子身份。史料未載，所以不確定去疾和展輿誰是嫡長子。但是展輿既然被立爲世子，就已經具有繼承權，是否是嫡長子並不重要。孰知，莒犂比公後來又廢掉展輿世子的身份。雖然《左傳》沒有說明廢展輿後改立誰，若依史料記錄，莒犂比公只出現去疾、展輿兩位兒子，可以推斷展輿被廢後，莒犂比公可能改立去疾爲世子。因此，妄行廢立的莒犂比公，可說是啓動「嗣親奪權」的開端。

《左傳》襄公三十一年云：「莒犂比公生去疾及展輿，既立展輿，又廢之。犂比公虐，國人患之。十一月，展輿因國人以攻莒子，弒之，乃立。去疾奔齊，齊出也；展輿，吳出也。書曰『莒人弒其君買朱鉏』。言罪之在也。」〔註 75〕由於，犂比公暴虐無道，莒國上下皆知，並爲此困擾，因此在魯襄公三十一年，被廢掉世子身份的展輿，依靠莒國人民的力量，攻打、殺死莒犂比公，然後展輿即位爲莒國國君。按照杜預「立爲君」的說法，〔註 76〕展輿應該不是自立爲

〔註 74〕《春秋經傳集解》，頁 279。
〔註 75〕《春秋經傳集解》，頁 279。
〔註 76〕杜注：「展輿立爲君。」見《春秋經傳集解》，頁 279。

君，加上先前是依靠莒國人民的力量殺掉莒犂比公，可見此時展輿，可能比去疾更得人民擁戴，極有可能被莒國人民擁立為莒君。

公子去疾是齊女所生，因此逃亡到齊國。根據杜預的說法，莒犂比公是莒君密州的稱號，密州是名，「買朱鋤」是字。〔註77〕對於莒犂比公的死訊，《春秋》記為「莒人弒其君買朱鉏」。《春秋》沒有寫明是誰殺掉莒犂比公，甚至還寫明莒犂比公的名字，可見史家認為莒犂比公被殺的罪過出在莒犂比公，因此，稱名以彰顯莒犂比公「不君」的過失。

從《春秋》的記載方式來看，莒犂比公被殺，的確是咎由自取。暴虐的國君容易促使臣民人人自危，然後為自己招來殺機。何況，莒犂比公擅行廢立，擾亂國君繼承人選，開啟「嗣親奪權」的爭端。加上莒犂比公因為暴虐，引發人民反叛，協助被廢的展輿奪權。人民也算廣義的臣僕，莒犂比公自身的過失，誘發民眾展現「臣僕專擅」的行動，擅自集結攻殺君主。總合來看，莒犂比公的死因，主要在於自身「不君」、擅行廢立，進而導致「臣僕專擅」，以及「嗣親奪權」的現象。

## 第二節　昭公時期的弒君事件

### 一、楚子圍殺楚王郟敖（昭公元年，公元前五四一年）

#### （一）弒君事件概述

魯襄公十三年，楚共王逝去，傳位給楚康王。魯襄公二十八年，楚康王逝去，傳位給兒子熊麇，即位為楚王郟敖。《左傳》昭公元年云：「十一月，己酉，公子圍至，入問王疾，縊而弒之，遂殺其二子幕及平夏。」〔註78〕魯昭公元年，十一月，公子圍進宮問候楚王郟敖的病情，將楚王郟敖勒死，並乘機殺了楚王郟敖的兩個兒子幕和平夏，然後即位為楚靈王。

#### （二）弒君原因分析

楚康王繼承王位後，在魯襄公二十八年逝去。楚國君位由楚康王的兒子繼承，是為楚王郟敖。杜預解釋，楚康王的兒子是熊麇，〔註79〕太史公則記

---

〔註77〕杜注：「犂比，莒子密州之號。……買朱鋤，密州之字。」見《春秋經傳集解》，頁279。

〔註78〕《春秋經傳集解》，頁289。

〔註79〕杜注：「郟敖，康王子熊麇也。」見《春秋經傳集解》，頁270。

為員，〔註80〕可知熊虔和員都是楚王郟敖的名字。另外，根據太史公的說法，楚康王對自己的弟弟們十分寵愛。〔註81〕據此，也可以看出楚共王的兒子，至少有楚康王、公子圍、公子比、公子晳、公子棄疾等人。楚王郟敖即位後，任命受寵的叔叔公子圍擔任令尹，負責掌管兵事。〔註82〕對於掌握大權的公子圍，鄭臣子羽覺得十分危險。《左傳》襄公二十九年云：「楚郟敖即位，王子圍為令尹。鄭行人子羽曰：『是謂不宜，必代之昌。松柏之下，其草不殖。』」〔註83〕鄭國子羽認為公子圍，強霸有如松柏，反觀楚王郟敖，幼弱有如松柏下的小草，將來公子圍肯定會對楚王郟敖不利。

魯昭公元年，春季，公子圍前往鄭國，楚國大宰伯州犁和伍舉同行，率領兵眾前去迎娶鄭國公孫段的女兒。鄭國大夫子產擔憂楚國趁機夾兵偷襲，於是派遣子羽前去拒絕兵眾入城。伍舉知道鄭國已有戒備，於是垂櫜表示沒有攜帶武器，才得已順利率領兵眾入城迎娶。《左傳》昭公元年云：

> 春，楚公子圍聘于鄭，且娶於公孫段氏，伍舉為介。將入館，鄭人惡之，使行人子羽與之言，乃館於外。既聘，將以眾逆，子產患之，使子羽辭曰：「以敝邑褊小，不足以容從者，請墠聽命。」令尹命大宰伯州犁對曰：「君辱貺寡大夫圍，謂圍，將使豐氏，撫有而室，圍布几筵，告於莊共之廟而來。若野賜之，是委君貺於草莽也，是寡大夫不得列於諸卿也。不寧唯是，又使圍蒙其先君，將不得為寡君老，其蔑以復矣，唯大夫圖之。」子羽曰：「小國無罪，恃實其罪，將恃大國之安靖己，而無乃包藏禍心以圖之。小國失恃，而懲諸侯，使莫不憾者，距違君命，而有所壅塞不行，是懼。不然，敝邑館人之屬也，其敢愛豐氏之祧？」伍舉知其有備也，請垂櫜而入，許之。
> 正月乙未，入逆而出。〔註84〕

同年三月，楚鄭結盟，楚國公子圍使用國君才能用的一切服飾設施，在場的叔孫穆子、鄭子皮、蔡子家出言譏諷公子圍有奪位心思。隨行的楚大宰

〔註80〕《史記會注考證》云：「子員立，是為郟敖。」，頁649。
〔註81〕〈楚世家〉云：「康王寵弟公子圍、子比、子晳、弃疾。」見《史記會注考證》，頁649。
〔註82〕〈楚世家〉云：「以其季父康王弟公子圍為令尹，主兵事。」見《史記會注考證》，頁649。
〔註83〕《春秋經傳集解》，頁270。
〔註84〕《春秋經傳集解》，頁282。

伯州犁趕緊解釋這一切都是和楚康王商借的，用來粉飾公子圍的踰矩行徑。
鄭國子羽卻不客氣地指明公子圍有借無還，暗示一定會篡奪楚君君位。楚大
宰伯州犁也反諷鄭子羽擔心自己國內的事，無須替別國擔心。聽完楚大宰伯
州犁的反駁，鄭子羽更點明楚國還有公子棄疾在，〔註85〕公子圍就算日後真
的奪權篡位，也不是毫無後顧之憂。《左傳》昭公元年云：

> 三月，甲辰，盟，楚公子圍設服離衛。叔孫穆子曰：「楚公子美矣，
> 君哉。」鄭子皮曰：「二執戈者前矣。」蔡子家曰：「蒲宮有前，不
> 亦可乎。」楚伯州犁曰：「此行也，辭而假之寡君。」鄭行人揮曰：
> 「假不反矣。」伯州犁曰：「子姑憂子晳之欲背誕也。」子羽曰：「當
> 璧猶在，假而不反，子其無憂乎？」〔註86〕

　　觀看《左傳》特地描述楚公子圍在鄭國的表現，可以得知楚公子圍果然
是一位強悍霸道的人。率領大量兵眾迎親，暗中想伺機攻占鄭國城池；結盟
的時候，憑令尹的身份，卻擺用國君的服飾設施，足見公子圍已心中無君，
並且把自己當成一位君主，凡事都以君主的方式行動、思考，這暗示著公子
圍遲早會霸占楚國君位。同年冬季，楚公子圍要再前往鄭國，還未離開國境，
就聽說楚王郟敖生病，連忙趕回國都。《左傳》昭公元年云：

> 冬，楚公子圍將聘于鄭，伍舉為介，未出竟，聞王有疾而還，伍舉
> 遂聘。十一月，己酉，公子圍至，入問王疾，縊而弒之，遂殺其二
> 子幕及平夏。右尹子干出奔晉，宮廄尹子晳出奔鄭，殺大宰伯州犁
> 于郟，葬王于郟，謂之郟敖。〔註87〕

　　魯昭公元年，十一月，楚公子圍回國都，進宮問候楚王郟敖的病情，趁
機將楚王郟敖勒死，還殺了楚王郟敖的兒子幕和平夏兩位。聽聞楚王郟敖被
殺的消息，公子比（即子干）〔註88〕逃亡到晉國，公子晳逃亡到鄭國。公子
圍自立為楚靈王，因擔心楚大宰伯州犁不服新君，於是在郟地將楚大宰伯州
犁絞死，把楚王郟敖葬在郟地，稱謚為郟敖。

　　《史記》已載楚康王對弟弟們十分寵愛，無形中造成弟弟們的恃寵而驕，
無意識地培養弟弟們產生「嗣親奪權」的念頭。面對野心勃勃的叔叔，楚臣

---

〔註85〕杜注：「當璧謂棄疾，事在昭十三年，言棄疾有當璧之命，圍雖取國，猶將有
　　　　難，不無憂也。」見《春秋經傳集解》，頁283。
〔註86〕《春秋經傳集解》，頁283。
〔註87〕《春秋經傳集解》，頁289。
〔註88〕杜注：「子干，王子比。」見《春秋經傳集解》，頁289。

們皆已察覺，楚王郟敖卻毫無防備，足見其爲君有失。公子圍身爲楚王郟敖的叔叔，受到楚王郟敖任命爲令尹，名份上屬於楚王郟敖的臣子。身爲令尹，卻僭用君王儀制，顯示公子圍自視爲君，心中並無楚王郟敖這位君主，終而妄殺君主以及君主兒子，展現「臣僕專擅」的行爲。楚王郟敖的死，主要是公子圍自恃擁有楚共公的血緣，無視楚康王傳位給楚王郟敖的正統，暗懷奪權竄位的心思，終於趁楚王郟敖生病的時候，趕盡殺絕。

## 二、楚王比殺楚靈王（昭公十三年，公元前五二九年）

### （一）弒君事件概述

魯昭公元年，公子圍進宮問候楚王郟敖的病情，趁機將楚王郟敖勒死，並殺了楚王郟敖的兩個兒子幕和平夏，然後即位爲楚靈王。當時公子比因而出奔晉國，公子皙出奔鄭國。《春秋》昭公十三年云：「夏，四月，楚公子比自晉歸于楚，弒其君虔于乾谿。」〔註89〕到了魯昭公十三年，公子比從晉國返回楚國，在乾谿殺掉楚靈王自立爲楚王。

### （二）弒君原因分析

依據太史公的說法，楚康王的弟弟有公子圍、公子比、公子皙、公子棄疾等人，楚康王對自己的弟弟們十分寵愛。〔註90〕楚康王死後，傳位給兒子熊麇，即位爲楚王郟敖。魯昭公元年十一月，公子圍殺了楚王郟敖，以及楚王郟敖的子嗣，然後即位爲楚靈王。《左傳》昭公元年云：「右尹子干出奔晉，宮廄尹子皙出奔鄭。」〔註91〕楚康王剩餘的弟弟，公子比（即子干）出奔晉國，公子皙出奔鄭國。

當楚靈王還是令尹的時候，曾經殺了大司馬蒍掩，並占取他的家財。等到即位以後，又奪取了蒍居的田地，還把許地的人遷走，以許圍作爲人質。蔡洧曾經受到楚靈王寵信，楚靈王滅亡蔡國的時候，他的父親死在這次戰爭中，楚靈王派他參與守護國都的任務。申地盟會，越大夫曾經受到楚靈王的侮辱。楚靈王還奪取鬬韋龜的封邑中犫，又奪取蔓成然的封邑，讓他們擔任

---

〔註89〕《春秋經傳集解》，頁 321。
〔註90〕〈楚世家〉云：「康王寵弟公子圍、子比、子皙、弃疾。」見《史記會注考證》，頁 649。
〔註91〕《春秋經傳集解》，頁 289。《左傳》昭公十三年云：「楚公子比。」杜注：「子干。」見《春秋經傳集解》，頁 322。

邊郊的大夫；由於楚公子棄疾有「當璧之命」，鬪韋龜遂讓蔓成然侍奉公子棄疾。〔註92〕由上可知，薳氏的親族和薳居、許圍、蔡洧、蔓成然，都是楚靈王不加禮遇的人。這些喪失職位的親族，共同誘導受辱的越大夫常壽過發動叛亂，包圍固城，攻下息舟，並且築城居住其中。《左傳》昭公十三年云：

> 楚子之爲令尹也，殺大司馬薳掩而取其室：及卽位，奪薳居田，遷許而質許圍。蔡洧有寵於王，王之滅蔡也，其父死焉，王使與於守而行。申之會，越大夫戮焉。王奪鬪韋龜中犫，又奪成然邑，而使爲郊尹。蔓成然故事蔡公，故薳氏之族，及薳居、許圍、蔡洧、蔓成然，皆王所不禮也。因羣喪職之族，啓越大夫常壽過作亂，圍固城，克息舟城而居之。〔註93〕

觀起死的時候，他兒子觀從在蔡地，侍奉朝吳。觀從趁著楚靈王不在國內時，盜用公子棄疾（即蔡公）的名義召回楚公子比、楚公子晳，等到公子比和公子晳抵達楚國國境後，才告知他們眞相，並用計讓本來不知情的公子棄疾，不得不和公子比、公子晳結盟出兵攻楚。觀從還詐言，公子棄疾將出兵協助公子比和公子晳，以及將會恢復蔡國祭祀的承諾，說服蔡國人共同攻打楚靈王。《左傳》昭公十三年云：

> 觀起之死也，其子從在蔡，事朝吳。曰：「今不封蔡，蔡不封矣，我請試之。」以蔡公之命，召子干、子晳，及郊而告之情，強與之盟。入襲蔡，蔡公將食，見之而逃。觀從使子干食，坎用牲加書，而速行。己徇於蔡，曰：「蔡公召二子，將納之，與之盟而遣之矣，將師而從之。」蔡人聚將執之，辭曰：「失賊成軍而殺余何益？」乃釋之。朝吳曰：「二三子若能死亡，則如違之，以待所濟。若求安定，則如與之，以濟所欲，且違上何適而可。」衆曰：「與之。」乃奉蔡公，召二子而盟于鄧。依陳蔡人以國，楚子子比、公子黑肱、公子弃疾、蔓成然、蔡朝吳，帥陳、蔡、不羹、許、葉之師，因四族之徒，以入楚。及郊，陳、蔡欲爲名，故請爲武軍。蔡公知之，曰：「欲速，且役病矣，請藩而已。」乃藩爲軍。蔡公使須務牟與史猈先入，因正僕人殺大子祿，及公子罷敵。公子比爲王，公子黑肱爲令尹，次

---

〔註92〕杜注：「蔡公，弃疾也。故猶舊也，韋龜以弃疾有當璧之命，故使成然事之。」見《春秋經傳集解》，頁321。
〔註93〕《春秋經傳集解》，頁321。

于魚陂。公子弃疾爲司馬，先除王宮，使觀從從師于乾谿，而遂告
之，且曰：「先歸復所，後者劓。」師及訾梁而潰。〔註94〕

最後，楚國的公子比、公子皙、公子棄疾、蔓成然、蔡國的朝吳共同率
領陳、蔡、不羹、許、葉等的軍隊，進入楚國。然後公子棄疾派須務牟和史
猈進入國都，靠著和世子親近的官僕，殺掉楚靈王的兒子世子祿和公子罷敵，
擁立公子比爲楚王。公子皙擔任令尹，駐紮在魚陂；公子棄疾擔任司馬，先
是清除王宮，再派觀從到乾谿，和楚靈王的軍隊聯繫，並乘機告訴他們國都
中所發生的情況，並以先到者恢復祿位資財，後到者蒙受割鼻重刑的利誘威
逼，促使楚靈王的軍隊叛逃，在到達訾梁後，完全潰散。

楚靈王聽到自己子嗣的死訊，摔倒車下，感嘆自己多行殺戮，才會弄到
這種地步。至此，楚靈王完全喪失東山再起的自信，後來在路上遇到芋尹無
宇的兒子申亥。芋尹無宇感念先前多次觸犯楚靈王不受誅戮，死前交代兒子
申亥一定要報恩，於是申害迎接落魄的楚靈王回家。可惜，灰心喪志的楚靈
王想不開，魯昭公十三年夏季的時候，在申亥家上吊死亡，申亥就讓兩個女
兒爲楚靈王殉葬，徒添兩條無辜的性命。《左傳》昭公十三年云：

王聞羣公子之死也，自投于車下，曰：「人之愛其子也，亦如余乎？」
侍者曰：「甚焉，小人老而無子，知擠于溝壑矣。」王曰：「余殺人
子多矣，能無及此乎。」……芋尹無宇之子申亥曰：「吾父再奸王命，
王弗誅，惠孰大焉。君不可忍，惠不可弃，吾其從王。」乃求王，
遇諸棘闈，以歸。夏，五月，癸亥，王縊于芋尹申亥氏，申亥以其
二女殉而葬之。〔註95〕

因此，事實上楚靈王是自殺而死，並非他殺。追究原因，在於乍聽兒子
的死訊，喪失求生意志。楚靈王兒子的死，則歸因於楚靈王的無禮無道，促
使蔿氏的親族和蔿居、許圍、蔡洧、蔓成然等人，共同誘使受辱的越大夫常
壽過發動叛亂；然後，觀從設謀連合楚國的公子比、公子皙、公子棄疾、蔓
成然、蔡國的朝吳等眾人攻楚。其中，蔿氏、許圍、蔡洧、蔓成然、公子比、
公子皙、公子棄疾等人，都是楚靈王的臣子，朝吳雖是蔡國人，但蔡國已成
楚國附庸，因此朝吳也是楚靈王的臣子，眾臣聯合起兵攻打國君的行爲，已
經是「臣僕專擅」的舉動。再加上，公子比、公子皙、公子棄疾和楚靈王是

---

〔註94〕《春秋經傳集解》，頁 321 至 322。
〔註95〕《春秋經傳集解》，頁 322。

兄弟，同樣具備楚共王的血緣，攻入楚國後特意殺掉楚靈王的兒子，而非另立楚靈王的兒子爲君，足見也是藉機奪權篡位，展現「嗣親奪權」的舉動。由於最後是由公子比即位爲楚王，公子比雖然不是直接動手弒君的人，《春秋》還是將弒君罪名歸到公子比身上，直接寫明公子比回到楚國後，楚靈王因此在虔谿死去。綜合來看，楚靈王雖是自殺，原因之一是自食惡果，其次是手足、臣子殺死兒子，促成楚靈王產生求死念頭，並成功自殺，因此楚靈王雖是自殺，實則被楚王比斷絕生意，算是弒君事件，並符合「嗣親奪權」、「臣僕專擅」等弒君因素。

## 三、楚平王殺楚王比（昭公十三年，公元前五二九年）

### （一）弒君事件概述

魯昭公元年，公子圍勒死楚王郟敖並殺其子嗣，即位爲楚靈王。[註96] 後來楚公子比回楚，殺掉楚靈王的兒子世子祿和公子罷敵，楚靈王自縊。《春秋》昭公十三年云：「夏，四月，楚公子比自晉歸于楚，弒其君虔于乾谿，楚公子弃疾殺公子比。」[註97] 魯昭公十三年，公子比即位爲楚王。同年，公子棄疾殺掉楚王比，即位爲楚平王。

### （二）弒君原因分析

楚共王沒有嫡長子，但是有五個寵愛的兒子。楚共王爲此很煩惱，不知道應該將君位傳承給哪一位兒子。於是楚共王就遍祭名山大川的神明，祈禱神靈幫忙選出繼承人選。於是就和妃妾巴姬秘密地把祭祀過後的玉璧，埋在祖廟的院子裡，讓這五位兒子按長幼次序前來齋戒祭拜。《左傳》昭公十三年云：

> 初，共王無冢適，有寵子五人，無適立焉。乃大有事于羣望，而祈曰：「請神擇於五人者，使主社稷。」乃徧以璧見於羣望，曰：「當璧而拜者，神所立也，誰敢違之。」既，乃與巴姬密埋璧於大室之庭，使五人齊，而長入拜。康王跨之，靈王肘加焉，子干、子晳皆遠之。平王弱，抱而入，再拜皆厭紐。鬬韋龜屬成然焉，且曰：「弃

---

[註96] 《左傳》昭公元年云：「公子圍至，入問王疾，縊而弒之，遂殺其二子幕及平夏。」見《春秋經傳集解》，頁289。

[註97] 《春秋經傳集解》，頁321。

禮違命，楚其危哉。」〔註98〕

結果，楚康王的兩腳曾經跨在玉璧之上，公子圍的胳臂曾經放在玉璧之上，公子比和公子晳都離玉璧很遠。唯獨公子棄疾還小，由別人抱著進廟祭拜，兩次跪拜都正好壓在玉璧的紐孔上。鬪韋龜知道這個消息，便暗中囑託成然，表明楚國拋棄立長之禮，又違背玉璧天命，將會有動亂。根據杜預的意見，鬪韋龜所指的危亂，是楚靈王之亂。〔註99〕楚共王選擇繼承人的方法，雖然稍嫌迷信，也算是種方法。只是當初礙於公子棄疾年紀小，無法即位為君，只好先傳位給楚康王，卻在無意間開啟日後「嗣親奪權」的局面。

魯昭公元年，楚靈王到鄭國結盟的時候，鄭國的子羽就曾經說過公子棄疾有當璧之命。《左傳》昭公元年云：「當璧猶在，假而不反，子其無憂乎？」〔註100〕依杜預的解說，表明楚靈王即使奪權篡位也無法免除憂患，楚國君位最終還是公子棄疾所有。〔註101〕當初公子比聽信觀從偽命，要回楚國的時候，晉國的韓宣子曾經問叔向，想知道公子比能否成功擔任楚君。叔向認為公子比取國有五難，〔註102〕不如公子棄疾取國有五利；〔註103〕更何況公子比的官職只到右尹，身份上屬於庶子，又遠離玉璧，不受天命庇護，在外多年，身邊沒有賢人，也無德名，在國內沒有內應，也不得楚民愛戴，缺乏遠謀而輕舉妄動。可見，叔向認為公子比就算僥倖擁有君位，也無法常久。

魯昭公十三年，楚靈王自縊，公子比即位為楚王。《左傳》昭公十三年云：「夏，五月，癸亥，王縊于芋尹申亥氏。」〔註104〕也許是當璧之命的說法深入人心，當時觀從就曾經勸過楚王比要除掉公子棄疾，但是楚王比可能是顧及手足情誼，而不忍心動手，卻也沒有任何防範，最終被騙自殺，實在

---

〔註98〕《春秋經傳集解》，頁323。

〔註99〕杜注：「弃立長之禮，違當璧之命，終致靈王之亂。」見《春秋經傳集解》，頁323。

〔註100〕《春秋經傳集解》，頁283。

〔註101〕杜注：「當璧謂弃疾，事在昭十三年，言弃疾有當璧之命，圍雖取國，猶將有難，不無憂也。」見《春秋經傳集解》，頁283。

〔註102〕《左傳》昭公十三年云：「取國有五難。有寵而無人，一也；有人而無主，二也；有主而無謀，三也；有謀而無民，四也；有民而無德，五也。」見《春秋經傳集解》，頁323。

〔註103〕《左傳》昭公十三年云：「獲神，一也；有民，二也；令德，三也；寵貴，四也；居常，五也。有五利以去五難，誰能害之。」見《春秋經傳集解》，頁323。

〔註104〕《春秋經傳集解》，頁322。

怨不的人。觀從發現勸說無效，不忍心將來看到楚王比的後果，於是離開楚國。

由於當時楚國國內還不知道楚靈王的生死，所以楚國王都裡常常有人在夜裡驚喊，認爲楚靈王的已經回歸楚國要復仇。魯昭公十三年，乙卯日夜裡，公子棄疾派人走遍各處喊叫，首都裡的楚人都以爲楚靈王返國而十分驚恐。公子棄疾還讓蔓成然跑去欺騙楚王比和公子皙，表示楚人相信楚靈王已經回國，已經先殺掉擔任司馬的公子棄疾，接著就要來殺楚王比和公子皙，楚王比和公子皙信以爲眞，於是自殺。〔註105〕公子棄疾詐騙兩人自殺，好順利接任楚國君位。《左傳》昭公十三年云：

> 觀從謂子干曰：「不殺棄疾，雖得國，猶受禍也。」子干曰：「余不忍也。」子玉曰：「人將忍子，吾不忍俟也。」乃行。國每夜駭曰：「王入矣。」乙卯，夜，棄疾使周走而呼曰：「王至矣。」國人大驚，使蔓成然走告子干。子皙曰：「王至矣，國人殺君司馬，將來矣。君若早自圖也，可以無辱，眾怒如水火焉，不可爲謀。」又有呼而走至者曰：「眾至矣。」二子皆自殺。丙辰，棄疾即位，名曰熊居。葬子干于訾，實訾敖。殺囚，衣之王服，而流諸漢，乃取而葬之，以靖國人，使子旗爲令尹。〔註106〕

丙辰日，公子棄疾就改名熊居，即位爲楚平王。楚平王把楚王比安葬在訾地，稱爲訾敖。楚平王還殺死一個囚犯，讓囚犯穿上楚靈王的衣服，然後讓屍體在漢水中漂流，再派人前去收屍安葬，用以來安定國內驚恐的民心，並且讓蔓成然擔任令尹。〔註107〕

魯昭公十三年，擔任蔡公的公子棄疾，殺掉楚靈王子嗣，但是《左傳》只寫明由公子比繼任楚君。再觀看公子比即位後，公子棄疾故意造謠，讓國都人民夜不安眠，時常驚懼著楚靈公的回歸。最後，甚至製造楚靈公歸國，以及自己身亡的假相，欺騙公子比和公子皙自殺，順理成章地得到楚國君位。即使當初晉國的叔向認爲公子棄疾有五利取國，乍看似乎是位十分賢明的公子，但是就公子棄疾靠欺騙手段取得君位，不得不懷疑公子棄疾在君位的誘

〔註105〕〈楚世家〉云：「平王以詐弒兩王而自立。」見《史記會注考證》，頁652。
〔註106〕《春秋經傳集解》，頁322。
〔註107〕《春秋左傳注》云：「時靈王之柩未出，恐國疑靈王未死，或有異志，故爲此使國人安定也。」頁1348。

惑下，也不過是位雙面人，無怪《春秋》昭公十三年載錄爲：「楚公子弃疾殺公子比。」〔註108〕；雖然事實上，楚王比是自殺而死，實則幕後黑手，仍是公子棄疾無疑。追根究底，楚王比的死，主因在於公子棄疾覬覦君位，設謀迫使楚王比和公子晳自殺。此外，楚王比即位後，任命公子棄疾擔認司馬，換言之，公子棄疾算是楚王比的臣子，身爲人臣，卻動起篡位爭權心思，做出欺君欺民、計殺君兄「臣僕專擅」以及「嗣親奪權」的舉動。

## 四、許世子止殺許悼公（昭公十九年，公元前五二三年）

### （一）弑君事件概述

魯昭公十九年，夏季，許悼公得了虐疾。《春秋》昭公十九年云：「夏，五月，戊辰，許世子止弑其君買。」〔註109〕五月，戊辰日，許悼公喝了世子止送的藥就死了，於是世子止逃亡到晉國。

### （二）弑君原因分析

魯昭公十九年，《春秋》記載許國的世子，殺掉許國國君買。對於世子止怎麼弑君，《左傳》描述稍微多一些。當時許悼公生病，魯昭公十九年的五月，世子止奉上藥物後，許悼公竟在飲藥完畢後死去。《左傳》昭公十九年云：「許悼公瘧，五月，戊辰，飲大子止之藥，卒，大子奔晉。書曰『弑其君』。」〔註110〕《春秋》認爲許悼公，是在喝畢世子止的藥才死，於是將弑君罪名歸到世子止身上。然而，《春秋》卻也載錄許悼公的名字，從書「其君某」的筆法觀察，不得不懷疑在這次的弑君事件中，許悼公本身也有過失。也許是許悼的病，是自己招惹的；也許是許悼公明知藥不是醫生開的，卻有勇無謀地喝下去；也許是許悼公遲鈍地沒發現藥藏殺機，自投死路；也許是許悼公和世子止有過衝突……，太多的情況可以揣測，無奈目前史料不足，無法確認何者爲是。至少，就《春秋》筆法而言，暗示許悼公爲君有失，還是可以採信。

對於許悼公飲藥身亡，大致有兩種意見：一種認爲是世子止過失致死，一種認爲世子止是蓄意謀殺。杜預認爲世子止無意弑君，但是行爲有過失，

〔註108〕《春秋經傳集解》，頁321。
〔註109〕《春秋經傳集解》，頁336。
〔註110〕《春秋經傳集解》，頁337。

所以被《春秋》歸罪爲弒君者。〔註111〕然而，藥毒一體，進奉湯藥應該由醫生主導，世子止妄進藥物，結果導致許悼公死亡，任誰都會覺得許世子止的藥有問題。

服虔認爲古代進藥給君主，臣子必須先親嘗藥，進藥給親長，子孫必須先親嘗藥；按習慣，世子止應該做過嘗藥的舉動，嘗過藥再給許悼公喝，世子止沒死而許悼公卻死去，表示世子止並非有心毒殺許悼公，而是藥物衝突，才誘發許悼公的死亡。萬斯大則以爲許悼公的瘧病是小病，治瘧的藥再差，都不至於立飲立卒。如今許悼公飲藥後立即死亡，可見是世子有心毒殺許悼公。《春秋左傳注》云：

> 服虔曰：「禮，醫不三世不使。君有疾，飲藥，臣先嘗之；親有疾，飲藥，子先嘗之。公疾未瘳，而止進藥，雖嘗而不由醫而卒，故國史書『弒』告於諸侯。」萬斯大《學春秋隨筆》云：「夫瘧非必死之疾，治瘧無立斃之劑。今藥出自止，飲之即卒，是有心毒殺之也。」
> 〔註112〕

依據古代的習慣，使用藥物必須慎重，因爲藥毒本一家，如果不是超過三代以上的醫家，原則上，開的藥方沒人敢服用，主要是表現用藥的慎重。〔註113〕因此君子才會特別在文後議論，認爲假如世子止，要表現盡心事奉君主的形象，應該捨棄藥物，改用其他方法。《左傳》昭公十九年云：「君子曰：『盡心力以事君，舍藥物可也。』」〔註114〕比如祝禱、祈福等方式表現，而不是使用動輒得咎的藥物來表現。無論世子止本身是否懂醫，許國國內不可能沒有國君專屬醫生，踰越身份，擅自進藥促使許悼公死亡，這是《春秋》冠上弒君罪名的主因，用意在告戒用藥的謹慎，以及符合身份的得體表現，避免相同的悲劇再產生。〔註115〕

---

〔註111〕 杜注：「止獨進藥，不由醫。……藥物有毒，當由醫，非凡人所知。譏止不舍藥物，所以加弒君之名。」見《春秋經傳集解》，頁337。

〔註112〕 《春秋左傳注》，頁1402。

〔註113〕 《春秋左傳正義》疏云：「醫不三世，不服其藥，古之慎戒也。人子之孝當盡心嘗禱而已，藥物之齊，非所習也。許止身爲國嗣，國非無醫，而輕果進藥，故罪同於弒。二者雖原其本心，而《春秋》不赦，蓋爲教之遠防也。」頁369。

〔註114〕 《春秋經傳集解》，頁337。

〔註115〕 《春秋左傳正義》疏云：「此許世子不舍藥物，致令君死，是違人子之道，故《春秋》書其弒君，解經書弒君之意也。」頁844。

許悼公飲用有問題的藥身亡，父子雙方的行為，似乎皆有所失；世子止可能是過失致死，也可能是蓄意謀殺。由於《左傳》未詳列許悼公有其他子嗣，加上世子止已經具有世子身份；因此，不論許悼公是死於過失致死，還是蓄意謀殺，皆無關「嗣親奪權」的弒君因素，至多只能歸究世子止犯了「臣僕專擅」之弊，導致君父死亡。

## 五、鱄設諸殺吳王僚（昭公二十七年，公元前五一五年）

### （一）弒君事件概述

吳王餘祭死後，由吳王餘眛即位。吳王餘眛死後，季札還是拒絕繼承君位，於是吳國人改立吳王餘眛的兒子僚為吳國君主。〈吳太伯世家〉云：「四年，王餘眛卒，欲授弟季札。季札讓逃去。……乃立王餘眛之子僚為王。」〔註116〕魯昭公二十年，吳公子光得到鱄設諸。《左傳》昭公二十七年云：「鱄設諸寘劍於魚中以進，抽劍刺王，鈹交於胸，遂弒王。」〔註117〕魯昭公二十七年，鱄設諸殺掉吳王僚，公子光即位為吳王闔廬。

### （二）弒君原因分析

魯昭公二十年，楚平王寵信費無極，殺掉伍奢、伍尚，伍員出奔吳國，向吳王僚說明進攻楚國的利益。吳公子光認為伍員公報私仇，出言阻止。《左傳》昭公二十年云：「員如吳，言伐楚之利於州于。公子光曰：『是宗為戮，而欲反其讎，不可從也。』員曰：『彼將有他志，余姑為之求士，而鄙以待之。』乃見鱄設諸焉，而耕於鄙。」〔註118〕於是伍員知道吳公子光有他志，便將鱄設諸推薦給吳公子光，自己跑到吳國邊境上種田。

後來，吳王僚想趁楚平王新喪，攻打楚國。魯昭公二十七年，吳王僚派遣公子掩餘、公子燭庸領兵圍攻潛地。不料楚軍勇猛，使得吳王僚只能退兵，無功而返。當初，吳王壽夢要傳位季札，季札堅辭君位，於是改傳嫡長子諸樊，吳王諸樊為了實現吳王壽夢的遺願，於是傳位次弟餘祭，並沒有傳給自己的兒子公子光。之後吳王餘祭再傳次弟餘眛，餘眛死後，季札還是堅辭君位，吳國人改立吳王餘眛的兒子僚為吳國君主。

---

〔註116〕《史記會注考證》，頁 542。
〔註117〕《春秋經傳集解》，頁 361。
〔註118〕《春秋經傳集解》，頁 339。

　　吳王諸樊的兒子公子光對此十分不滿，認為如果要傳兒子，也應該是從
頭傳起，身為嫡長子吳王諸樊後代的自己，比起吳王僚更有資格繼任君位。
〔註119〕如今，公子光見吳王僚敗兵，覺得這是好機會，於是向鱄設諸請求
協助，答應會幫忙照顧鱄設諸的老母幼子，獲得鱄設諸允諾幫忙刺殺吳王
僚。《左傳》昭公二十七年云：

> 春，公如齊。公至自齊，處于鄆，言在外也。吳子欲因楚喪而伐之，
> 使公子掩餘、公子燭庸，帥師圍潛。使延州來季子聘于上國，遂聘
> 于晉，以觀諸侯。楚莠尹然、工尹麇，帥師救潛。左司馬沈尹戌帥
> 都君子，與王馬之屬以濟師，與吳師遇于窮，令尹子常以舟師及沙
> 汭而還。左尹郤宛、工尹壽帥師至于潛，吳師不能退。吳公子光曰：
> 「此時也，弗可失也。」告鱄設諸曰：「上國有言曰：『不索，何獲。』，
> 我，王嗣也，吾欲求之。事若克，季子雖至，不吾廢也。」鱄設諸
> 曰：「王可弒也，母老子弱，是無若我何？」光曰：「我，爾身也。」
> 夏，四月，光伏甲於堀室而享王。王使甲坐於道及其門，門、階、
> 戶、席，皆王親也，夾之以鈹。羞者獻體改服於門外，執羞者坐行
> 而入，執鈹者夾承之，及體，以相授也。光偽足疾，入于堀室，鱄
> 設諸寘劍於魚中以進，抽劍刺王，鈹交於胷，遂弒王。闔廬以其子
> 為卿。季子至曰：「苟先君無廢祀，民人無廢主，社稷有奉，國家無
> 傾，乃吾君也。吾誰敢怨？哀死事生，以待天命。非我生亂，立者
> 從之，先人之道也。」復命哭墓，復位而待。吳公子掩餘奔徐，公
> 子燭庸奔鍾吾。〔註120〕

　　魯昭公二十七年，夏季，四月，公子光在地下室埋伏甲士，然後設宴招
待吳王僚。吳王僚讓甲士坐在道路兩旁直到大門口，大門、台階、裡門、坐
席上都是吳王僚的親兵，手持短劍護衛在吳王僚兩旁。宴席上負責端菜的人，
必須先在門外先脫光衣服，再換穿別的衣服，然後膝行入內，被持劍的人用
劍夾著他，劍尖幾乎碰到身上，然後才遞給上菜的人。公子光擔心事敗遭殃，
於是假裝腳痛，先行躲進地下室。〔註121〕鱄設諸把劍藏在烤魚內，等到上菜

---

〔註119〕〈吳太伯世家〉云：「公子光者，王諸樊之子也。常以為吾父兄弟四人，當傳
　　　　至季子。季子即不受國，光父先立。即不傳季子，光當立。陰納賢士，欲以
　　　　襲王僚。」見《史記會注考證》，頁542。

〔註120〕《春秋經傳集解》，頁361。

〔註121〕杜注：「恐難作，王黨殺己，素辟之。」見《春秋經傳集解》，頁361。

到吳王僚面前後，抽出劍刺殺吳王僚成功，站立兩旁親兵的劍也紛紛刺進鱄
設諸的胸膛。公子光順利篡位為吳王闔廬，[註122] 並且讓鱄設諸的兒子做卿，
實現對鱄設諸的承諾。

　　吳王僚死後，公子掩餘逃奔徐國，公子燭庸逃亡鐘吾。季札回國後，承
認吳王闔廬是吳國的君主。對於季札承認吳王闔廬君權的話語，杜預認為一
是吳國的嗣親奪權，自吳王壽夢開啓，怪不得後人，一是季札沒有足夠的力
量討吳王闔廬的弒君罪名。[註123] 於是，歸國後的季札先到吳王僚的墳墓前
哭泣復命，然後回到自己原來的官位上，等待新君吳王闔廬命令。

　　「嗣親奪權」雖然是由吳王壽夢埋下，假若起初季札不要堅辭君位，吳
王諸樊等手足，就不用遵守父親遺願，傳子不傳嫡。當吳王餘昧死後，季札
不要再次堅辭君位，吳王僚就不會即位，公子光也不會不滿吳王僚的即位順
序，也許就不會發生吳王僚見弒的事件。如此看來，吳王僚的死，季札難辭
其咎。不過，興起弒君奪位之心的是公子光，眞正動手的是鱄設諸，看出公
子光異心，推薦出鱄設諸的是伍員。公子光是吳王僚的臣子，鱄設諸雖服事
公子光也，算吳王僚轄區內的僕役，伍員自楚奔吳，也算是吳王僚的臣民。
明知公子光有叛心，卻還是協助公子光完成心願，三人全都難脫「臣僕專擅」
的批評；而公子光本人，仗恃著君嗣身份篡位，自然是標準的「嗣親奪權」。

# 第三節　哀公時期的弒君事件

## 一、蔡大夫殺蔡昭侯（哀公四年，公元前四九一年）

### （一）弒君事件概述

　　魯哀公四年春季，蔡昭侯準備到吳國去。《左傳》哀公四年云：「春，蔡
昭侯將如吳，諸大夫恐其又遷也。承，公孫翩逐而射之，入於家人而卒。」
[註124] 大夫們恐怕他又要遷移，於是追殺蔡昭侯，最後蔡昭侯逃到人民家
中後死去。

---

[註122] 〈吳太伯世家〉云：「公子光竟代立爲王，是爲吳王闔廬。」見《史記會注考
　　　　證》，頁543。
[註123] 杜注：「吳自諸樊以下，兄弟相傳而不立適，是亂由先人起也。季子自知力不
　　　　能討光，故云爾。」見《春秋經傳集解》，頁361。
[註124] 《春秋經傳集解》，頁398。

### （二）弒君原因分析

楚靈王即位之後，命令公子棄疾攻滅蔡國，由公子棄疾擔任蔡公。後來公子棄疾騙殺楚王比，即位為楚平王，於是重新幫陳、蔡復國蔡悼侯死後，由弟弟公子申即位為蔡昭侯。〔註125〕當初楚昭王為報伯舉之役攻蔡，蔡國戰敗。於是蔡國人民把男女奴隸，分別排列綑綁，作為禮物出降，楚昭王還把蔡國遷移到長江、汝水之間，蔡國因此向吳國請求遷移到吳國去。《左傳》哀公元年云：「春，楚子圍蔡，報柏舉也。……蔡人男女以辨，使疆于江、汝之閒，而還，蔡於是乎請遷于吳。」〔註126〕按照太史公的記載，此次楚昭王伐蔡，蔡國曾向吳國求救。由於蔡國離吳國太遠，所以吳國和蔡昭侯約定遷國近吳，好方便吳國救援。〈管蔡世家〉云：「楚昭王伐蔡，蔡恐，告急於吳。吳為蔡遠，約遷以自近，易以相救；昭公私許，不與大夫計。吳人來救蔡，因遷蔡于州來。」〔註127〕遷國是大事，蔡昭侯沒有和眾臣商量，私下就應允吳國，遷國到州來。《經》《傳》也分別記錄，〔註128〕蔡國在魯哀公二年冬季，十一月，遷到州來的大事件。

魯哀公四年春季，蔡昭侯準備到吳國去。大夫們恐怕他又要遷移，於是追殺蔡昭侯，公孫翩尾隨蔡昭侯，替他護航，蔡昭侯逃到百姓家後死去。〔註129〕公孫翩拿著兩枝箭守在門口，眾人怕死不敢強行進入。〔註130〕等到文之鍇抵達後，指揮眾人並排前行，反正公孫翩只剩兩枝箭，頂多殺兩個人。文之鍇拿著弓走在前方，公孫翩用箭射他，只射中肘部。文之鍇殺死公孫翩，並因此驅逐公孫辰，還殺死公孫姓和公孫盱。太史公記錄蔡國眾臣擔心蔡昭侯又私約遷國，於是派賊殺掉蔡昭侯，再殺死賊人解弒君罪名，改立蔡昭侯的兒子朔，即位為蔡成侯。〈管蔡世家〉云：「二十八年，昭侯將朝于吳，大

〔註125〕〈管蔡世家〉云：「令公子弃疾圍蔡。十一月，滅蔡，使弃疾為蔡公。……楚平王初立，欲親諸侯，故復立陳、蔡後。……悼侯三年卒，弟昭侯申立。」見《史記會注考證》，頁589。
〔註126〕《春秋經傳集解》，頁394。
〔註127〕《史記會注考證》，頁589。
〔註128〕《春秋》哀公二年云：「十有一月，蔡遷于州來」、《左傳》哀公二年云：「冬，蔡遷于州來。」見《春秋經傳集解》，頁395。
〔註129〕《春秋左傳注》云：「諸大夫蓋尾隨公孫翩，公孫翩乃從後掩護蔡昭之人。蔡昭侯入于庶民家而死。」，頁1626。
〔註130〕《春秋左傳注》云：「公孫翩以兩矢守蔡昭所入民家之門，蔡昭之眾畏死而不敢進。」，頁1626。

夫恐其復遷，乃令賊利殺昭侯；已而誅賊利以解過，而立昭侯子朔，是為成侯。」〔註131〕《左傳》哀公四年云：

> 春，蔡昭侯將如吳，諸大夫恐其又遷也。承，公孫翩逐而射之，入於家人而卒，以兩矢門之，眾莫敢進。文之鍇後至，曰：「如牆而進，多而殺二人。」鍇執弓而先，翩射之，中肘，鍇遂殺之。故逐公孫辰，而殺公孫姓、公孫盱。〔註132〕

蔡昭侯被追殺致死一事，《春秋》哀公四年記為：「春，王二月，庚戌，盜殺蔡侯申，蔡公孫辰出奔吳。」〔註133〕根據杜預的解釋，因為追殺蔡昭侯的臣僕官位卑賤，所以稱「盜」；不記為「弒君」，也是賤盜的關係。〔註134〕可見追殺蔡昭侯的眾臣，其實地位不高。

眾臣得知蔡昭侯將前往吳國，因為擔憂蔡昭侯再次遷國，於是動念殺掉蔡昭侯，這樣的行為已經符合「臣僕專擅」。要阻止蔡昭侯遷國，不一定要殺掉蔡昭侯，可以盡力諫阻，諫阻無果可以驅逐另立新君，實在不需弒君。不過，遷國這種大事，都不曾和臣下商量就做，蔡昭侯也不見得是位好君主，一意孤行，最後為自己招惹殺身之禍，也算是自食其果。

## 二、齊朱毛殺齊君荼（哀公六年，公元前四八九年）

### （一）弒君事件概述

齊景公生病後，命令國惠子、高昭子擁立公子荼為國君。〔註135〕魯哀公五年，秋季，齊景公逝世，公子荼即位新任齊君，其他公子紛紛出奔他國。陳乞偽裝出事奉國惠子和高昭子的樣子，暗中離間國、高兩人和眾大夫。魯哀公六年，陳乞會同鮑牧和齊國其他大夫們率領兵甲進入齊君荼的宮中，攻打國、高兩人。《左傳》哀公六年云：「夏，六月，戊辰，陳乞、鮑牧及諸大夫，以甲入于公宮。昭子聞之，與惠子乘如公，戰于莊，敗，國人追之。國夏奔莒，遂及高張、晏圉、弦施來奔。」〔註136〕八月，陳乞偷偷引渡公子

---

〔註131〕《史記會注考證》，頁 590。
〔註132〕《春秋經傳集解》，頁 398。
〔註133〕《春秋經傳集解》，頁 398。
〔註134〕杜注：「賤者故稱盜，不言弒其君，賤盜也。」見《春秋經傳集解》，頁 398。
〔註135〕《左傳》哀公五年云：「公疾，使國惠子，高昭子，立荼，寘羣公子於萊。秋，齊景公卒。冬，十月，公子嘉、公子駒、公子黔，奔衛；公子鉏、公子陽生，來奔。」見《春秋經傳集解》，頁 399。
〔註136〕《春秋經傳集解》，頁 400。

陽生回國入宮。《左傳》哀公六年云：「陳僖子使召公子陽生，……冬，十月，
丁卯，立之。」〔註137〕十月丁卯日，擁立陽生為齊悼公。《左傳》哀公六年
云：「使毛遷孺子於駘，不至，殺諸野幕之下，葬諸殳冒淳。」〔註138〕魯哀
公六年，齊悼公派遣朱毛把齊君荼遷移到駘地，還沒有到達目的地，就把齊
君荼殺死在野外的帳篷裡，葬在殳冒淳。

### （二）弒君原因分析

　　齊景公和夫人燕姬，本來有一個兒子，魯哀公五年時不幸夭亡。〈齊太公
世家〉云：「五十八年夏，景公夫人燕姬適子死。景公寵妾芮姬生子荼，荼少，
其母賤，無行，諸大夫恐其為嗣。」〔註139〕其他的庶子們，總共有六人，其
中公子陽生最年長，公子荼最年幼。眾臣知道鬻姒受寵，所以十分擔心齊景
公會因為寵愛公子荼的母親鬻姒，而立公子荼為世子。當時荼還年幼，加上
鬻姒身份低賤，眾臣擔心一旦立幼立賤，國家會動亂，紛紛勸導齊景公，可
惜齊景公心意已決，不聽諫言。《左傳》哀公五年云：

> 齊燕姬生子，不成而死。諸子，鬻姒之子荼，嬖，諸大夫恐其為大
> 子也，言於公曰：「君之齒長矣，未有大子，若之何？」公曰：「二
> 三子閒於憂虞，則有疾疢，亦姑謀樂，何憂於無君？」公疾，使國
> 惠子，高昭子，立荼，寘羣公子於萊。秋，齊景公卒。冬，十月，
> 公子嘉、公子駒、公子黔，奔衛；公子鉏、公子陽生，來奔。萊人
> 歌之曰：「景公死乎不與埋，三軍之事乎不與謀，師乎師乎，何黨之
> 乎？」〔註140〕

　　後來齊景公病重，只好委託國夏（即國惠子）、高張（即高昭子）〔註141〕
兩位大臣負責輔佐、擁立公子荼，並讓他們將其他庶子遷至邊鄙萊邑，遠離
首都，以保護公子荼順利即位。魯哀公五年，齊景公逝世後，公子荼即位。
同年，十月，公子嘉、公子駒、公子黔逃亡到衛國，公子鉏、公子陽生逃到
魯國。《左傳》哀公六年云：

> 齊陳乞偽事高、國者，每朝必驂乘焉。所從，必言諸大夫，曰：「彼
> 皆偃蹇，將弃子之命。皆曰：『高、國得君，必偪我，盍去諸？』固

〔註137〕《春秋經傳集解》，頁 401。
〔註138〕《春秋經傳集解》，頁 401。
〔註139〕《史記會注考證》，頁 561。
〔註140〕《春秋經傳集解》，頁 399。
〔註141〕杜注：「惠子，國夏。昭子，高張。」見《春秋經傳集解》，頁 399。

將謀子，子早圖之！圖之，莫如盡滅之。需，事之下也。」及朝，
則曰：「彼虎狼也，見我在子之側，殺我無日矣，請就之位。」又謂
諸大夫曰：「二子者禍矣，恃得君而欲謀二三子，曰：『國之多難，
貴寵之由，盡去之而後君定。』既成謀矣，盍及其未作也，先諸？
作而後悔，亦無及也。」大夫從之。夏，六月，戊辰，陳乞、鮑牧
及諸大夫，以甲入于公宮。昭子聞之，與惠子乘如公，戰于莊，敗，
國人追之。國夏奔莒，遂及高張、晏圉、弦施來奔。〔註142〕

　　國夏、高張奉齊景公遺命，擁立齊君荼，由於齊君荼幼小，所以齊國國
政幾乎是由國夏、高張兩人把持。陳乞僞裝出事奉國夏、高張的樣子，每逢
上朝，一定要和他們同坐一輛車，隨時向他們捏造其他大夫們密謀政變，並
造謠說眾臣要殺服事他們的自己，還請求到眾臣間作臥底、內應。〔註143〕等
到陳乞面對齊國其他大夫們的時候，又捏造國夏、高張要發動禍亂，鏟除其
他大夫們，藉此慫恿眾臣先下手為強，除去國夏、高張兩人。

　　眾大夫聽信陳乞的謠言，魯哀公六年，夏季，六月，陳乞、鮑牧和齊國
其他大夫們率領兵甲進入齊君荼的宮中，聽聞消息的國夏、高張兩人，連忙
趕到宮中，在莊地和眾人交戰，結果戰敗被追殺，國夏逃亡到莒國，隨後和
高張、晏圉、弦施一起逃亡到魯國。八月，邴意茲也逃亡到魯國。〔註144〕《左
傳》哀公六年云：

陳僖子使召公子陽生，陽生駕而見南郭且于，曰：「嘗獻馬於季孫，
不入於上乘，故又獻此，請與子乘之。」出萊門而告之故，闞止
知之，先待諸外。公子曰：「事未可知，反與壬也處，戒之。」遂
行，逮夜至於齊，國人知之，僖子使子士之母養之，與饋者皆入。
〔註145〕

　　成功取得國夏、高張掌握的政權後，陳乞（即陳僖子）派人偷偷招回公
子陽生，公子陽生駕車去見公子鉏（即南郭且于），邀請一起試馬，於是兩人
共同乘車出魯國萊門後，公子陽生才將陳乞暗渡回國的事告知。依照杜預的
解釋，偷偷回國的事不能大聲宣揚，公子陽生擔心事情洩露，所以才用試馬

〔註142〕《春秋經傳集解》，頁400。
〔註143〕杜注：「高張、國夏，受命立荼，陳乞欲害之，故先僞事焉。」見《春秋經傳
集解》，頁400。
〔註144〕《左傳》哀公六年云：「八月，齊邴意茲來奔。」見《春秋經傳集解》，頁401。
〔註145〕《春秋經傳集解》，頁401。

的理由邀出公子鉏，〔註146〕等出了魯城後才告知詳情。

回國的事，公子陽生也通知家臣闞止，並且讓闞止先在齊國城外等待，還把兒子壬託付給闞止，避免萬一事情有詐，還可以保有血脈。等到夜裡，公子陽生就到達齊國都城，齊國都城內的人們都知道公子陽生趁夜歸國。本來趁夜偷入，就是爲了不爲人知，《左傳》特別寫明國人都知道，卻沒有人通知當時的國君齊君荼，可以得見陳乞在齊國的勢力，如杜預所言頗大。〔註147〕陳乞先讓子士的母親照顧公子陽生，又讓陽生跟著送食物的人，暗中進入齊君荼的宮裡面。安頓好公子陽生後，陳乞著手準備擁立公子陽生。《左傳》哀公六年云：

> 冬，十月，丁卯，立之，將盟。鮑子醉而往，其臣差車鮑點，曰：「此誰之命也？」陳子曰：「受命于鮑子。」遂誣鮑子曰：「子之命也。」鮑子曰：「女忘君之爲孺子牛，而折其齒乎？而背之也。」悼公稽首曰：「吾子奉義而行者也。若我可，不必亡一大夫；若我不可，不必亡一公子。義則進，否則退，敢不唯子是從？廢興無以亂，則所願也。」鮑子曰：「誰非君之子？」乃受盟，使胡姬以安孺子如賴，去鬻姒，殺王甲，拘江說，囚王豹于句竇之丘。公使朱毛告於陳子曰：「微子則不及此，然君異於器，不可以二。器二不匱，君二多難，敢布諸大夫。」僖子不對而泣，曰：「君舉不信羣臣乎？以齊國之困，困又有憂，少君不可以訪，是以求長君，庶亦能容羣臣乎？不然，夫孺子何罪？」毛復命，公悔之，毛曰：「君大訪於陳子，而圖其小，可也。」使毛遷孺子於駘，不至，殺諸野幕之下，葬諸殳冒淳。〔註148〕

魯哀公六年，冬季，十月，丁卯日，陳乞邀約眾臣前來會盟，改立公子陽生爲君，並趁著鮑牧醉酒，誣賴改立公子陽生爲君一事是和鮑牧共同發起。莫名其妙被栽贓的鮑牧當然很不滿，於是提起當初齊景公甘願當牛，讓年幼的公子荼騎著玩，後來跌倒折斷牙齒的事，表示齊景公寵愛公子荼，才會讓公子荼繼承君位；暗示陳乞、公子陽生，不應該背棄先君遺命，擅自另立君

〔註146〕杜注：「畏在家，人聞其言，故欲二人共載，以試馬爲辭。」見《春秋經傳集解》，頁401。

〔註147〕杜注：「故以昏至，不欲令人知也，國人知而不言，言陳氏得衆。」見《春秋經傳集解》，頁401。

〔註148〕《春秋經傳集解》，頁401。

主。

公子陽生聽見鮑牧的言論後，很坦白的告知鮑牧，君主的廢立，一切都看鮑牧的意見。公子陽生先是允諾一旦成為君主，不會歸罪鮑牧，所以明說不需亡一大夫，好讓鮑牧安心；另一方面又擔心鮑牧會殺掉自己，護住齊君荼的君位，所以明說不需「亡一公子」。〔註149〕楊伯峻則認為公子陽生希望以採取和平的手段，進行政權轉移，說服鮑牧，為彼此取得雙贏局面。《春秋左傳注》云：「廢謂廢荼，興謂立己。亡一大夫，亡一公子，皆亂。言廢立之際，勿使流血。」〔註150〕因為不論亡大夫，還是亡公子，都會促成國家動亂，這不是鮑牧所樂見。最後，鮑牧迫於情勢，以凡是齊景公的兒子都有機會擔任齊君的意見，參與改立公子陽生，廢掉齊君荼的計劃。

魯哀公六年，冬季，公子陽生被立為齊悼公。齊悼公讓齊景公的妾胡姬，帶著齊君荼到賴地，然後把齊君荼的生母鬻姒，遣送別處。又殺死王申，拘捕江說，把王豹囚禁在句竇之丘，將這三位齊君荼的黨羽徹底鏟除。〔註151〕齊君荼未死，讓齊悼公十分忌憚，擔心改天羣臣會廢己立荼，於是派遣朱毛告知陳乞，一國不容二君。陳乞聞言後，以為齊悼公對自己有所疑慮，泣訴羣臣是顧慮齊國內憂外患紛擾，年幼的國君無法處理，羣臣才會尋找年長的國君，齊君荼既無辜又無罪。朱毛轉達陳乞的意思後，齊悼公後悔失言，朱毛則認為大事可以詢問陳乞，小事國君自己決定就可。〔註152〕於是齊悼公派朱毛將齊君荼遷移到駘地，尚未抵達之前，就將齊君荼殺死在野外的帳篷裡，然後葬在殳冒淳。

齊君荼的死實在無辜，年紀小的國君只能任人擺佈，齊景公若真的寵愛齊君荼，就不該將他往死地推送。縱觀齊君荼的死亡，先是出在齊景公過度寵愛鬻姒，雖然史料沒有明說齊景公愛鬻姒，勝過夫人燕姬，但是從保有子嗣傳承來看，齊景公對鬻姒的疼愛，應該和夫人燕姬不相上下，形成寵妾如妻的「伴侶無狀」局面。再者，齊景公寵愛鬻姒，並且愛屋及烏，忽視傳統的立長制度，執意要立年幼的公子荼為世子，促使之後出奔國外的公子陽生，

---

〔註149〕杜注：「言己可為君，必不怨鮑子。……公子，自謂也，恐鮑子殺己，故要之。」見《春秋經傳集解》，頁401。
〔註150〕《春秋左傳注》，頁1638。
〔註151〕杜注：「三子，景公嬖臣，荼之黨也。」見《春秋經傳集解》，頁401。
〔註152〕杜注：「大謂國政，小謂殺荼。」見《春秋經傳集解》，頁401。

依恃同爲君子又年長，尋得機會回國參與「嗣親奪權」的局面。陳乞身爲人臣，爲了權勢政變，驅逐輔佐幼君國夏、高張兩人，甚至暗中引渡公子陽生回國嗣位，誣陷鮑牧加入改立計劃，充分展現無君、無臣的自大，種種行爲都和「臣僕專擅」相符。朱毛雖是奉齊悼公命令，殺掉舊君荼，卻是因爲朱毛進言小事國君自理，言論中也有弒殺舊君之意，因此朱毛在奉命動手前，心中就有弒君意思，也和「臣僕專擅」相符。

## 三、齊人殺齊悼公（哀公十年，公元前四八五年）

### （一）弒君事件概述

本來出奔在外的齊公子陽生，在陳乞的協助下，順利被擁立爲齊悼公。《左傳》哀公六年云：「陳僖子使召公子陽生，……冬，十月，丁卯，立之。」〔註153〕魯哀公十年，魯哀公會合吳王、邾子、郯子攻打齊國南部邊境，軍隊駐紮在郎地。《左傳》哀公十年云：「公會吳子、邾子、郯子，伐齊南鄙。師于郎，齊人弒悼公，赴于師。」〔註154〕齊國人殺死齊悼公，向前來攻打的聯軍發出訃告。

### （二）弒君原因分析

齊悼公前往魯國的時候，季康子曾經應允把妹妹季姬嫁給齊悼公。齊悼公即位後，打算將季康子的妹妹迎回齊國。季姬說出和叔父季魴侯〔註155〕私通的事情，導致季康子不敢把季姬送嫁到齊國去，齊悼公因爲得不到季姬而發怒。魯哀公八年，五月，齊國的鮑牧領兵進攻魯國，占領了讙地和闡地。六月，還未得到季姬的齊悼公，向吳國請求出兵共同攻魯，魯國趕緊送還邾子，讓吳國無法以「爲邾」的理由出兵。〔註156〕秋季，魯國和齊國談和，魯國的臧賓如到齊國去結盟，齊國的闞丘明到魯國結盟，並且迎接季康子的妹妹季姬到齊國。齊悼公對季姬十分寵愛，後來齊國就把讙地和闡地歸還給魯國。《左傳》哀公八年云：

> 齊悼公之來也，季康子以其妹妻之，即位而逆之。季魴侯通焉，女

〔註153〕《春秋經傳集解》，頁401。
〔註154〕《春秋經傳集解》，頁405。
〔註155〕杜注：「魴侯，康子叔父。」見《春秋經傳集解》，頁404。
〔註156〕杜注：「齊未得季姬，故請師也。吳前爲邾討魯，懼二國同心，故歸邾子。」
　　　　　見《春秋經傳集解》，頁404。

言其情，弗敢與也，齊侯怒。夏，五月，齊鮑牧帥師伐我，取讙及
闡。或譖胡姬於齊侯，曰：「安孺子之黨也。」六月，齊侯殺胡姬。
齊侯使如吳請師，將以伐我，乃歸邾子。……秋，及齊平。九月，
臧賓如如齊涖盟，齊閻丘明來涖盟，且逆季姬以歸，嬖。鮑牧又謂
羣公子曰：「使女有馬千乘乎？」公子愬之，公謂鮑子：「或譖子，
子姑居於潞以察之。若有之，則分室以行；若無之，則反子之所。」
出門，使以三分之一行；半道，使以二乘；及潞，麋之以入，遂殺
之。冬，十二月，齊人歸讙及闡，季姬嬖故也。〔註157〕

　　魯哀公五年，秋季，齊景公逝世，齊安孺子繼位。隨後，在齊國的陳乞
的計謀下，於魯哀公六年，冬季，十月丁卯日，改立公子陽生成為齊悼公。
齊悼公派朱毛將齊安孺子殺死在野外的帳篷裡，然後葬在殳冒淳。後來，有
人說先前帶齊安孺子到賴地的胡姬，也是齊安孺子的黨羽，齊悼公因此殺掉
齊景公的妃妾胡姬。

　　當初，鮑牧可以說是在不得已的情況下，被迫參與改立公子陽生為君，
於是暗中煽動其他公子爭奪君位。〔註158〕公子們將此事告訴齊悼公，齊悼
公就派遣鮑牧到潞地；鮑牧出發時讓他帶著家產三分之一走，走到半路只讓
他帶著兩輛車子走，到達潞地時就將鮑牧捆綁回來殺死。先前齊國為了季姬
請求吳國出兵，後來又和魯國講和，所以齊悼公派孟綽辭謝，讓吳國不用出
兵協助。《左傳》哀公九年云：「春，齊侯使公孟綽辭師于吳。吳子曰：『昔
歲寡人聞命，今又革之，不知所從，將進受命於君。』……冬，吳子使來儆
師伐齊。」〔註159〕根據杜預的看法，吳王夫差對齊悼公揮來呼去的態度十
分不滿，於是在魯哀公九年會同魯國出兵攻齊。〔註160〕魯哀公十年，魯哀
公會合吳王、邾子、郯子攻打齊國南部邊境，軍隊駐紮在鄎地。為了避免戰
爭，齊國人殺死齊悼公，向吳魯聯軍發出訃告，祈望原兇已亡，諸侯們可以
饒過齊國。《左傳》哀公十年云：「公會吳子、邾子、郯子，伐齊南鄙。師于
鄎。齊人弒悼公，赴于師。吳子三日哭于軍門之外。徐承帥舟師，將自海入

---

〔註157〕《春秋經傳集解》，頁404。
〔註158〕杜注：「有馬千乘，使為君也。鮑牧本不欲立陽生，故諷動羣公子。」見《春
　　　　秋經傳集解》，頁404。
〔註159〕《春秋經傳集解》，頁404至405。
〔註160〕杜注：「前年齊與吳謀伐魯，齊既與魯成而止，故吳恨之，反與魯謀伐齊。」
　　　　見《春秋經傳集解》，頁405。

齊，齊人敗之，吳師乃還。」〔註161〕吳大夫徐承率領水軍從海上攻打齊國，齊人大敗吳君，吳國才退兵。

但是，太史公對於齊悼公的死去，有不同的描述。當初鮑牧不是眞心擁立齊悼公，和齊悼公之間有閒隙。〈齊太公世家〉云：「鮑子與悼公有卻，不善。四年，吳、魯伐齊南方。鮑子弒悼公，赴于吳。……齊人共立悼公子壬，是爲簡公。」〔註162〕於是鮑牧趁著吳魯聯軍攻齊的時候，殺掉齊悼公向吳王夫差謝罪，改立齊悼公的兒子壬爲齊簡公。

楊伯峻發現太史公在《史記》各篇都寫殺齊悼公的是鮑子，只有〈田敬仲完世家〉裡面才提到殺齊悼公的是鮑牧，可見各篇所指鮑子，太史公都認爲是鮑牧。不過瀧川資言考證中引梁玉繩的看法，認爲二年前齊悼公就已經殺掉鮑牧，所以齊人殺齊悼公的齊人不可能是鮑牧，並且參考《晏子春秋》的說法，認爲應該是陳乞的兒子陳恒殺齊悼公。依據《左傳》魯哀公八年的記載，鮑牧此時被齊悼公殺死，故太史公「鮑牧殺齊悼公」的說法，恐不可信。《春秋左傳注》云：

> 《史記》〈齊世家〉、〈衛世家〉、〈年表〉並謂殺悼公者爲鮑子，〈伍子胥傳〉則云「鮑氏」，〈田齊世家〉直云「鮑牧」，而據八年《傳》鮑牧已爲悼公所殺。梁玉繩《志疑》據《晏子春秋·諫上篇》「田氏殺陽生」，疑殺者爲陳恒。存疑可也。〔註163〕

後來，吳王不滿齊國出爾反爾要攻打齊國，對於齊悼公莫名其妙徒惹爭戰，再加上齊悼公自即位後濫殺無辜，齊國人對這位半路奪權的君主怨聲載道。陳乞的兒子陳恒掌握大權，爲避免齊國受戰火洗禮，曾經想借鮑息（即鮑牧之子）之手殺齊悼公，可惜鮑息不願意，陳恒只有自己毒殺齊悼公，改立齊簡公，然後謊稱齊悼公病故，爭取吳國退兵的機會。齊國上下都知道齊悼公死於非命，只是礙於陳氏的勢力，以及對齊悼公的怨懟，不敢多說什麼。可知陳恒身爲人臣，掌控大權卻妄行弒君，完全符合「臣僕專擅」的行爲。

然而對於齊悼公的死，《春秋》哀公十年記爲：「齊侯陽生卒。」〔註164〕依杜預的說法，是齊人以「齊悼公病死」來通知諸侯的關係，〔註165〕所以《春

---

〔註161〕《春秋經傳集解》，頁405。
〔註162〕《史記會注考證》，頁562。
〔註163〕《春秋左傳注》，頁1656。
〔註164〕《春秋經傳集解》，頁405。
〔註165〕杜注：「以疾赴，故不書弒。」見《春秋經傳集解》，頁405。

秋》才不寫明，齊悼公其實是他殺而死。《左傳》特別寫明是「齊人」殺齊悼公，沒有寫出這位齊人是誰，用來突顯齊悼公殺齊君荼、胡姬、鮑牧，無端興戰種種行為，不為國人所容的程度。齊悼公死於齊人之手，表示齊人展現「臣僕專擅」的行為，進而妄行弒君。

## 四、齊陳恆殺齊簡公（哀公十四年，公元前四八一年）

### （一）弒君事件概述

在陳乞的協助下，本來出奔在外的齊公子陽生，順利被擁立為齊悼公。魯哀公十年，為了阻止吳聯軍攻齊，齊國人殺死齊悼公，改立悼公之子壬為齊簡公。《左傳》哀公十年云：「公會吳子、邾子、郯子，伐齊南鄙。師于鄎，齊人弒悼公，赴于師。」〔註166〕齊簡公即位後，讓闞止和陳恆共同執政，諸御鞅曾向齊簡公進言陳、闞兩人無法並存，齊簡公並未聽從。《左傳》哀公十四年云：「甲午，齊陳恆弒其君壬于舒州。」〔註167〕魯哀公十四年，甲午日，陳恆在舒州殺掉齊簡公。

### （二）弒君原因分析

當初公子陽生在陳乞的協助下，準備回齊國奪取君位的事，有通知自己的家臣闞止。為了以防萬一，還讓闞止和兒子壬先在齊國城外等待，才進入齊國都城。《左傳》哀公六年云：「陳僖子使召公子陽生，……闞止知之，先待諸外。公子曰：『事未可知，反與壬也處，戒之。』遂行。」〔註168〕由此可知，公子陽生對闞止十分信任和器重。公子陽生順利奪權成功成為齊悼公後，魯哀公十年，被齊國人殺死，齊人改立其子壬為齊簡公。

一直服侍齊悼公一家的闞止，當齊簡公還在魯國的時候便受到寵信，在齊悼公被殺、齊簡公即位後，自然受到齊簡公重用。陳恆（即陳成子）因此對闞止十分忌憚，在朝廷上屢次回頭看闞止。本來齊國朝政在陳乞時期，都是陳氏掌控，孰料等齊簡公即位後，政權發生變動，改為由陳、闞二氏掌握，對獨攬大權的陳氏而言，權勢削減許多。齊簡公此舉，恐怕多少有借闞氏來壓制陳氏勢力，避免自己初即位就受到陳氏脅迫的打算。權力被瓜分，對陳恆來說，闞止是有危險性的對手，一定很想剷除闞氏勢力，再讓陳氏獨操政

---

〔註166〕《春秋經傳集解》，頁405。
〔註167〕《春秋經傳集解》，頁414。
〔註168〕《春秋經傳集解》，頁401。

權。諸御鞅看得出陳恒容不下闞止，所以勸說齊簡公做選擇，可惜齊簡公大概覺得分權已足夠防範，並沒有聽從諸御鞅的意見。《左傳》哀公十四年云：

> 齊簡公之在魯也，闞止有寵焉。及即位，使爲政，陳成子憚之，驟顧諸朝。諸御鞅言於公，曰：「陳、闞不可並也，君其擇焉。」弗聽。子我夕，陳逆殺人，逢之，遂執以入。陳氏方睦，使疾，而遺之潘沐，備酒肉焉，饗守囚者，醉而殺之，而逃。子我盟諸陳於陳宗。初，陳豹欲爲子我臣，使公孫言己，己有喪而止，旣而言之，曰：「有陳豹者，長而上僂，望視，事君子必得志，欲爲子臣，吾憚其爲人也，故緩以告。」子我曰：「何害？是其在我也。」使爲臣。他日，與之言政，說，遂有寵。謂之曰：「我盡逐陳氏，而立女，若何？」對曰：「我遠於陳氏矣，且其違者，不過數人，何盡逐焉？」遂告陳氏。子行曰：「彼得君，弗先，必禍子。」子行舍於公宮。〔註169〕

有天晚上闞止（即子我）朝見齊簡公，陳逆殺人剛巧被闞止碰見，就逮捕陳逆，帶進齊簡公宮中。當時陳氏一族十分和睦團結，於是陳氏族人就唆使陳逆假裝生病，藉機送去洗頭的淘米水及酒肉。陳逆請看守的人吃喝，趁看守人喝醉後殺掉他逃走。後來，闞止和陳氏族人在陳氏宗主家裡結盟。依據杜預的解釋，闞止知道陳逆逃走後，害怕陳逆會成爲禍患，所以和陳氏一族結盟，用盟約制衡陳逆的行動。〔註170〕當初，陳豹想要當闞止的家臣，於是讓公孫推薦自己，後因陳豹有喪事而停止。陳豹喪事完畢後，公孫才對闞止談起陳豹，並表示不信任陳豹。可惜，闞止毫不在乎地讓陳豹做家臣。某天，闞止和陳豹談論政事，十分投合、高興，闞止因此寵信陳豹。於是闞止告知陳豹，想驅逐所有陳氏族人，改立陳豹當繼承人，被陳豹拒絕。同時陳豹將闞止的心思告訴陳氏一族，陳逆（即子行）對陳恒建議，闞止比較得齊簡公寵信，陳氏一族應該先下手爲強。於是陳逆暗中混入齊簡公宮內，作爲內應。

魯哀公十四年，五月，陳恒兄弟們坐車到齊簡公那裡去。總共有陳恒、陳莊、陳齒、陳夷、陳安、陳意茲、陳盈、陳得八人，兩人共乘一車，共計四輛車出發。〔註171〕闞止從帳幕裡出來迎接他們，陳恒兄弟走進去卻把闞止

---

〔註169〕《春秋經傳集解》，頁412。

〔註170〕杜注：「失陳逆，懼其反爲患，故盟之。」見《春秋經傳集解》，頁412。

〔註171〕杜注：「成子之兄弟，昭子莊、簡子齒、宣子夷、穆子安、廩丘子意茲、芒子盈、惠子得，凡八人，二人共一乘。」見《春秋經傳集解》，頁412至413。

關在門外。齊簡公的侍者抵禦陳氏兄弟，反被早已混入的陳逆殺害。當時，齊簡公和女人在檀臺上喝酒，陳恒讓齊簡公遷到寢室裡面，齊簡公一方面不滿陳恒的要求，一方面懷疑陳恒要篡位，所以拿起戈就要回擊，反被大史子餘攔下。〔註172〕大史子餘告知齊簡公，陳恒是要替齊簡公除害，才會率眾前來。事後，陳恒搬出去住在府庫裡，聽說齊簡公還在生氣，就準備要逃亡，陳逆抽出劍威脅陳恒的性命，陳恒才又留下。《左傳》哀公十四年云：

> 夏，五月，壬申，成子兄弟，四乘如公。子我在幄，出逆之，遂入，閉門。侍人禦之，子行殺侍人。公與婦人飲酒于檀臺，成子遷諸寢，公執戈，將擊之。大史子餘曰：「非不利也，將除害也。」成子出舍于庫，聞公猶怒，將出曰：「何所無君？」子行抽劍曰：「需，事之賊也，誰非陳宗？所不殺子者，有如陳宗。」乃止。子我歸，屬徒攻闈與大門，皆不勝，乃出。陳氏追之，失道於弇中。適豐丘，豐丘人執之以告，殺諸郭關。成子將殺大陸子方，陳逆請而免之。以公命取車於道，及弇，眾知而東之。出雍門，陳豹與之車，弗受。曰：「逆為余請，豹與余車，余有私焉，事子我，而有私於其讎，何以見魯、衛之士？」東郭賈奔衛。庚辰，陳恒執公于舒州，公曰：「吾早從鞅之言，不及此。」〔註173〕

被關在宮外的闞止，立即回去集合部下，攻打在宮中的陳氏一族，卻都沒有得勝，於是逃走國外。陳氏一族隨後追趕，闞止在弇中迷路，到達陳氏一族封邑豐丘的時侯，被豐丘人拘捕並報告陳恒，不久就在城門郭關被殺死。陳恒準備殺闞止的臣下東郭賈（即大陸子方），因為陳逆的請求而赦免。東郭賈打算出奔到魯國或衛國，於是假借齊簡公的名義，在路上得到一輛車子，逃到弇地，卻被陳氏一族發現後奪走車子，並逼迫東郭賈向東離去。東郭賈逃出城門雍門後，陳豹要給他車子；東郭賈認為自己是闞止的臣下，卻和闞止的敵人有私交，這樣是無法被魯國或衛國接受，於是拒絕陳豹，投奔到衛國。魯哀公十四年，陳逆在舒州拘捕齊簡公，此時齊簡公才感到後悔。杜預認為齊簡公是後悔沒有聽從諸御鞅的勸諫，沒能先殺掉陳恒才會有如今的下場。〔註174〕魯哀公十四年，陳桓在舒州殺掉齊簡公，另立齊簡公的弟弟公子

---

〔註172〕《春秋左傳注》云：「惠棟《補注》云：『子餘，陳氏黨，為太史。』」據此可知子餘是陳恒的黨羽。，頁1685。
〔註173〕《春秋經傳集解》，頁412至413。
〔註174〕杜注：「悔不誅陳氏。」見《春秋經傳集解》，頁413。

驚爲齊平公。〔註175〕

　　齊簡公被陳恆殺掉，主因出在陳恆和闞止爭權，當初諸御鞅勸齊簡公在兩人中擇一，暗示齊簡公殺掉陳恆，可惜齊簡公沒有聽從，致使自己死在陳恆手中。陳氏一族中，陳乞干涉過齊國君主的廢立，廢掉齊安孺子改立齊悼公；如今，陳恆殺掉齊悼公的兒子齊簡公，改立齊簡公的弟弟齊平公，再一次證明陳氏一族掌握大權，不斷地操控齊國君主人選。陳恆擔任齊簡公的大臣，掌握半數齊國政權，在沒有君令下擅自攻殺同僚闞止，甚至謀反弒君，「臣僕專擅」的行爲畢露。

## 五、衛己氏殺衛莊公〔哀公十六年，公元前四七九年〕

### （一）弒君事件概述

　　魯定公十四年，衛世子蒯聵因爲想殺衛靈公的夫人南子，被驅逐出境，逃亡到宋國，後又投奔晉國趙簡子。魯哀公二年，衛靈公死後，眾人立世子蒯聵的兒子公子輒爲衛出公。《左傳》哀公二年云：「衛靈公卒，……乃立輒。」〔註176〕魯哀公十五年，世子蒯聵在渾良夫的協助下回國，迫使孔悝立世子蒯聵爲衛莊公。《左傳》哀公十五年云：「孔悝立莊公。」〔註177〕衛出公投奔魯國。魯哀公十七年，晉人攻衛，衛國人驅逐衛莊公蒯聵，改立衛襄公的孫子公子般師。《左傳》哀公十七年云：「衛人出莊公，而與晉平，晉立襄公之孫般師而還。」〔註178〕等晉軍離去，衛莊公再次回國，衛公般師出奔。不久，衛大夫石圃率工匠及戎州人叛亂，殺衛莊公及世子疾、公子青，衛莊公逃到己氏處被己氏殺掉，衛國人再重立衛公般師。隨後齊人伐衛，擄獲衛公般師，改立衛靈公的兒子公子起爲君。《左傳》哀公十八年云：「夏，衛石圃築其君起，起奔齊。衛侯輒自齊復歸，逐石圃，而復石魋，與大叔遺。」〔註179〕魯哀公十八年，衛公起又被衛大夫石曼驅逐，衛公起奔齊，衛出公從齊國回衛復位。

---

〔註175〕〈齊太公世家〉云：「田常乃立簡公弟驁，是爲平公。平公即位，田常相之，專齊之政，割齊安平以東爲田氏封邑。」見《史記會注考證》，頁564。

〔註176〕《春秋經傳集解》，頁396。

〔註177〕《春秋經傳集解》，頁416。

〔註178〕《春秋經傳集解》，頁419。

〔註179〕《春秋經傳集解》，頁420。

## （二）弒君原因分析

魯定公十四年，衛靈公替自己的夫人南子，召來宋公子朝，讓兩人在洮地私會。衛世子蒯聵路過宋國，聽到野人唱歌，暗示這場公然的私通，讓衛世子蒯聵覺得十分羞恥，於是回國告知家臣戲陽速。命令戲陽速跟著自己去朝見衛夫人南子，在自己回頭示意的時候，殺掉夫人南子。《左傳》定公十四年云：

> 衛侯為夫人南子召宋朝，會于洮，大子蒯聵獻盂于齊，過宋野。野人歌之曰：「既定爾婁豬，盍歸吾艾豭。」大子羞之，謂戲陽速曰：「從我而朝少君，少君見我，我顧，乃殺之。」速曰：「諾。」乃朝夫人，夫人見大子，大子三顧，速不進。夫人見其色，啼而走，曰：「蒯聵將殺余。」公執其手以登臺，大子奔宋，盡逐其黨，故公孟彄出奔鄭，自鄭奔齊。大子告人曰：「戲陽速禍余。」戲陽速告人曰：「大子則禍余，大子無道，使余殺其母。余不許，將戕於余，若殺夫人，將以余說。余是故許而弗為，以紓余死。」諺曰：「民保於信」吾以信義也。〔註180〕

戲陽速應允世子蒯聵的命令，等到朝見衛夫人南子的時候，世蒯聵回頭三次，戲陽速都沒有照命令行動。反而是衛夫人南子發現世子蒯聵神色不對，哭啼奔喊世子蒯聵要殺她。衛靈公拉著夫人南子登上高臺避難，世子蒯聵因此出奔到宋國，衛靈公就將世子蒯聵的黨羽全數驅逐。事後，世子蒯聵、戲陽速都說是被對方陷害嫁禍。戲陽速強調真兇是世子蒯聵，自己身為家臣，若不先應允一定會被殺，若自己真殺害衛夫人南子，世子蒯聵就可以逃脫罪名，所以才先答應，而不照命令做事來保命。會特別替自己的夫人找外遇對象，衛靈公也算是史無前例，《左傳》此處沒有解釋衛靈公這麼做的理由。無論如何，這種家醜讓世子蒯聵起殺心並行動，可惜失敗出奔，導致衛靈公沒有世子可以繼承君位。

本來，衛靈公有意將君位傳給公子郢（即南僕），但是公子郢認為衛靈公私下授意，完全沒和夫人、眾臣商量，就隨意改立而拒絕。魯哀公二年，衛靈公死去，夫人本想依循衛靈公的意願立公子郢，公子郢又用蒯聵雖然出奔，可是嫡孫公子輒還在國內，應該傳位給公子輒為由拒絕。於是眾人擁立公子輒為衛出公。聽聞衛靈公死去的消息，出奔在外的蒯聵，由晉國趙鞅預計在

---

〔註180〕《春秋經傳集解》，頁391至392。

戚地擁立爲衛君，於是讓蒯聵脫帽，八個人穿喪服，假裝從衛國前來迎接的模樣，通報守門人，號哭入城，然後就住在戚地。《左傳》哀公二年云：

> 初，衛侯遊于郊，子南僕，公曰：「余無子，將立女。」不對。他日，又謂之，對曰：「郢不足以辱社稷，君其改圖，君夫人在堂，三揖在下，君命祇辱。」夏，衛靈公卒，夫人曰：「命公子郢爲大子，君命也。」對曰：「郢異於他子，且君沒於吾手，若有之，郢必聞之。且亡人之子輒在。」乃立輒。六月，乙酉，晉趙鞅納衛大子于戚。宵迷，陽虎曰：「右河而南。必至焉。」使大子絻，八人衰絰，僞自衛逆者，告於門，哭而入，遂居之。〔註181〕

太史公則記爲趙鞅假借奔喪要送蒯聵入城，衛國人聽聞消息，出兵攻打蒯聵，不讓他進入。最後，蒯聵只好進入戚地，衛國人才罷兵。〈衛康叔世家〉云：「六月乙酉，趙簡子欲入蒯聵，乃令陽虎詐命衛，十餘人衰絰歸，簡子送蒯聵。衛人聞之，發兵擊蒯聵。蒯聵不得入，入宿而保，衛人亦罷兵。」〔註182〕依據楊伯峻的看法，認爲這可能是一場父子爭位戰，由父親蒯聵和兒子衛出公互奪。《春秋左傳注》云：「此輒與親生父爭君位，後人于此議論分歧。……以當時情勢言之，衛、齊諸國俱反趙鞅，趙鞅之納蒯聵，實欲衛順己，衛人拒趙鞅，自不得不拒蒯聵。」〔註183〕甚至認爲當時衛、齊兩國都反對晉國趙鞅，原因在趙鞅想借蒯聵掌控衛國，於是反趙鞅的同時也連同蒯聵一起拒絕。

衛孔圉娶世子蒯聵的姊姊孔姬，生下孔悝。孔氏的童僕渾良夫個子修長，而且長得漂亮，孔圉死後，渾良夫就和孔姬私通。當時蒯聵在戚地，孔姬派渾良夫前去。蒯聵向渾良夫表示，若能協助自己歸國即位，就賜予他官職、財貨以及三次赦免死罪的機會。魯哀公十五年，渾良夫便和蒯聵結盟，回國請求孔姬協助。

閏十二月，渾良夫和蒯聵回到國都，住在孔氏居處外的菜園內。天黑之後，兩人用頭巾蓋住臉，寺人羅爲他們駕車到孔氏家中。孔氏的家臣之長欒寧問他們身份，用姻親家的侍妾身份告知後，順利進入見到孔姬。吃完飯後孔姬拿戈走在前方，蒯聵和五個人身披皮甲，用車裝上公豬跟著，把孔悝逼

---

〔註181〕《春秋經傳集解》，頁396。
〔註182〕《史記會注考證》，頁605。
〔註183〕《春秋左傳注》，頁1613。

到牆邊強迫盟誓，於是劫持孔悝登上孔氏家中高臺。按照杜預的看法，當時衛國國政由孔氏把持，所以蒯聵才會盯上孔悝，希望孔悝能驅逐衛出公，迎立自己爲君。〔註184〕此時，欒寧正要喝酒，肉還沒烤熟，聽說有動亂後派人告訴子路（即季子），讓召獲駕車，不願與蒯聵交戰就事奉衛出公逃亡到魯國避難。《左傳》哀公十五年云：

> 衛孔圉取大子蒯聵之姊，生悝。孔氏之豎渾良夫，長而美，孔文子卒，通於內。大子在戚，孔姬使之焉，大子與之言曰：「苟使我入獲國，服冕、乘軒，三死無與。」與之盟，爲請於伯姬。閏月，良夫與大子入，舍於孔氏之外圃。昏，二人蒙衣而乘，寺人羅御，如孔氏。孔氏之老欒寧問之，稱姻妾以告，遂入。適伯姬氏，旣食，孔伯姬杖戈而先，大子與五人介，輿豭從之。迫孔悝於廁，強盟之，遂劫以登臺。欒寧將飲酒，炙未熟，聞亂，使告季子：召獲駕乘車，行爵食炙，奉衛侯輒來奔。季子將入，遇子羔將出，曰：「門已閉矣。」季子曰：「吾姑至焉。」子羔曰：「弗及，不踐其難。」季子曰：「食焉，不辟其難。」子羔遂出。子路入，及門，公孫敢門焉，曰：「無入爲也。」季子曰：「是公孫也，求利焉而逃其難。由，不然，利其祿，必救其患。」有使者出，乃入，曰：「大子焉用孔悝？雖殺之，必或繼之。」且曰：「大子無勇，若燔臺半，必舍孔叔。」大子聞之懼，下石乞、盂黶敵子路，以戈擊之，斷纓。子路曰：「君子死，冠不免。」結纓而死。孔子聞衛亂，曰：「柴也其來，由也死矣。」孔悝立莊公，莊公害故政，欲盡去之。先謂司徒瞞成曰：「寡人離病於外久矣，子請亦嘗之。」歸告褚師比，欲與之伐公，不果。〔註185〕

子路正要進入國都，在城門碰上子羔（即高柴）正要出來，子羔勸子路不要勉強去受難，子路認爲食用他人俸祿就不該避難，堅持要去救孔悝，於是子路進入，子羔離開。子路到大門碰到公孫敢守門，公孫敢告知衛出公都已經出奔，孔悝也已經和蒯聵立下盟誓，勸子路不要進入孔家多管閒事。《春秋左傳注》云：「公孫敢蓋亦孔悝之臣，此時守門，勸子路勿入，以孔悝已與蒯聵盟，不及救矣。」〔註186〕子路堅持要進入，便趁有使者從門出來的時候

---

〔註184〕杜注：「孔氏專政，故劫孔悝，欲令逐輒。」見《春秋經傳集解》，頁415。
〔註185〕《春秋經傳集解》，頁415至416。
〔註186〕《春秋左傳注》，頁1696。

進入。子路向蒯聵表示即使殺掉孔悝，自己也會接替孔悝阻止蒯聵作亂，並且嘗試要放火燒臺逼蒯聵放人。蒯聵十分害怕，派石乞、孟黶與子路搏鬥，用戈割斷子路的帽帶，因爲子路沒有甲冑，完全無法和兩人抗衡。《春秋左傳注》云：「子路未著甲冑，故不能敵二人。」〔註187〕於是在結好帽帶後就被殺死。孔子聽聞衛國的動亂，知道子羔會活著，子路會死去。

後來，孔悝只好改立蒯聵爲衛莊公，衛莊公認爲原來衛出公用的臣子都不值得信任，所以想去除他們。於是先找上司徒瞞成開刀，司徒瞞成把衛莊公的心思告訴褚師比，司徒瞞成和褚師比一起攻打衛莊公卻失敗。《春秋》哀公十六年云：「春，王正月，己卯，衛世子蒯聵自戚入于衛，衛侯輒來奔。」〔註188〕魯哀公十六年，春季，司徒瞞成和褚師比逃亡到宋國。衛莊公派鄢武子向周王室報告衛君改立的事，周敬王於是認同衛莊公爲衛國新任國君。

同年，六月，衛莊公在平陽招待孔悝喝酒，重重酬謝，對其他大夫都有所贈送。孔悝在喝醉後被送走，然後趁著半夜用車子載孔姬離開平陽，到達西門後派副車回到西圃宗廟接取裝神主的石盒。子伯季子當初是孔氏的家臣，近來升官成爲衛莊公的大夫，向衛莊公請求追趕孔悝，路上剛好遇到載著裝神主的石盒的人車，就殺掉駕車的人並坐上車。孔悝遲遲不見載石盒的人回來，於是又派出許公爲前去迎接。〔註189〕許公爲在路上遇到子伯季子，讓子伯季子三箭後，一箭射死子伯季子，然後讓人坐上子伯季子坐的那輛車尾隨，並且在袋中得到裝神主的石盒，孔悝自此逃亡到宋國。《左傳》哀公十六年云：

> 六月，衛侯飲孔悝酒於平陽，重酬之，大夫皆有納焉。醉而送之，夜半而遣之。載伯姬於平陽而行，及西門，使貳車反祏於西圃。子伯季子，初爲孔氏臣，新登于公，請追之，遇載祏者，殺而乘其車。許公爲，反祏，遇之，曰：「與不仁人爭，明無不勝」，必使先射。射三發，皆遠許爲。許爲射之，殪。或以其車從，得祏於橐中。孔悝出奔宋。〔註190〕

某天，衛莊公做了夢，想要占卜夢的吉凶。恰巧衛莊公的寵臣，向大叔

---

〔註187〕《春秋左傳注》，頁1696。
〔註188〕《春秋經傳集解》，頁416。
〔註189〕杜注：「孔悝怪載祏者久不來，使公爲反逆之。」見《春秋經傳集解》，頁416。
〔註190〕《春秋經傳集解》，頁416。

僖子要酒卻得不到，於是和卜人勾結，託言占卜夢的結果，要去除有危害的臣子，於是大叔僖子（即太叔遺）因此逃亡到晉國。後來，衛莊公對渾良夫表示，雖然得到君位，卻沒有得到寶器。渾良夫屏對左右，向衛莊公獻計，召回出奔的衛侯輒然後廢掉，就可以得到寶器。有僕役將渾良夫提供的計劃告訴世子疾，於是便派五個人，用車子裝上公豬跟著自己，劫持衛莊公，強迫盟誓將來會立自己為君，並請求殺掉出主意的渾良夫。衛莊公表示曾經應允過，免除渾良夫三次死罪，世子疾表示，若渾良夫犯三個死罪就殺掉他，衛莊公也同意。《左傳》哀公十六年云：

> 衛侯占夢嬖人，求酒於大叔僖子，不得，與卜人比，而告公曰：「君有大臣在西南隅，弗去，懼害。」乃逐大叔遺，遺奔晉。衛侯謂渾良夫曰：「吾繼先君，而不得其器，若之何？」良夫代執火者而言，曰：「疾與亡君，皆君之子也，召之，而擇材焉，可也。若不材，器可得也。」豎告大子，大子使五人輿豭從己，劫公而強盟之，且請殺良夫。公曰：「其盟免三死。」曰：「請三之後，有罪殺之。」公曰：「諾哉。」〔註191〕

楊伯峻引《會箋》的意見，認為世子疾，不希望衛侯輒回國和自己爭權。當初和衛莊公出奔的包括公子疾，等衛莊公回國復位，衛出公出奔後，公子疾才得到世子的身份。好不容易才有繼承君位的機會，世子疾自然不希望衛出公被召回國內，因此對提此這種意見的渾良夫，自然想除之後快。《春秋左傳注》云：「《會箋》云：『輒立時，公子郢第云亡人之子輒在，不言及疾，蓋疾與父俱亡也。至是輒亡，疾因有大子之稱。又惡良夫之欲召輒，故必殺之。」〔註192〕得到衛莊公的承諾後，世子疾開始找機會殺渾良夫。魯哀公十七年，春季，衛莊公在藉圃建造刻有虎紋的小木屋，造成後尋找有好名聲的人，一起在虎紋木屋吃第一頓飯，世子疾請求找渾良夫。《左傳》哀公十七年云：「春，衛侯為虎幄於藉圃，成，求令名者，而與之始食焉。大子請使良夫，良夫乘衷甸，兩牡，紫衣狐裘。至，袒裘不釋劍而食。大子使牽以退，數之以三罪，而殺之。」〔註193〕渾良夫乘坐兩匹公馬駕駛的車前來，穿上紫衣狐裘，抵達後敞開皮袍，卻未解佩劍就吃飯，世子疾派人牽他退下，舉出渾良夫犯衣紫、袒裘、帶劍三條罪狀，世子疾因此殺死渾良夫。

---

〔註191〕《春秋經傳集解》，頁418。
〔註192〕《春秋左傳注》，頁1705。
〔註193〕《春秋經傳集解》，頁418。

　　後來，衛莊公在北宮作夢，夢見有人登上昆吾之觀，披頭散髮面向北面嚎叫，自稱渾良夫向天訴冤。衛莊公親自找胥彌赦卜夢，胥彌赦表示無礙，於是衛莊公賜與封邑，胥彌赦不敢接受，逃亡到宋國。衛莊公再次占卜，繇辭暗示衛莊公暴虐縱樂，將會自招滅亡。魯哀公十七年，晉國再次攻衛，衛國趕走衛莊公和晉國講和，於是晉國立衛襄公的孫子般師為君後回國。十一月，等到晉國軍隊離開，衛莊公便從鄆地回國，衛公般師出奔他國。

　　當初，衛莊公登城遠望的時候，見到戎州並被告知是戎人的居處。衛莊公從城牆上，見到己氏妻子的頭髮很漂亮，於是派人剪下其髮，以作為自己夫人呂姜的假髮。楊伯峻引江永的看法，認為要能看到別人的頭髮，距離要夠近才行，可見衛莊公看到的是城附近姓己的戎人居處，這些居處合稱戎州。〔註194〕由於衛莊公認為自己是姬姓之後，不該有戎人比鄰而居，於是毀掠戎州。

　　衛莊公還長期使用工匠，不予以休息，又想驅逐國卿石圃，在驅逐石圃前禍難就先發生。石圃聯合工匠攻打衛莊公，衛莊公關上門請求饒命，石圃不答應。於是衛莊公跳過北牆，摔斷大腿骨。世子疾、公子青也跟著衛莊公跳牆逃亡，卻被趁機攻打衛莊公的戎州人殺死。跳牆逃亡的衛莊公逃到己氏家中，拿玉璧和己氏交易救自己一命，己氏還記著當初妻子被剪髮之仇，表示即使殺掉衛莊公，也能拿到玉璧，於是動手殺掉衛莊公並取得玉璧。《左傳》哀公十七年云：

> 衛侯夢于北宮，見人登昆吾之觀，被髮北面而譟曰：「登此昆吾之虛，緜緜生之瓜。余為渾良夫，叫天無辜。」公親筮之，胥彌赦占之，曰：「不害。」與之邑，寘之，而逃奔宋。衛侯貞卜，其繇曰：「如魚窺尾，衡流而方羊裔焉，大國滅之，將亡，闔門塞竇，乃自後踰。」冬，十月，晉復伐衛。入其郛，將入城。簡子曰：「止，叔向有言曰：『怙亂滅國者無後。』」衛人出莊公，而與晉平。晉立襄公之孫般師而還。十一月，衛侯自鄆入，般師出。初，公登城以望，見戎州，問之，以告。公曰：「我姬姓也，何戎之有焉？」翦之，公使匠久。公欲逐石圃，未及而難作。辛巳，石圃因匠氏攻公，公閉門而請，弗許。踰于北方而隊，折股，戎州人攻之。大子疾、公子青，踰從

〔註194〕《春秋左傳注》云：「不論登城或登臺，皆不得見他邑人之髮，故江永《考實》謂『衛城外有己氏人居之，謂之戎州』」，頁1710。

－211－

公，戎州人殺之，公入于戎州己氏。初，公自城上，見己氏之妻髮
美，使髠之，以爲呂姜髢。既入焉，而示之璧，曰：「活我，吾與女
璧。」己氏曰：「殺女，璧其焉往。」遂殺之，而取其璧。衛人復公
孫般師而立之。十二月，齊人伐衛，衛人請平，立公子起，執般師
以歸，舍諸潞。公會齊侯盟于蒙。〔註195〕

　　衛莊公蒯聵最後死在己氏手中，起因在當初毀戎州、剪人頭髮所種下的
仇恨。再往前推，若衛莊公出奔後，不要回衛國爭奪君位，也許就不會死在
己氏手中。更往前溯，當初不要理會衛夫人南子的風流韻事，就不會被驅逐
出境，也能順利即位，或許不會死在己氏手上。如此看來，衛莊公的死，除
了出自本身變化無常，徒惹眾怒之外，首推衛靈公放任衛夫人與他人私通，
出現「伴侶無狀」的現象。其次衛靈公有意改立公子郢，公子郢拒絕，最後
由公子輒即位爲衛出公，開啟蒯聵出奔後「嗣親奪權」的局面。衛莊公得權
後，驅逐衛出公舊臣，放任世子疾殺害扶立有功的功臣，讓工匠工作超時，
下令剪臣妻頭髮，還摧毀臣民居處，種種行爲激起民怨和臣怨，君逼臣反，
才出現石圃、己氏「臣僕專擅」的行爲，一切都可以說是衛莊公咎由自取。
綜上所述，衛莊公之死，包括自身無道而招惹殺機，以及「伴侶無狀」、「嗣
親奪權」、「臣僕專擅」等多重弒君因素所致。

---

〔註195〕《春秋經傳集解》，頁419。

# 第六章　結　論

　　隨著各諸侯國的權勢逐步強盛，以及周王室逐漸衰微，而造成各諸侯國霸權更迭。逐漸崩潰的禮樂制度，也使得各諸侯國之間爭戰不斷，而諸侯國內部更是動盪不安，例如：君臣尊卑關係漸消，倫理綱常漸變，篡弒禍亂，屢見不鮮。〈太史公自序〉云：「春秋之中，弒君三十六、亡國五十二，諸侯奔走，不得保其社稷者，不可勝數。察其所以，皆失其本已。」〔註1〕根據太史公的說法，春秋時代弒君事件的發生，致使君不君、臣不臣、父不父、子不子，亂象頻生，原因都在人人各「失其本」。本文以《左傳》所載西周辛伯提及「竝后」、「匹嫡」、「兩政」、「耦國」的亂國之本觀點，推衍出「伴侶無狀」、「嗣親奪權」、「臣僕專擅」、「都國無別」四項弒君因素，分析魯隱公到魯哀公年間《左傳》所載發生的弒君事件，解析各項弒君的因素，以期彰顯辛伯見解的特出，驗證孔子成《春秋》之深意，闡明為君的辭讓取捨。

## 第一節　弒君事件解析

　　依據前幾章論析的弒君事件，本節先從時間的角度切入，觀看春秋時代，各時期弒君事件件數的分布；其次從國家的角度切入，觀察春秋時代，各國弒君事件件數的增減；最後從弒君因素的角度切入，觀察春秋時代，弒君事件發生的原由。

---

〔註1〕　《史記會注考證》，〔日〕瀧川龜太郎，臺北市，萬卷樓圖書股份有限公司，1996 年 10 月初版，頁 1370 至 1371。

## 一、時間分布

《左傳》載錄魯隱公元年至魯哀公二十七年，相當於公元前七二二年至公元前四六八年，約二百五十五年間的歷史。根據本文定義所挑選出的弒君事件，計有四十八件，以平均數字而言，大約平均五年就發生一次弒君事件。然而實際發生弒君事件的時間，最早起於魯隱公四年，最晚迄於至魯哀公十六年，相當公元前七一九至公元前四七九年，約二百四十年的時間。以下從三個不同的時間點角度切入，審視春秋時代，弒君事件件數的變化。

### （一）以春秋前、中、後三期觀之

本文將《春秋》魯國十二公，魯隱公、魯桓公、魯莊公、魯閔公、魯僖公、魯文公、魯宣公、魯成公、魯襄公、魯昭公、魯定公、魯哀公，依年代先後四位一組方式分組；取前四位魯隱公、魯桓公、魯莊公、魯閔公，併為春秋前期；取中間四位魯僖公、魯文公、魯宣公、魯成公，併為春秋中期；取後四位魯襄公、魯昭公、魯定公、魯哀公，併為春秋後期。

據前章論述統計，春秋前期計有十五件弒君事件發生，春秋中期計有十七件弒君事件發生，春秋後期計有十六件弒君事件發生。春秋前、中、後三期之間弒君事件發生件數差距不大，頗為平均；足證在春秋前、中、後三期內，每期皆有發生弒君事件，足證孟子所謂「臣弒其君者有之」之言不妄。

### （二）以魯國十二位君主時代觀之

《左傳》解《春秋》而作，詳述其事跡，而《春秋》實為魯史，其中所載錄的史料以魯國為主，旁及當時各國，是以《經》《傳》皆用魯國十二公在位時期，作為記年的方式。此處將魯國十二公在位時期的弒君事件，如【圖一】所示：

### 圖一　魯國十二公時期弒君事件件數統計圖

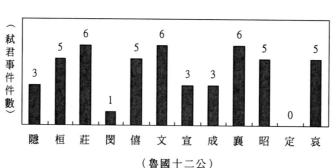

　　魯國十二公在位期間的弒君事件，就【圖一】觀之，發現魯定公時期並無弒君事件發生，緣於魯定公十三年「薛人殺薛君比」有經無傳，而本文以《左傳》爲主，由於傳文未載，故未列入，是以在魯定公時期，似是未見弒君事件，實則若參考《春秋》所載「薛人殺薛君比」一事，則魯國十二公在位時期，皆有發生篡弒，再次印證孟子「臣弒其君者有之」之說。

　　從【圖一】可見，在魯莊公、魯文公、魯襄公在位時期弒君事件發生較多，其次爲魯桓公、魯僖公、魯昭公、魯哀公時期，可知這七公在位時期，當時國際間各國政治倫常，處於失序的狀態。然而每公在位時間長短不一，魯閔公僅在位二年，魯僖公則在位三十三年，若只以魯國十二公作爲分期觀察，似乎還無法確見春秋時代弒君事件的消長情況。

### （三）以每十年爲一單位區分觀之

　　《左傳》載錄魯隱公元年至魯哀公二十七年間事，爲消除魯國十二公在位時期長短不一的變數，此處以公元前七二二年至公元前四六八年爲期，嘗試以十年爲一單位，羅列每十年弒君事件發生的數量，觀察春秋時代弒君事件發生的頻率，如【圖二】所示：

### 圖二　每十年弒君事件件數統計圖

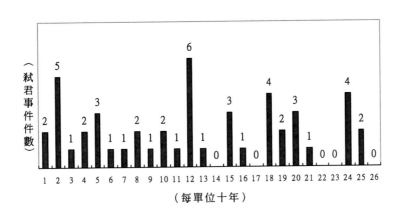

　　以十年爲一單位區分二百五十五年，是以第二十六格（公元前四七二年至公元前四六八年）不滿十年，實際只有五年而已。由【圖二】可得知弒君事件發生次數最多在第十二格（公元前六一二年至公元前六〇三年），其次爲第二格（公元前七一二年至公元前七〇三年）。觀察【圖二】，以弒君件數最多的第十二格爲分隔，前半除第二格較突出外，其餘每十年發生的弒君事件頗

為平均，維持著一定的頻率；反觀後半則呈現出較不規則的頻率。陳逢源認為這是春秋時代「日失其序」的歷史表象之最佳證明。〔註2〕其中，魯文公十八年（公元前六〇九年）恰好位在第十二格，該年有齊、魯、莒三個國家發生弒君事件，一年內發生三起弒君事件，算是春秋時代中最高潮的一年，視為日失其序的開端，似乎並不為過。

此外，在第十四格（公元前五九二年至公元前五八三年）、第十七格（公元前五六一年至公元前五五二年）、第二十二格（公元前五一二年至公元前五〇三年）、第二十三格（公元前五〇二年至公元前四九三年）及第二十六格（公元前四七二年至公元四六八年）未見弒君事件；第二十三格處，亦因有經無傳的「薛人殺薛君比」一事未列，而使弒君事件未見；實則若參考「薛人殺薛君比」一事，則春秋時代至少計有三十五年未見弒君事件。這三十五年的政局安定，卻也是集中出現在第十三格之後，和弒君事件的不規則頻率區重疊，或許這正應驗了「和久必亂，亂久必和」的歷史循環現象。

## 二、國家差異

依據〈春秋年表〉所列，在周王室的統籌下，春秋時代尚有魯、蔡、曹、衛、滕、晉、鄭、齊、秦、楚、宋、杞、陳、吳、邾、莒、薛、許、小邾等十九個國家，〔註3〕以及其他《經》《傳》中提及卻未列入的國家，不勝枚舉。然而，觀察《左傳》所列弒君事件，其發生國家卻只提及衛、魯、宋、晉、陳、鄭、齊、楚、莒、曹、吳、許、蔡等十三個國家。〔註4〕因此，從國家的角度，切入觀察各國弒君事件件數的消長，羅列如【表二】所示：

### 表二　各國弒君事件件數統計詳表

| 時　期 | | 各　國　弒　君　事　件　件　數 | 國別數 | 弒君事件件數 |
|---|---|---|---|---|
| 春秋前期 | 隱公 | 衛（2）魯（1） | 2 | 3 |
| | 桓公 | 宋（1）晉（2）陳（1）鄭（1） | 4 | 5 |
| | 莊公 | 齊（2）宋（2）鄭（1）魯（1） | 4 | 6 |

〔註2〕〈春秋書弒例辨析〉，陳逢源，致理學報，第9期，1995年11月，頁150。
〔註3〕《春秋經傳集解》，〔晉〕杜預註，相臺岳氏本，臺北市，七略出版社，1991年9月2版，頁26。國家排列，依〈春秋年表〉順序羅列。
〔註4〕依《左傳》所載各國首件弒君事件，發生時間先後羅列。

| | 閔公 | 魯（1） | 1 | 1 |
|---|---|---|---|---|
| | 小計 | 衛（2）魯（3）宋（3）晉（2）陳（1）鄭（2）齊（2） | 7 | 15 |
| 春秋中期 | 僖公 | 晉（3）齊（1）衛（1） | 3 | 5 |
| | 文公 | 楚（2）宋（1）齊（1）魯1（1）莒（1） | 5 | 6 |
| | 宣公 | 晉（1）鄭（1）陳（1） | 3 | 3 |
| | 成公 | 鄭（1）曹（1）晉（1） | 3 | 3 |
| | 小計 | 晉（5）齊（2）衛（1）楚（2）宋（1）魯（1）莒（1）鄭（2）陳（1）曹（1） | 10 | 17 |
| 春秋後期 | 襄公 | 鄭（1）齊（1）衛（1）吳（1）蔡（1）莒（1） | 6 | 6 |
| | 昭公 | 楚（3）許（1）吳（1） | 3 | 5 |
| | 定公 | X | 0 | 0 |
| | 哀公 | 蔡（3）齊（1）衛（1） | 3 | 5 |
| | 小計 | 鄭（1）齊（4）衛（2）吳（2）莒（1）楚（3）許（1）蔡（2） | 8 | 16 |
| 春秋時期 | 總計 | 衛（5）魯（4）宋（4）晉（7）陳（2）鄭（5）齊（8）楚（5）莒（2）曹（1）吳（2）許（1）蔡（2） | 13 | 48 |

　　自【表二】所見，魯隱公時期計有二國發生弒君事件，魯桓公時期計有四國發生弒君事件，魯莊公時期計有四國發生弒君事件，魯閔公時期計有一國發生弒君事件，顯示春秋前期魯桓公、魯莊公時期，多國政局不穩。其次，魯僖公時期計有三國發生弒君事件，魯文公時期計有五國發生弒君事件，魯宣公時期計有三國發生弒君事件，魯成公時期計有三國發生弒君事件，顯示春秋中期以魯文公時期多國局勢紊亂。最後，魯襄公時期計有六國發生弒君事件，魯昭公時期計有三國發生弒君事件，魯定公時期未見弒君事件發生，魯哀公時期計有三國發生弒君事件，顯示春秋後期以魯襄公時期多國政權混亂。

　　依前文所述，春秋前期共計七國發生弒君事件，發生時間集中在魯桓公、魯莊公時期，足見此時多數國家政局不穩；其中以魯國、宋國發生次數最多，包括魯隱公、魯莊公、魯閔公也都因弒君事件而喪命，可推知魯國在春秋前期，政權移轉不甚穩定。春秋中期共計十國發生弒君事件，發生時間集中在魯文公時期，其中以晉國發生次數最多，可推知在春秋中期，晉國政局較混亂不安。春秋後期共計八國發生弒君事件，發生時間集中在魯襄公時期，其中以齊國發生次數最多，可推知在春秋後期，齊國國政十分不穩。就春秋時

期總計來看，似乎國家局勢動盪以齊國、晉國等國家為最。茲將各國發生弒君事件件數，簡列如【圖三】：

## 圖三　各國弒君事件件數統計圖

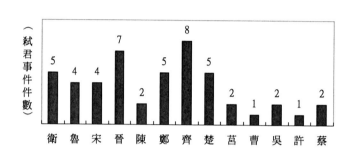

從【圖三】觀察所有國家發生的弒君事件件數，可以看出，齊國發生的弒君事件，為所有國家之冠；其次為晉國，後續為鄭國、衛國、楚國，再接著魯國、宋國。從這些弒君事件件數較多的國家，相對性位置來看，位於東方的齊國，北方的晉國，南方的楚國，地廣勢大，資源豐富；加之處於外緣，容易懷有稱霸中原的野心，因此發生篡弒奪權的事件，相比之下，自然也較其他國家多出許多。

至於位處大國之間的魯國、宋國、鄭國、衛國，名義上向周王室稱臣，實質上也臣屬附近的大國，因此，國內政權很容易受到附近大國的操弄、威逼，這種情況在晉、楚爭霸時最明顯。夾在大國間的小國，為了維護國家的延續，努力在大國間生存，若是君主無法做到這些基本要求，出現強制性的政權移轉，發生弒君事件，也是理所當然。

齊、宋、晉、秦、楚者五國，皆曾經出現春秋霸主，這五個國家的弒君事件，就前述數據來看，除秦國未列之外，其餘四國弒君件數皆名列前茅。五霸之中，齊桓公在管仲的協助下稱霸，成為春秋時代的強權國家，同時卻也是弒君事件最多的國家。弒君事件件數次之的晉國，亦是如此，晉獻公的兒子互爭權位，導致晉文公在外流浪十多年，後期甚至被三家分晉。可見弒君事件發生的多寡，同時也昭示著該國國勢強弱，足證越居高位，越容易產生權力腐化，以及君位爭奪的政治現象。

## 三、因素差距

弒君因素初形成的時後，並不表示君主一定會危身喪國，而是具有其可

能性；此時只要能做到防微杜漸，應可以避免未來危身喪國的情況。反之，君主會危身喪國和「伴侶無狀」、「嗣親奪權」、「臣僕專擅」、「都國無別」等因素息息相關，禍端已生，卻放任其孳生壯大，君主終難保全個人性命。總觀本文所分析之弒君事件，每件至少符合四項弒君因素之一，足證「伴侶無狀」、「嗣親奪權」、「臣僕專擅」、「都國無別」等弒君因素是可以成立的，這也顯示辛伯的見解確有其可觀之處。

從辛伯「竝后」、「匹嫡」、「兩政」、「耦國」的概念，本文推衍出「伴侶無狀」、「嗣親奪權」、「臣僕專擅」、「都國無別」四項弒君因素，觀察春秋時代，弒君事件的更迭，以及各項因素的比例，簡列如【表三】：

### 表三　弒君因素統計簡表

| | 伴侶無狀 | 嗣親奪權 | 臣僕專擅 | 都國無別 |
|---|---|---|---|---|
| 春秋前期小計 | 3 | 10 | 15 | 2 |
| 春秋中期小計 | 7 | 13 | 15 | 0 |
| 春秋後期小計 | 5 | 9 | 15 | 0 |
| 總計 | 15 | 32 | 45 | 2 |

（詳參「附錄二：弒君因素統計詳表」）

根據【表三】所示，在春秋前期發生的弒君因素當中，「伴侶無狀」計有三次，「嗣親奪權」計有十次，「臣僕專擅」計有十五次，「都國無別」計有二次。其中弒君因素以「臣僕專擅」發生最多次，次之為「嗣親奪權」。在春秋中期發生的弒君因素當中，「伴侶無狀」計有七次，「嗣親奪權」計有十三次，「臣僕專擅」計有十五次，「都國無別」則未見；其中弒君因素以「臣僕專擅」發生最多，次之為「嗣親奪權」。在春秋後期發生的弒君因素當中，「伴侶無狀」計有五次，「嗣親奪權」計有九次，「臣僕專擅」計有十五次，「都國無別」未見；其中弒君因素以「臣僕專擅」發生最多次，次之為「嗣親奪權」。足見，在春秋三期中，皆以「臣僕專擅」發生的次數最多，次為「嗣親奪權」，因此各國國君若能管理好自身的臣民，毋使臣民專擅妄動，以及妥善處理繼承君位的人選，便不會因「臣僕專擅」、「嗣親奪權」的情況，違害到自身性命以及君位的轉移。

總計春秋時代發生的弒君因素當中，「伴侶無狀」計有十五次，「嗣親奪權」計有三十二次，「臣僕專擅」計有四十五次，「都國無別」計有二次。縱觀整個春秋時代，當以「臣僕專擅」的弒君因素發生次數居冠，臣民擅為妄

動，君主無力掌控，顯示出當代君臣倫理確已崩坍。再者，「嗣親奪權」的弒君因素居次，顯現此時嫡長子繼承制崩裂，各國宗室嗣親，爭奪君位的野心無法約束。

研究結果顯示，「臣僕專擅」、「嗣親奪權」兩項弒君因素遠遠超過「伴侶無狀」和「都國無別」的因素，足以證明孔子成《春秋》的主因，源於春秋時代有太多的「亂臣賊子」輩出，與其說「孔子成《春秋》而亂臣賊子懼」，不如說是孔子懼亂臣賊子禍害之烈，特別成《春秋》來載明實際事例，解釋個人進退取捨的依據標準，以期後人能避免重蹈覆轍，並指出國君如何防患未然的準則。

## 第二節　弒君動機探究

《易經·坤卦·文言》云：「臣弒其君，子弒其父，非一朝一夕之故，其所由來者漸矣。」〔註5〕可見弒君事件的發生，也不是一朝一夕所促成，而是逐步積累發生。弒君事件常常是眾多事因累積而爆發，各界原因縱橫糾葛，錯綜複雜，並非三言兩語能道盡。如前所述，本文嘗試以簡馭繁，從「伴侶無狀」、「嗣親奪權」、「臣僕專擅」、「都國無別」等四項弒君因素，解析弒君事件，然仍覺有所不足。因此，試著簡析本文所列四十八件弒君事件，從弒君的動機觀察，以期能更全面的了解，弒君事件發生的可能因素。

在解析弒君事件的過程發現，多數兇手殺害君主的動機，有著不可思議的相似點，可歸爲「君位爭奪」、「臣子爭權」、「君臣私怨」、「君主失職」、「其他動機」五項，簡列如【表四】：

### 表四　弒君動機統計簡表

|  | 君位爭奪 | 臣子爭權 | 君臣私怨 | 君主失職 | 其他動機 |
|---|---|---|---|---|---|
| 春秋前期小計 | 9 | 1 | 6 | 11 | 0 |
| 春秋中期小計 | 12 | 1 | 4 | 13 | 0 |
| 春秋後期小計 | 6 | 1 | 6 | 16 | 1 |
| 總計 | 27 | 3 | 16 | 40 | 1 |

（詳參「附錄三：弒君動機統計詳表」）

〔註5〕 《周易正義》，《十三經注疏》第1冊，〔清〕阮元校勘，〔清〕嘉慶20年（1815年）江西南昌府學刊本，臺北縣，藝文印書館，1976年5月6版，頁20。

## 一、君位爭奪

一國之君在自身的領土內，其權勢是舉國之中最高者，身份也最爲尊貴，因此，凡是具有繼承君位資格的可能人選，莫不爲了爭奪、保有君位，而殺害已經繼承君位的人選，甚至其他有繼承資格的人選，務使君位成爲囊中物，進而享有無上的榮華權威。根據【表四】，「君位爭奪」在春秋前期計有九次，春秋中期計有十二次，春秋後計有六次，以春秋中期發生最多，足見春秋中期君權轉移的紊亂。「君位爭奪」在春秋時代總計二十七次，數據高居第二，以此推論，爭奪繼承權，往往會促成弒君事件發生。

## 二、臣子爭權

權臣往往能操控政局，並且取得君主的依賴、妥協，當朝中具有兩派以上的權臣對立，彼此間容易互相爭奪政權，甚至將敵對派系擁立的君主殺害，以另立新任君主來獲得政治優勢，進而富族強親，鞏固權勢。根據【表四】，「臣子爭權」在春秋前期計有一次，春秋中期計有一次，春秋後期計有一次，總計發生三次，可見春秋時代大族權臣間的黨爭傾軋，雖能引起弒君事件發生，卻不是最常發生的狀況。

## 三、君臣私怨

觀看春秋時代後期，弒君的兇手多半身份地位不高，而且多數與見弒君主之間，曾經發生過恩怨、不快，進而懷憤在心，弒君念頭早已成形，一旦找到機會報復，便可能殺害君主，用以宣洩內心的憤恨。根據【表四】，「君臣私怨」在春秋前期計有六次，春秋中期計有四次，春秋後期計有六次，總計發生十六次。仇怨的引發，雙方都有責任，但是握有權勢的君主，無法避免怨恨產生、消除怨恨，反而引動怨恨，足見君主已然有所缺失。

## 四、君主失職

君主是一國之最高掌權者，擁有最高的權利，以及相當的義務。適當地掌控臣民，仔細防患未然，盡心愛護撫育，都是君主無可避免的職責。然而，在家天下的系統中，總是會有無視自身責任、行爲不當的君主出現。據此，諸如行爲不當、「不君」，《經》《傳》所謂「君無道」，以及史家「稱其君某」、

「稱國」、「稱人」、「稱盜」筆法下的君主〔註6〕，都可歸入「君主失職」的動機。《左傳》宣公四年云：云「凡弒君，稱君，君無道也。稱臣，臣之罪也。」〔註7〕從上得知，「君主失職」將引得天怒人怨，最後危身喪國。根據【表四】，「君主失職」在春秋前期計有十一次，春秋中期計有十三次，春秋後期計有十六次。從數據上發現，越到後期的君主，越是不太像樣。總計春秋時代「君主失職」發生四十次，數據高居榜首，足證春秋時代弒君事件的發生，皆和「君主失職」不脫關係。

## 五、其他動機

根據【表四】，「其他動機」在春秋前期未見，春秋中期未見，春秋後期計有一次，總計一次。除了「君位爭奪」、「臣子爭權」、「君臣私怨」、「君主失職」動機之外，也有緣於其他動機，無法歸類為前述四項者。魯昭公十九年「許世子止殺許悼公」一事，因為文獻不足，無法證明弒君行為和臣子奪權相關；也無法證明許世子有意奪位，更無法證明兩人之間有私怨，或者許悼公有失職之處，因此無法歸為前述四項動機。

在春秋前、中、後三期中，大致以「君主失職」最多，以「君位爭奪」次之，可知「君主失職」的確和「君位爭奪」關係密切。五項弒君動機當中，「君位爭奪」共計二十七次，「臣子爭權」共計三次，「君臣私怨」共計十六次，「君主失職」共計四十次，「其他動機」共計一次，總計弒君動機中「君主失職」最多，「君位爭奪」次之；由此推論，在春秋時代，失職無道的君主不勝枚舉，是弒君事件頻繁的主因；而「君主失職」常易引發「君位爭奪」，足見「君主失職」的確是春秋時代，弒君事件最主要的動機，並且容易造成「君位爭奪」的連鎖效應。然而，無論君主是否失職，身為人臣，主在輔君，而非弒君。是以「君雖不君，臣不可以不臣」，這在《春秋左傳正義》中，已經說明的十分清楚。《春秋左傳正義》疏云：

> 而云：「弒君，稱君，君無道。」者。弒君之人固為大罪，欲見君之
> 無道，罪亦合弒，所以懲創將來之君，兩見其義，非赦弒君之人，

---

〔註6〕 此處所謂史載筆法原則上以《春秋》為主。唯魯僖公十八年（公元前六四二年）、魯成公十年（公元前五八一年）所採的弒君事件無經文以《左傳》紀錄替補。

〔註7〕 《春秋經傳集解》，頁154。

以弒之爲無罪也。……故《傳》例曰：「凡弒君，稱君，君無道。稱
臣，臣之罪。」稱君者唯書君名，而稱國、稱人以弒，言眾之所共
絕也。稱臣者謂書弒者主明，以垂來世，終爲不義，而不可赦也。
然君雖不君，臣不可以不臣。故宋昭之惡，罪及國人。晉荀林父討
宋曰：「何故弒君？」猶立文公而還。深見貶削。懷諸賊亂以爲心者，
固不容於誅也。若鄭之歸生，齊之陳乞，楚之公子比，雖本無其心，
《春秋》之義亦同大罪。是以君子慎所以立也。〔註8〕

　　對春秋時代的史家而言，一但對君主產生異心，袖手旁觀，甚至參與其
中，無論自願與否，無論是否親自付諸行動，都算是弒君兇手之一。因此，
在《經》《傳》當中，常會見到看似沒有興起弒君想法，甚至沒有實際弒君行
爲者，卻被史家記載爲弒君兇手，晉國的趙盾如是，鄭國的歸生如是。主要
就是在彰顯「心」的重要性，也是對春秋時代「亂臣賊子」的要求，期許爲
人臣子，忠心輔君，應該要表裡如一，塑造理想忠臣的典型。

　　春秋時代對君臣各有要求，在辛伯亂國的四項根本概念中，其實也暗示
著「君主失職」的概念。因此，理想的君主典型，就是要能即時覺察，並消
除亂國根本。做得到，則安邦定國；做不到，則危身喪國。辛伯在亂國根本
中並未明言，但是「君主失職」的觀念卻已不言而喻。根據前述弒君動機的
數據顯示，弒君因素除了「伴侶無狀」、「嗣親奪權」、「臣僕專擅」、「都國無
別」外，還包括「君主失職」，共計五項，可以用來探討弒君事件。

## 第三節　弒君記載意涵

　　歷來學者對於《春秋》弒君事件件數看法不一，實則源於對弒君事件界
定差異所致，可惜多半未能明列，對弒君事件的界定方式，以及界定出的弒
君事件詳目。因此，本文嘗試從《左傳》的記載，詳列弒君事件界定方式，
以及界定後的弒君事件項目，並試著從弒君因素和動機，分析各弒君事件，
期能提供研究弒君事件者參酌，並補充弒君研究在《左傳》的空缺。

　　綜前所述，從時間數據觀察，可以證明春秋時代弒君事件時而有之，出

---

〔註8〕　《春秋左傳正義》，《十三經注疏》第 6 冊，〔清〕阮元校勘，〔清〕嘉慶 20 年
　　　　（1815 年）江西南昌府學刊本，臺北縣，藝文印書館，1976 年 5 月 6 版，頁
　　　　369。

現頻率很高。從國別數據來看，則能得知春秋時代弒君事件與國家勢力、君主權限息息相關，證明春秋時代權力腐化的現象。從弒君因素的數據統計，可以看出「臣僕專擅」，影響春秋時代政權轉移的現象，並且從弒君兇手的動機探究，發現「君主失職」，往往才是「弒君」、「奪位」的背後動機，影響春秋時代君權交替的現象。一方面，暗示著君臣父子倫常的敗亡；一方面，彰顯春秋時代，君主喪失對修身治國的自覺。誠如《春秋左傳正義》所述，春秋時代的君臣倫理觀已明示，為人君主即使不君，為人臣子也不能不臣，無論君主失職與否，身為人臣的責任、義務，在於輔佐君主，而非滅殺君主。為人臣子在期盼君主守本份的同時，自身卻有違份的行為，無異是本末倒置。孔子成《春秋》的深意，非孟子單純所謂使「亂臣賊子懼」，而是以當代人的切身之痛，記錄君臣各自該有的行為舉止、地位份際，載例說明君臣倫常典範。在禮樂漸崩的年代，文人志士力挽瀾的呼號，隱藏著對於後人慎守本份的期許，對未來士人立身處世的規範，對來日平穩世態的渴望，寄託儒家理想政治形態，以及對西周禮樂完備盛世的欽慕。

觀察弒君事件的發生，得知「君主失職」是國家動亂、弒君頻仍的原因之一。辛伯所提亂國根本的概念，字面上雖未直言包括「君主失職」在內，然而從辛伯諫王的角度思考，君主若不改善亂國四本的現象，必定禍亂敗亡，無所不至，足見辛伯亂國根本見解的獨特。參考辛伯所謂「竝后」、「匹嫡」、「兩政」、「耦國」的亂國根本概念，比對魯隱公到魯哀公年間的時代背景，仔細推敲「伴侶無狀」、「嗣親奪權」、「臣僕專擅」、「都國無別」等弒君因素，其實多由「君主失職」的原因引發、促成這些弒君因素產生。一國君主是否完成自身職責，往往影響著臣民選擇歸順或反抗的結果。君主若能居安思危、見微知著，在禍端形成前滅除，自然國泰民安；若能明察事緣、檢討改進，就算因為一時誤漏，導致「伴侶」、「嗣親」、「臣僕」、「都國」的紊亂，想必也只是微小的、來得及補救的失誤，不會導致國滅人亡。最怕是君主失檢，輕忽微小禍源的威脅性，沒能掌握好自身擁有的權勢，對於自身職位該有的責任棄之不顧，間接或直接促成「伴侶」、「嗣親」、「臣僕」、「都國」的越份失禮，進而喪失權位、生命，甚至陪上整個國家。

根據本文研究結果可知：從辛伯所提的亂國之本概念，衍繹出「伴侶無狀」、「嗣親奪權」、「臣僕專擅」、「都國無別」四項弒君因素不但成立，並且推知「君主失職」正是弒君事件發生的最關鍵因素。這五項弒君因素，除了

用作解析史事，還可作爲君臣進退取捨依據。無怪乎研究《經》《傳》的學者，一再解析凡例，期望藉由凡例的筆法，彰顯出君主有道、君主無道、人臣有罪、人臣無罪的現象。不論是在古代封建社會，人民無法親自選擇君主的狀況；或是現代民主社會，人民親自票選掌權者的情形；都明白訴說最高上位者是否能夠負責，執行本份，才是影響著身家性命安全、國家政局穩定，以及民族存亡的關鍵。

# 參考書目

一、古　籍（按年代先後排列）

1. 《國語》，〔周〕左丘明撰，黃永堂譯注，臺北縣，臺灣書房出版，二〇〇
　　九年八月初版。

2. 《史記會注考證》，〔漢〕司馬遷撰，〔唐〕張守節正義，〔唐〕司馬貞索隱，
　　（劉宋）裴駰集解，〔日〕瀧川龜太郎考證，臺北市，萬卷樓圖書股份有
　　限公司，一九九六年十月初版。

3. 《說文解字注》，〔漢〕許慎撰，〔清〕段玉裁注，臺北市，萬卷樓圖書有限
　　公司，二〇〇〇年九月初版。

4. 《春秋經傳集解》，〔晉〕杜預註，相臺岳氏本，臺北市，七略出版社，一
　　九九一年九月二版。

5. 《春秋釋例》，〔晉〕杜預撰，〔清〕莊述祖及孫星衍同校，臺北市，臺灣中
　　華書局，一九七〇年臺一版。

6. 《左傳會箋》，〔晉〕杜預註，〔日〕竹添光鴻會箋，臺北市，廣文書局，一
　　九六九年十月再版。

7. 《舊唐書》，〔後晉〕劉昫撰，，景印摛藻堂四庫全書薈要本，史部第三二
　　冊，臺北市，世界書局，一九八八年二月初版。

8. 《詩集傳》，〔宋〕朱熹集註，臺北市，中華書局，一九六九年五月臺一版。

9. 《東周列國志》，〔明〕余邵魚撰，臺南市，世一文化事業股份有限公司，
　　一九九五年十月初版。

10. 《十三經注疏》，〔清〕阮元校勘，〔清〕嘉慶二十年（一八一五年）江西南
　　昌府學刊本，全八冊，臺北縣，藝文印書館，一九七六年五月六版。

11. 《春秋左傳詁》，〔清〕洪亮吉撰，李解民點校，北京市，中華書局，一九

八七年十月初版。

12. 《左傳杜解補正》，〔清〕顧炎武撰，〔清〕文淵閣四庫全書本，臺北市，台灣商務印書館，一九八六年三月初版。

13. 《左傳紀事本末，〔清〕高士奇撰，北京市，中華書局，一九七九年第一版。

14. 《左傳事緯》，〔清〕馬驌撰，廣文編譯所校補，〔清〕光緒敏德堂潘校刊本，臺北市廣文書局有限公司，一九六七年六月初版。

15. 《文史通義校注》，〔清〕章學誠撰，〔民國〕葉瑛校注，臺北縣，頂淵文化事業有限公司，二○○二年九月初版。

16. 《春秋三傳比義》，〔民國〕傅隸樸編譯，臺北市，臺灣商務印書館，一九八三年五月初版。

17. 《春秋左傳注》，〔民國〕楊伯峻撰，臺北縣，漢京文化事業有限公司，一九八七年一月。

## 二、專書（按出版年代先後排列）

1. 《春秋辨例》，戴君仁撰，臺北市，臺灣書店，一九六四年十月。

2. 《歷代篡弒之研究》，朱堅章撰，臺北市，嘉新水泥文化基金會，一九六四年十二月初版。

3. 《左傳微》，吳闓生評註，臺北市，臺灣中華書局，一九七○年臺一版。

4. 《左傳禮說》，張其淦撰，臺北市，力行書局，一九七○年初版。

5. 《左傳之文學價值》，張高評撰，臺北市，文史哲出版社，一九八二年十月初版。

6. 《左傳文章義法撢微》，張高評撰，臺北市，文史哲出版社，一九八二年十月初版。

7. 《中國封建社會》，瞿同祖撰，臺北市，里仁書局，一九八四年六月。

8. 《左傳思想探微》，張端穗撰，臺北市，學海出版社，一九八七年一月初版。

9. 《周代宗法制度研究》，錢宗範，廣西省，廣西師範大學出版社，一九八九年七月第一版。

10. 《春秋人譜》，程發軔撰，臺北市，臺灣商務印書館，一九九○十二月年初版。

11. 《中國倫理思想研究》，張岱年撰，臺北市，貫雅文化事業公司，一九九一年七月。

12. 《周代宗法制度史研究》，錢杭，上海市，學林出版社，一九九一年八月一版。

13. 《霸權迭興──春秋霸主論》，晁福林撰，臺北市，錦繡出版事業有限公司，一九九二年三月初版。

14. 《春秋大事表》，顧棟高輯，北京市，中華書局，一九九三年六月初版。

15. 《左傳之文韜》，張高評撰，高雄市，麗文文化事業股份有限公司，一九九四年十月初版。

16. 《左傳導讀》，張高評撰，臺北市，文史哲出版社，一九九五年十月再版。

17. 《春秋要領》，程發軔撰，臺北市，三民書局股份有限公司，一九九六年十一月三版。

18. 《左傳漫談》，郭丹撰，臺北市，頂淵文化，一九九七年八月初版。

19. 《左海鈞沈》，劉正浩撰，臺北市，東大圖書股份有限公司，一九九七年十一月初版。

20. 《諮商與心理治療：理論與實務》，Gerald Corey 撰，鄭玄藏等合譯，修慧蘭校，臺北市，雙葉書廊有限公司，二○○六年十二月初版。（原文六版）

## 三、學位論文（先按博碩，再按出版年代先後排列）

1. 《左傳晉國建霸君臣言行探討》，李小平，政治大學，中國文學研究所博士論文，一九九○年。

2. 《左傳禮意研究》，劉瑞箏，臺灣師範大學，國文所博士論文，一九九八年。

3. 《春秋齊桓霸業考述》，藍麗春，高雄師範大學，國文學系博士論文，二○○○年。

4. 《先秦儒家名實思想之研究》，林翠芬撰，國立中正大學，中國文學所博士論文，二○○五年。

5. 《左傳倫理精神研究》，楊美玲，高雄師範大學，中國文學研究所碩士論文，一九八三年。

6. 《左傳霸者的研究》，黃耀崇撰，中國文化大學，中國文學研究所碩士論文，一九九三年。

7. 《左傳君子曰考述》，葉文信，臺灣師範大學，國文學系碩士論文，一九九九年。

8. 《左傳鄭、宋名臣形象研究》，忻婉菁，政治大學，中國文學研究所碩士論文，二○○二年。

9. 《左傳王者形象研究》，吳宗孟撰，中國文化大學，中國文學研究所碩士論文，二○○四年。

10. 《左傳中的倫常關係探討》，劉嬌柔，彰化師範大學，國文學系碩士論文，二○○四年。

11. 《左傳忠義史觀研究》，紀慶豐，玄奘大學，中國語文學系碩士論文，二○○五年。

12. 《春秋時代倫理研究》，莊振局，玄奘大學，中國語文學系碩士論文，二○

○五年。

13. 《從春秋五霸之事論春秋之道名分》，謝育娟，臺灣師範大學，國文學系碩士論文，二○○五年。

14. 《左傳政治聯姻研究》，陳孟君，逢甲大學，中文研究所碩士論文，二○○六年。

15. 《左傳敘事與弒君凡例之關系》，吳秉坤撰，北京清華大學，歷史系碩士論文，二○○六年。

16. 《顧棟高《春秋大事表》——春秋學研究》，康凱淋，輔仁大學，中國語文學系碩士論文，二○○六年

17. 《先秦儒法忠論研究》，莊坤成撰，國立中山大學，中國文學研究所碩士論文，二○○六年。

18. 《左傳人倫思想研究》，葉惠雯撰，國立臺灣師範大學，國文學系碩士論文，二○○九年。

19. 《左傳忠孝思想研究》，王桂蘭撰，國立臺北教育大學，語文與創作學系碩士論文，二○○八年。

20. 《春秋君臣遇合研究》，謝正華，玄奘大學，中國語文學系碩士論文，二○○八年。

21. 《春秋前期霸政研究》，鄭文德，玄奘大學，中國語文學系碩士論文，二○○八年。

22. 《陸淳《春秋集傳纂例》研究》，謝霖生，國立臺灣師範大學，國文學系碩士論文，二○○八年。

## 四、單篇論文（按出版年代先後排列）

1. 〈左傳「弒君」凡例試論〉，黃漢昌，孔孟月刊，第二十卷第十二期，一九八二年八月，頁39～45。

2. 〈宗法制度研究〉，沈恆春，國立臺灣師範大學國文研究所集刊，第二十七號，一九八三年六月，頁1～70。

3. 〈左傳「弒君凡例」淺析〉，盧心懋，孔孟月刊，第二十四卷第五期，一九八六年一月，頁31～34。

4. 〈從《左傳》第貳拾條凡例看《春秋》凡例及其相關問題〉，孫劍秋，孔孟月刊，第二十四卷第七期，一九八六年三月，頁6～11。

5. 〈春秋之中弒君三十六亡國五十二〉，施之勉，大陸雜誌，第七十四卷第一期，一九八七年一月，頁29～31。

6. 〈春秋書弒例辨〉，謝德瑩，孔孟月刊，第二十五卷第六期，一九八七年二月，頁14～36。

7. 〈「崔杼弒莊公」之價值判準的商榷〉，鄭力爲，鵝湖，第十三卷第六期，
　　一九八七年十二月，頁 44～46。

8. 〈春秋弒君考〉，王貴民撰，紀念顧頡剛學術論文集（上），成都巴蜀書社，
　　一九九○年四月，頁 323～341。

9. 〈從春秋左傳談孔子正名思想〉，黃翠芬，國立編譯館館刊，第二十一卷第
　　一期，一九九二年六月，頁 41～56。

10. 〈春秋書弒例辨析〉，陳逢源，致理學報，第九期，一九九五年十一月，頁
　　145～171。

11. 〈論《左傳》的資鑑精神──以「不君」爲例〉，陽平南，筧橋學報，第三
　　期，一九九六年九月，頁 207～228。

12. 〈近三十年來臺灣地區對左傳研究概況〉，沈明得，中興史學，第三期，一
　　九九七年五月，頁 49～81。

13. 〈論左傳所見「弒其君」與「出其君」之意義〉，盧心懋撰，一九九九學理
　　與應用學術研討會論文集，一九九九年，頁 69～81。

14. 〈孽嬖與賢明──《左傳》后妃性格刻畫舉隅〉，林秀蓉，中國文化月刊，
　　第二四○期，二○○○年三月，頁 93～104。

15. 〈「齊崔杼弒其君光」探究──兼論左傳之解經特色〉，藍麗春，嘉南學報，
　　第二十七期，二○○一年十一月，頁 318～327。

16. 〈春秋經義的失落與衍生──以弒君之事爲例〉，趙生群撰，經學研究論
　　叢，第十一輯，二○○三年六月，頁 195～205。

17. 〈論左傳「君子曰」的道德意識──兼論「君子曰」的春秋書法觀念〉，吳
　　智雄，國文學誌，第八期，二○○四年六月，頁 377～396。

18. 〈臺灣近五十年來春秋經傳研究綜述（上）〉，張高評，漢學研究通訊，第
　　二十三卷第三期，二○○四年八月，頁 1～18。

19. 〈臺灣近五十年來春秋經傳研究綜述（下）〉，張高評，漢學研究通訊，第
　　二十四卷第三期，二○○四年十一月，頁 1～10。

20. 〈春秋經「晉趙盾弒其君夷皋」書法探究〉，藍麗春，嘉南學報，第二十九
　　期，二○○四年十二月，頁 334～350。

21. 〈試論「弒君三十六」〉，吳景傑撰，九十三學年度畢業製作論文集，國立
　　暨南大學中國語文學系，二○○五年，頁 35～58。

22. 〈春秋時代弒君現象的文化根源及其現代意義〉，林翠芬，九十五年度鼓勵
　　性研究計畫，國立虎尾科技大學研究發展處技術合作組，二○○六年。

23. 〈春秋戰國時期爲君父復讎所涉之忠孝議題及相關經義探究〉，林素娟，漢
　　學研究，第二十四卷第一期，二○○六年六月，頁 35～70。

24. 〈國家社稷存亡之道德：春秋、戰國早期「忠」和「忠信」概念之意義〉，
　　佐藤將之，清華學報，新三十七卷第一期，二○○七年六月，頁 1～33。

25. 〈「戊申,衛州籲弒其君完」考辨——以《四庫全書‧春秋類》爲範圍〉,余蕙靜,國立高雄海洋科大學報,第二十二期,二〇〇八年二月,頁 145～167。

26. 〈左傳、國語、史記之比較研究〉,劉節,中華文化復興月刊,第十三卷第二期,頁 10～22。

# 附　錄

## 附錄一　弒君事件件數統計詳表

| 序號 | 時間 | 經傳記年 | 國別 | 君主非自然死亡事件 | 春　秋 | 左　傳 | 公羊傳 | 穀梁傳 | 備註 |
|---|---|---|---|---|---|---|---|---|---|
| 01 | BC719 | 隱4 | 衛 | 衛州吁殺衛桓公 | 衛州吁弒其君完 | 衛州吁弒桓公而立 | 衛州吁弒其君完 | 衛祝吁弒其君完 | 採用 |
| 02 | BC712 | 隱4 | 衛 | 衛右宰醜殺衛君州吁 | 衛人殺州吁于濮 | 衛人使右宰醜殺州吁于濮 | （無傳） | （無傳） | 採用 |
| 03 | BC712 | 隱11 | 魯 | 魯羽父殺魯隱公 | 公薨 | 羽父使賊弒公于寪氏 | 於鍾巫之祭焉弒隱公 | 公薨 | 採用 |
| 04 | BC710 | 桓2 | 宋 | 宋華督殺宋殤公 | 宋督弒其君與夷 | 督懼，遂弒殤公 | 宋督弒其君與夷 | 宋督弒其君與夷 | 採用 |
| 05 | BC709 | 桓3 | 晉 | 晉韓萬殺晉哀侯 | （無經） | 曲沃武公伐翼……夜獲之 | （無傳） | （無傳） | 採用 |
| 06 | BC707 | 桓5 | 陳 | 陳公子佗殺世子免 | （無經） | 文公子佗殺大子免而代之 | （無傳） | （無傳） | 採用 |
| 07 | BC706 | 桓6 | 陳 | 蔡人殺陳君佗 | 蔡人殺陳佗 | 蔡人殺五父而立之（莊公二十二年） | 蔡人殺陳佗 | 蔡人殺陳佗 | 非屬同國，不採用 |

| 08 | BC705 | 桓7 | 晉 | 晉曲沃武公殺晉小子侯 | （無經） | 曲沃伯誘晉小子侯殺之 | （無傳） | （無傳） | 採用 |
|---|---|---|---|---|---|---|---|---|---|
| 09 | BC695 | 桓17 | 鄭 | 鄭高渠彌殺鄭昭公 | （無經） | 弒昭公而立公子亹 | （無傳） | （無傳） | 採用 |
| 10 | BC694 | 桓18 | 鄭 | 齊襄公殺鄭君子亹 | （無經） | 齊人殺子亹 | （無傳） | （無傳） | 非屬同國，不採用 |
| 11 | BC694 | 桓18 | 魯 | 齊彭生殺魯桓公 | 公薨于齊 | 使公子彭生乘公，公薨于車 | 公薨于齊 | 公薨于齊 | 非屬同國，不採用 |
| 12 | BC685 | 莊8 | 齊 | 齊無知殺齊襄公 | 齊無知弒其君諸兒 | 見公之足于戶下，遂弒之 | 齊無知弒其君諸兒 | 齊無知弒其君諸兒 | 採用 |
| 13 | BC684 | 莊9 | 齊 | 齊雍廩殺齊君無知 | 齊人殺無知 | 雍廩殺無知 | 齊人殺無知 | 齊人殺無知 | 採用 |
| 14 | BC682 | 莊12 | 宋 | 宋南宮長萬殺宋閔公 | 宋萬弒其君捷 | 宋萬弒閔公于蒙澤 | 宋萬弒其君捷 | 宋萬弒其君捷 | 採用 |
| 15 | BC682 | 莊12 | 宋 | 宋蕭叔大心殺宋君子游 | （無經） | 殺子游于宋 | （無傳） | （無傳） | 採用 |
| 16 | BC680 | 莊14 | 鄭 | 鄭傅瑕殺鄭君子儀 | （無經） | 傅瑕殺鄭子 | （無傳） | （無傳） | 採用 |
| 17 | BC679 | 莊15 | 晉 | 晉武公殺晉侯緡 | （無經） | （無傳） | （無傳） | （無傳） | 經傳未載，不採用 |
| 18 | BC664 | 莊32 | 魯 | 魯圉人犖殺魯君子般 | 子般卒 | 共仲使圉人犖賊子般于黨氏 | 子般卒（閔公元年，孰弒子般？慶父也。） | 子般卒 | 採用 |
| 19 | BC660 | 閔2 | 魯 | 魯卜齮殺魯閔公 | 公薨 | 共仲使卜齮賊公于武闈 | 公薨 | 公薨 | 採用 |
| 20 | BC655 | 僖5 | 晉 | 晉獻公殺世子申生 | 晉侯殺其世子申生 | 晉侯使以殺大子申生之故來告 | 晉侯殺其世子申生 | 晉侯殺其世子申生 | 非下弒上，不採用 |
| 21 | BC651 | 僖9 | 晉 | 晉里克殺晉君奚齊 | 晉里克殺其君之子奚齊 | 里克殺奚齊于次 | 晉里克殺其君之子奚齊 | 晉里克殺其君之子奚齊 | 採用 |

| | | | | | | | | |
|---|---|---|---|---|---|---|---|---|
| 22 | BC650 | 僖10 | 晉 | 晉里克殺晉君卓 | （無經） | 里克殺公子卓于朝 | 晉里克弒其君卓子 | 晉里克弒其君卓 | 採用 |
| 23 | BC642 | 僖18 | 齊 | 齊人殺齊君無虧 | （無經） | 齊人殺無虧 | （無傳） | （無傳） | 採用 |
| 24 | BC636 | 僖24 | 晉 | 晉文公殺晉懷公 | （無經） | 秦伯誘而殺之 | （無傳） | （無傳） | 採用 |
| 25 | BC633 | 僖27 | 齊 | 衛開方殺齊孝公之子 | （無經） | （無傳） | （無傳） | （無傳） | 經傳未載，不採用 |
| 26 | BC630 | 僖30 | 衛 | 衛周、冶殺衛君瑕 | 衛殺其大夫咺及公子瑕 | 周冶殺元咺及子適子儀 | 衛殺其大夫咺及公子瑕 | 衛殺其大夫元咺 | 採用 |
| 27 | BC626 | 文1 | 楚 | 楚商臣殺楚成王 | 楚世子商臣弒其君頵 | 王縊 | 楚世子商臣弒其君髡 | 楚世子商臣弒其君髡 | 採用 |
| 28 | BC613 | 文14 | 楚 | 齊商人殺齊君舍 | 齊公子商人弒其君舍 | 齊商人弒其君舍 | 齊公子商人弒其君舍 | 齊公子商人弒其君舍 | 採用 |
| 29 | BC611 | 文16 | 宋 | 宋帥甸殺宋昭公 | 宋人弒其君杵臼 | 夫人王姬使帥甸攻而殺之 | 宋人弒其君處臼 | 宋人弒其君杵臼 | 採用 |
| 30 | BC609 | 文18 | 齊 | 齊邴、閻殺齊懿公 | 齊人弒其君商人 | 乃謀弒懿公，納諸竹中 | 齊人弒其君商人 | 齊人弒其君商人 | 採用 |
| 31 | BC609 | 文18 | 魯 | 魯襄仲殺魯君惡 | （無經） | 仲殺惡及視 | 子卒 | 子卒 | 採用 |
| 32 | BC609 | 文18 | 莒 | 莒公僕殺莒紀公 | 莒弒其君庶其 | 僕因國人以弒紀公 | 莒弒其君庶其 | 莒弒其君庶其 | 採用 |
| 33 | BC607 | 宣2 | 晉 | 晉趙穿殺晉靈公 | 晉趙盾弒其君夷皋 | 趙穿攻靈公於桃園 | 晉趙盾弒其君夷皞 | 晉趙盾弒其君夷皋 | 採用 |
| 34 | BC605 | 宣4 | 鄭 | 鄭歸生殺鄭靈公 | 鄭公子歸生弒其君夷 | 夏，弒靈公 | 鄭公子歸生弒其君夷 | 鄭公子歸生弒其君夷 | 採用 |
| 35 | BC599 | 宣10 | 陳 | 陳夏南殺陳靈公 | 陳夏徵舒弒其君平國 | 公出，自其廄射而殺之 | 陳夏徵舒弒其君平國 | 陳夏徵舒弒其君平國 | 採用 |
| 36 | BC581 | 成10 | 鄭 | 鄭人殺鄭君繻 | （無經） | 鄭人殺繻 | （無傳） | （無傳） | 採用 |
| 37 | BC578 | 成13 | 曹 | 曹成公殺曹宣公世子 | （無經） | 負芻殺其大子而自立 | （無傳） | （無傳） | 採用 |

| | | | | | | | | |
|---|---|---|---|---|---|---|---|---|
| 38 | BC573 | 成 18 | 晉 | 晉程滑殺晉厲公 | 晉弒其君州蒲 | 欒書、中行偃使程滑弒厲公 | 晉弒其君州蒲 | 晉弒其君州蒲 | 採用 |
| 39 | BC566 | 襄 7 | 鄭 | 鄭子駟殺鄭僖公 | 卒於鄵 | 子駟使賊夜弒僖公 | 卒於操 | 卒於操 | 採用 |
| 40 | BC552 | 襄 19 | 齊 | 齊莊公殺世子牙 | （無經） | （無傳） | （無傳） | （無傳） | 經傳未載，不採用 |
| 41 | BC548 | 襄 25 | 齊 | 齊崔杼殺齊莊公 | 齊崔杼弒其君光 | 公踰牆……遂弒之 | 齊崔杼弒其君光 | 齊崔杼弒其君光 | 採用 |
| 42 | BC547 | 襄 26 | 衛 | 衛甯喜殺衛侯剽 | 衛甯喜弒其君剽 | 殺子叔及大子角 | 衛甯喜弒其君剽 | 衛甯喜弒其君剽 | 採用 |
| 43 | BC544 | 襄 29 | 吳 | 越俘閽殺吳王餘祭 | 閽弒吳子餘祭 | 吳子餘祭觀舟，閽以刀弒之 | 閽弒吳子餘祭 | 閽弒吳子餘祭 | 採用 |
| 44 | BC543 | 襄 30 | 蔡 | 蔡靈侯殺蔡景侯 | 蔡世子般弒其君固 | 大子弒景侯 | 蔡世子般弒其君固 | 蔡世子般弒其君固 | 採用 |
| 45 | BC542 | 襄 31 | 莒 | 莒公展輿殺莒犂比公 | 莒人弒其君密州 | 莒人弒其君買朱鉏 | 莒人弒其君密州 | 莒人弒其君密州 | 採用 |
| 46 | BC541 | 昭 1 | 楚 | 楚子圍殺楚王郟敖 | 楚子麇卒 | 公子圍至，入問王疾，縊而弒之 | 楚子卷卒 | 楚子卷卒 | 採用 |
| 47 | BC529 | 昭 13 | 楚 | 楚王比殺楚靈王 | 弒其君虔于乾谿 | 王縊于芊尹申亥氏 | 楚公子比自晉歸於楚，弒其君虔於乾溪 | 弒其君虔於乾溪 | 採用 |
| 48 | BC529 | 昭 13 | 楚 | 楚平王殺楚王比 | 楚公子弃疾殺公子比 | 二子皆自殺 | 楚公子棄疾脅比而立之 | 楚公子棄疾殺公子比 | 採用 |
| 49 | BC523 | 昭 19 | 許 | 許世子止殺許悼公 | 許世子止弒其君買 | 飲大子止之藥卒 | 許世子止弒其君買 | 許世子止弒其君買 | 採用 |
| 50 | BC515 | 昭 27 | 吳 | 吳鱄設諸殺吳王僚 | 吳弒其君僚 | 遂弒王 | 吳弒其君僚 | 吳弒其君僚 | 採用 |
| 51 | BC497 | 定 13 | 薛 | 薛人殺薛君比 | 薛弒其君比 | （無傳） | 薛弒其君比 | 薛弒其君比 | 有經無傳，不採用 |
| 52 | BC491 | 哀 4 | 蔡 | 蔡大夫殺蔡昭侯 | 盜殺蔡侯申 | 錯遂而殺之 | 盜殺蔡侯申 | 盜弒蔡侯申 | 採用 |

| 53 | BC489 | 哀 6 | 齊 | 齊朱毛殺齊君荼 | 齊陳乞弒其君荼 | 殺諸野幕之下 | 齊陳乞弒其君舍 | 齊陳乞弒其君荼 | 採用 |
| 54 | BC485 | 哀 10 | 齊 | 齊人殺齊悼公 | 齊侯陽生卒 | 齊人弒悼公 | 齊侯陽生卒 | 齊侯陽生卒 | 採用 |
| 55 | BC481 | 哀 14 | 齊 | 齊陳恆殺齊簡公 | 齊人弒其君壬于舒州 | 齊陳恆弒其君壬于舒州 | （無傳） | （無傳） | 採用 |
| 56 | BC479 | 哀 16 | 衛 | 衛己氏殺衛莊公 | （無經） | 遂殺之 | （無傳） | （無傳） | 採用 |

| | 君主非自然死亡事件 | 春秋 | 左傳 | 公羊傳 | 穀梁傳 | 採用為弒君事件件數 |
|---|---|---|---|---|---|---|
| 出現「弒」字件數 | X | 24 | 20 | 27 | 25 | X |
| 出現「弒其君」字件數 | X | 23 | 2 | 23 | 23 | X |
| 總計件數 | 56 | 39 | 52 | 39 | 39 | 48 |

# 附錄二　弒君因素統計詳表

| 序號 | 時　間 | 經傳記年 | 國別 | 採用之弒君事件 | 伴侶無狀 | 嗣親奪權 | 臣僕專擅 | 都國無別 |
|---|---|---|---|---|---|---|---|---|
| 01 | BC719 | 隱 4 | 衛 | 衛州吁殺衛桓公 | | ● | ● | |
| 02 | BC712 | 隱 4 | 衛 | 衛右宰醜殺衛君州吁 | | | ● | |
| 03 | BC712 | 隱 11 | 魯 | 魯羽父殺魯隱公 | ● | ● | ● | |
| 04 | BC710 | 桓 2 | 宋 | 宋華督殺宋殤公 | | | ● | |
| 05 | BC709 | 桓 3 | 晉 | 晉韓萬殺晉哀侯 | | ● | ● | ● |
| 06 | BC707 | 桓 5 | 陳 | 陳公子佗殺世子免 | | ● | ● | |
| 07 | BC705 | 桓 7 | 晉 | 晉曲沃武公殺晉小子侯 | | ● | ● | ● |
| 08 | BC695 | 桓 17 | 鄭 | 鄭高渠彌殺鄭昭公 | | | ● | |
| 09 | BC685 | 莊 8 | 齊 | 齊無知殺齊襄公 | ● | ● | ● | |
| 10 | BC684 | 莊 9 | 齊 | 齊雍廩殺齊君無知 | | | ● | |
| 11 | BC682 | 莊 12 | 宋 | 宋南宮長萬殺宋閔公 | | | ● | |
| 12 | BC682 | 莊 12 | 宋 | 宋蕭叔大心殺宋君子游 | | | ● | |
| 13 | BC680 | 莊 14 | 鄭 | 鄭傅瑕殺鄭君子儀 | | ● | ● | |
| 14 | BC664 | 莊 32 | 魯 | 魯圉人犖殺魯君子般 | | ● | ● | |

| 15 | BC660 | 閔 2 | 魯 | 魯卜齮殺魯閔公 | ● | ● | ● | |
| 16 | BC651 | 僖 9 | 晉 | 晉里克殺晉君奚齊 | ● | ● | ● | |
| 17 | BC650 | 僖 10 | 晉 | 晉里克殺晉君卓 | ● | ● | ● | |
| 18 | BC642 | 僖 18 | 齊 | 齊人殺齊君無虧 | ● | | ● | |
| 19 | BC636 | 僖 24 | 晉 | 晉文公殺晉懷公 | | | ● | |
| 20 | BC630 | 僖 30 | 衛 | 衛周、冶殺衛君瑕 | | | ● | |
| 21 | BC626 | 文 1 | 楚 | 楚商臣殺楚成王 | | | ● | |
| 22 | BC613 | 文 14 | 楚 | 齊商人殺齊君舍 | | | ● | |
| 23 | BC611 | 文 16 | 宋 | 宋帥甸殺宋昭公 | ● | | ● | |
| 24 | BC609 | 文 18 | 齊 | 齊邴、閻殺齊懿公 | | | ● | |
| 25 | BC609 | 文 18 | 魯 | 魯襄仲殺魯君惡 | ● | | ● | |
| 26 | BC609 | 文 18 | 莒 | 莒公僕殺莒紀公 | | | ● | |
| 27 | BC607 | 宣 2 | 晉 | 晉趙穿殺晉靈公 | | | ● | |
| 28 | BC605 | 宣 4 | 鄭 | 鄭歸生殺鄭靈公 | | | ● | |
| 29 | BC599 | 宣 10 | 陳 | 陳夏南殺陳靈公 | ● | | ● | |
| 30 | BC581 | 成 10 | 鄭 | 鄭人殺鄭君繻 | | ● | ● | |
| 31 | BC578 | 成 13 | 曹 | 曹成公殺曹宣公世子 | | ● | | |
| 32 | BC573 | 成 18 | 晉 | 晉程滑殺晉厲公 | ● | | ● | |
| 33 | BC566 | 襄 7 | 鄭 | 鄭子駟殺鄭僖公 | | | ● | |
| 34 | BC548 | 襄 25 | 齊 | 齊崔杼殺齊莊公 | ● | ● | ● | |
| 35 | BC547 | 襄 26 | 衛 | 衛甯喜殺衛侯剽 | ● | ● | ● | |
| 36 | BC544 | 襄 29 | 吳 | 越俘閽殺吳王餘祭 | | | ● | |
| 37 | BC543 | 襄 30 | 蔡 | 蔡靈侯殺蔡景侯 | ● | | | |
| 38 | BC542 | 襄 31 | 莒 | 莒公展輿殺莒犁比公 | | ● | ● | |
| 39 | BC541 | 昭 1 | 楚 | 楚子圍殺楚王郟敖 | | ● | ● | |
| 40 | BC529 | 昭 13 | 楚 | 楚王比殺楚靈王 | | ● | ● | |
| 41 | BC529 | 昭 13 | 楚 | 楚平王殺楚王比 | | ● | ● | |
| 42 | BC523 | 昭 19 | 許 | 許世子止殺許悼公 | | | ● | |
| 43 | BC515 | 昭 27 | 吳 | 吳鱄設諸殺吳王僚 | | ● | ● | |
| 44 | BC491 | 哀 4 | 蔡 | 蔡大夫殺蔡昭侯 | | | ● | |
| 45 | BC489 | 哀 6 | 齊 | 齊朱毛殺齊君荼 | ● | ● | ● | |
| 46 | BC485 | 哀 10 | 齊 | 齊人殺齊悼公 | | | ● | |
| 47 | BC481 | 哀 14 | 齊 | 齊陳恆殺齊簡公 | | | ● | |
| 48 | BC479 | 哀 16 | 衛 | 衛己氏殺衛莊公 | ● | ● | ● | |

|  | 伴侶無狀 | 嗣親奪權 | 臣僕專擅 | 都國無別 |
|---|---|---|---|---|
| 春秋前期小計 | 3 | 10 | 15 | 2 |
| 春秋中期小計 | 7 | 13 | 15 | 0 |
| 春秋後期小計 | 5 | 9 | 15 | 0 |
| 總計 | 15 | 32 | 45 | 2 |

# 附錄三　弒君動機統計詳表

| 序號 | 時間 | 經傳記年 | 國別 | 採用之弒君事件 | 君位爭奪 | 臣子爭權 | 君臣私怨 | 君身有過 | 稱其君某 | 稱國稱人 | 君主失職 | 其他動機 |
|---|---|---|---|---|---|---|---|---|---|---|---|---|
| 01 | BC719 | 隱4 | 衛 | 衛州吁殺衛桓公 | ● |  |  | ○ | ○ |  | ● |  |
| 02 | BC712 | 隱4 | 衛 | 衛右宰醜殺衛君州吁 |  |  |  | ○ |  | ○ | ● |  |
| 03 | BC712 | 隱11 | 魯 | 魯羽父殺魯隱公 | ● | ● |  | ○ |  |  | ● |  |
| 04 | BC710 | 桓2 | 宋 | 宋華督殺宋殤公 |  |  |  | ○ | ○ |  | ● |  |
| 05 | BC709 | 桓3 | 晉 | 晉韓萬殺晉哀侯 | ● |  |  |  |  |  |  |  |
| 06 | BC707 | 桓5 | 陳 | 陳公子佗殺世子免 | ● |  |  |  |  |  |  |  |
| 07 | BC705 | 桓7 | 晉 | 晉曲沃武公殺晉小子侯 | ● |  |  |  |  |  |  |  |
| 08 | BC695 | 桓17 | 鄭 | 鄭高渠彌殺鄭昭公 |  |  | ● | ○ |  |  | ● |  |
| 09 | BC685 | 莊8 | 齊 | 齊無知殺齊襄公 | ● |  | ● | ○ | ○ |  | ● |  |
| 10 | BC684 | 莊9 | 齊 | 齊雍廩殺齊君無知 |  |  | ● | ○ |  | ○ | ● |  |
| 11 | BC682 | 莊12 | 宋 | 宋南宮長萬殺宋閔公 |  |  |  | ○ | ○ |  | ○ |  |
| 12 | BC682 | 莊12 | 宋 | 宋蕭叔大心殺宋君子游 |  |  |  |  | ○ |  | ● |  |
| 13 | BC680 | 莊14 | 鄭 | 鄭傅瑕殺鄭君子儀 | ● |  |  |  |  |  |  |  |
| 14 | BC664 | 莊32 | 魯 | 魯圉人犖殺魯君子般 | ● |  | ● | ○ |  |  | ● |  |
| 15 | BC660 | 閔2 | 魯 | 魯卜齮殺魯閔公 | ● |  | ● | ○ |  |  | ● |  |
| 16 | BC651 | 僖9 | 晉 | 晉里克殺晉君奚齊 | ● |  |  |  |  |  |  |  |
| 17 | BC650 | 僖10 | 晉 | 晉里克殺晉君卓 | ● |  |  |  |  |  |  |  |
| 18 | BC642 | 僖18 | 齊 | 齊人殺齊君無虧 | ● |  |  |  |  | ○ | ● |  |
| 19 | BC636 | 僖24 | 晉 | 晉文公殺晉懷公 | ● |  |  | ○ |  |  |  |  |
| 20 | BC630 | 僖30 | 衛 | 衛周、冶殺衛君瑕 | ● |  |  |  |  | ○ | ● |  |
| 21 | BC626 | 文1 | 楚 | 楚商臣殺楚成王 | ● |  |  |  | ○ | ○ | ● |  |

| 序號 | BC | 經傳 | 國 | 事件 | 君位爭奪 | 臣子爭權 | 君臣私怨 | 君身有過 | 稱其君某 | 稱國稱人 | 君主失職 | 其他動機 |
|---|---|---|---|---|---|---|---|---|---|---|---|---|
| 22 | BC613 | 文14 | 楚 | 齊商人殺齊君舍 | ● | | | | ○ | ○ | ● | |
| 23 | BC611 | 文16 | 宋 | 宋帥甸殺宋昭公 | ● | | | | ○ | ○ | ○ | ● |
| 24 | BC609 | 文18 | 齊 | 齊邴、閻殺齊懿公 | | ● | | | ○ | ○ | ○ | ● |
| 25 | BC609 | 文18 | 魯 | 魯襄仲殺魯君惡 | ● | | | | | | | |
| 26 | BC609 | 文18 | 莒 | 莒公僕殺莒紀公 | ● | | | | ○ | ○ | ○ | ● |
| 27 | BC607 | 宣2 | 晉 | 晉趙穿殺晉靈公 | | | | | ○ | ○ | | ● |
| 28 | BC605 | 宣4 | 鄭 | 鄭歸生殺鄭靈公 | | | | ● | ○ | ○ | | ● |
| 29 | BC599 | 宣10 | 陳 | 陳夏南殺陳靈公 | | | | ● | ○ | ○ | | ● |
| 30 | BC581 | 成10 | 鄭 | 鄭人殺鄭君繻 | ● | | | | ○ | | ● | |
| 31 | BC578 | 成13 | 曹 | 曹成公殺曹宣公世子 | ● | | | | | | | |
| 32 | BC573 | 成18 | 晉 | 晉程滑殺晉厲公 | | ● | ● | | ○ | ○ | ○ | ● |
| 33 | BC566 | 襄7 | 鄭 | 鄭子駟殺鄭僖公 | | | ● | | ○ | | ● | |
| 34 | BC548 | 襄25 | 齊 | 齊崔杼殺齊莊公 | | | ● | | ○ | ○ | ● | |
| 35 | BC547 | 襄26 | 衛 | 衛甯喜殺衛侯剽 | ● | | ● | | ○ | ○ | ● | |
| 36 | BC544 | 襄29 | 吳 | 越俘闇殺吳王餘祭 | | | ● | | ○ | | ● | |
| 37 | BC543 | 襄30 | 蔡 | 蔡靈侯殺蔡景侯 | | | | | ○ | ○ | ● | |
| 38 | BC542 | 襄31 | 莒 | 莒公展輿殺莒犁比公 | | | | | ○ | ○ | ○ | ● |
| 39 | BC541 | 昭1 | 楚 | 楚子圍殺楚王郟敖 | ● | | | | ○ | | ● | |
| 40 | BC529 | 昭13 | 楚 | 楚王比殺楚靈王 | ● | | | | ○ | ○ | ● | |
| 41 | BC529 | 昭13 | 楚 | 楚平王殺楚王比 | ● | | | | ○ | | ● | |
| 42 | BC523 | 昭19 | 許 | 許世子止殺許悼公 | | | | | | ○ | ● | ● |
| 43 | BC515 | 昭27 | 吳 | 吳鱄設諸殺吳王僚 | ● | | | | | ○ | ● | |
| 44 | BC491 | 哀4 | 蔡 | 蔡大夫殺蔡昭侯 | | | | ● | ○ | | ● | |
| 45 | BC489 | 哀6 | 齊 | 齊朱毛殺齊君荼 | ● | | | | | ○ | ● | |
| 46 | BC485 | 哀10 | 齊 | 齊人殺齊悼公 | | | | | ○ | ○ | ● | |
| 47 | BC481 | 哀14 | 齊 | 齊陳恆殺齊簡公 | | ● | | | ○ | ○ | ● | |
| 48 | BC479 | 哀16 | 衛 | 衛己氏殺衛莊公 | | | | ● | ○ | | ● | |

| | 君位爭奪 | 臣子爭權 | 君臣私怨 | 君身有過 | 稱其君某 | 稱國稱人 | 君主失職 | 其他動機 |
|---|---|---|---|---|---|---|---|---|
| 春秋前期小計 | 9 | 1 | 6 | 11 | 4 | 2 | 11 | 0 |
| 春秋中期小計 | 12 | 1 | 4 | 11 | 9 | 7 | 13 | 0 |
| 春秋後期小計 | 6 | 1 | 6 | 13 | 10 | 4 | 16 | 1 |
| 春秋時期總計 | 27 | 3 | 16 | 35 | 23 | 13 | 40 | 1 |

# 附錄四　弒君事件分析參照表

| 序號 | 時間 | 經傳記年 | 國別 | 採用之弒君事件 | 弒君因素 | 弒君動機 | 本文頁碼 |
|---|---|---|---|---|---|---|---|
| 01 | BC719 | 隱 4 | 衛 | 衛州吁殺衛桓公 | 嗣親奪權、臣僕專擅 | 君位爭奪、君主失職 | 31 |
| 02 | BC712 | 隱 4 | 衛 | 衛右宰醜殺衛君州吁 | 臣僕專擅 | 君主失職 | 34 |
| 03 | BC712 | 隱 11 | 魯 | 魯羽父殺魯隱公 | 伴侶無狀、嗣親奪權、臣僕專擅 | 君位爭奪、臣子爭權、君主失職 | 36 |
| 04 | BC710 | 桓 2 | 宋 | 宋華督殺宋殤公 | 臣僕專擅 | 君主失職 | 44 |
| 05 | BC709 | 桓 3 | 晉 | 晉韓萬殺晉哀侯 | 嗣親奪權、臣僕專擅、國都無別 | 君位爭奪 | 52 |
| 06 | BC707 | 桓 5 | 陳 | 陳公子佗殺世子免 | 嗣親奪權、臣僕專擅 | 君位爭奪 | 59 |
| 07 | BC705 | 桓 7 | 晉 | 晉曲沃武公殺晉小子侯 | 嗣親奪權、臣僕專擅、都國無別 | 君位爭奪 | 61 |
| 08 | BC695 | 桓 17 | 鄭 | 鄭高渠彌殺鄭昭公 | 嗣親奪權、臣僕專擅 | 君臣私怨、君主失職 | 63 |
| 09 | BC685 | 莊 8 | 齊 | 齊無知殺齊襄公 | 伴侶無狀、嗣親奪權、臣僕專擅 | 君位爭奪、君臣私怨、君主失職 | 71 |
| 10 | BC684 | 莊 9 | 齊 | 齊雍廩殺齊君無知 | 臣僕專擅 | 君臣私怨、君主失職 | 78 |
| 11 | BC682 | 莊 12 | 宋 | 宋南宮長萬殺宋閔公 | 臣僕專擅 | 君臣私怨、君主失職 | 81 |
| 12 | BC682 | 莊 12 | 宋 | 宋蕭叔大心殺宋君子游 | 臣僕專擅 | 君主失職 | 87 |
| 13 | BC680 | 莊 14 | 鄭 | 鄭傅瑕殺鄭君子儀 | 嗣親奪權、臣僕專擅 | 君位爭奪 | 89 |
| 14 | BC664 | 莊 32 | 魯 | 魯圉人犖殺魯君子般 | 嗣親奪權、臣僕專擅 | 君位爭奪、君臣私怨、君主失職 | 92 |
| 15 | BC660 | 閔 2 | 魯 | 魯卜齮殺魯閔公 | 伴侶無狀、嗣親奪權、臣僕專擅 | 君位爭奪、君臣私怨、君主失職 | 98 |

| 16 | BC651 | 僖9 | 晉 | 晉里克殺晉君奚齊 | 伴侶無狀、嗣親奪權、臣僕專擅 | 君位爭奪 | 103 |
|----|-------|------|----|----------------|------------------------------|----------|-----|
| 17 | BC650 | 僖10 | 晉 | 晉里克殺晉君卓 | 伴侶無狀、嗣親奪權、臣僕專擅 | 君位爭奪 | 107 |
| 18 | BC642 | 僖18 | 齊 | 齊人殺齊君無虧 | 伴侶無狀、嗣親奪權、臣僕專擅 | 君位爭奪、君主失職 | 109 |
| 19 | BC636 | 僖24 | 晉 | 晉文公殺晉懷公 | 嗣親奪權 | 君位爭奪、君主失職 | 114 |
| 20 | BC630 | 僖30 | 衛 | 衛周、冶殺衛君瑕 | 嗣親奪權、臣僕專擅 | 君位爭奪、君主失職 | 116 |
| 21 | BC626 | 文1 | 楚 | 楚商臣殺楚成王 | 嗣親奪權、臣僕專擅 | 君位爭奪、君主失職 | 118 |
| 22 | BC613 | 文14 | 楚 | 齊商人殺齊君舍 | 嗣親奪權、臣僕專擅 | 君位爭奪、君主失職 | 121 |
| 23 | BC611 | 文16 | 宋 | 宋帥甸殺宋昭公 | 伴侶無狀、嗣親奪權、臣僕專擅 | 君位爭奪、君主失職 | 123 |
| 24 | BC609 | 文18 | 齊 | 齊邴、閻殺齊懿公 | 臣僕專擅 | 君臣私怨、君主失職 | 128 |
| 25 | BC609 | 文18 | 魯 | 魯襄仲殺魯君惡 | 伴侶無狀、嗣親奪權、臣僕專擅 | 君位爭奪 | 132 |
| 26 | BC609 | 文18 | 莒 | 莒公僕殺莒紀公 | 嗣親奪權、臣僕專擅 | 君位爭奪、君主失職 | 135 |
| 27 | BC607 | 宣2 | 晉 | 晉趙穿殺晉靈公 | 嗣親奪權、臣僕專擅 | 君主失職 | 137 |
| 28 | BC605 | 宣4 | 鄭 | 鄭歸生殺鄭靈公 | 臣僕專擅 | 君臣私怨、君主失職 | 142 |
| 29 | BC599 | 宣10 | 陳 | 陳夏南殺陳靈公 | 伴侶無狀、臣僕專擅 | 君臣私怨、君主失職 | 146 |
| 30 | BC581 | 成10 | 鄭 | 鄭人殺鄭君繻 | 嗣親奪權、臣僕專擅 | 君位爭奪、君主失職 | 150 |
| 31 | BC578 | 成13 | 曹 | 曹成公殺曹宣公世子 | 嗣親奪權 | 君位爭奪 | 153 |
| 32 | BC573 | 成18 | 晉 | 晉程滑殺晉厲公 | 伴侶無狀、臣僕專擅 | 臣子爭權、君臣私怨、君主失職 | 154 |

| 33 | BC566 | 襄 7 | 鄭 | 鄭子駟殺鄭僖公 | 臣僕專擅 | 君臣私怨、君主失職 | 159 |
|---|---|---|---|---|---|---|---|
| 34 | BC548 | 襄 25 | 齊 | 齊崔杼殺齊莊公 | 伴侶無狀、嗣親奪權、臣僕專擅 | 君臣私怨、君主失職 | 162 |
| 35 | BC547 | 襄 26 | 衛 | 衛甯喜殺衛侯剽 | 伴侶無狀、嗣親奪權、臣僕專擅 | 君位爭奪、君臣私怨、君主失職 | 168 |
| 36 | BC544 | 襄 29 | 吳 | 越俘閽殺吳王餘祭 | 臣僕專擅 | 君臣私怨、君主失職 | 174 |
| 37 | BC543 | 襄 30 | 蔡 | 蔡靈侯殺蔡景侯 | 伴侶無狀 | 君主失職 | 176 |
| 38 | BC542 | 襄 31 | 莒 | 莒公展輿殺莒犁比公 | 嗣親奪權、臣僕專擅 | 君主失職 | 178 |
| 39 | BC541 | 昭 1 | 楚 | 楚子圍殺楚王郟敖 | 嗣親奪權、臣僕專擅 | 君位爭奪、君主失職 | 179 |
| 40 | BC529 | 昭 13 | 楚 | 楚王比殺楚靈王 | 嗣親奪權、臣僕專擅 | 君位爭奪、君主失職 | 182 |
| 41 | BC529 | 昭 13 | 楚 | 楚平王殺楚王比 | 嗣親奪權、臣僕專擅 | 君位爭奪、君主失職 | 185 |
| 42 | BC523 | 昭 19 | 許 | 許世子止殺許悼公 | 臣僕專擅 | 君主失職、其他動機 | 188 |
| 43 | BC515 | 昭 27 | 吳 | 吳鱄設諸殺吳王僚 | 嗣親奪權、臣僕專擅 | 君位爭奪、君主失職 | 190 |
| 44 | BC491 | 哀 4 | 蔡 | 蔡大夫殺蔡昭侯 | 臣僕專擅 | 君臣私怨、君主失職 | 192 |
| 45 | BC489 | 哀 6 | 齊 | 齊朱毛殺齊君荼 | 伴侶無狀、嗣親奪權、臣僕專擅 | 君位爭奪、君主失職 | 194 |
| 46 | BC485 | 哀 10 | 齊 | 齊人殺齊悼公 | 臣僕專擅 | 君主失職 | 199 |
| 47 | BC481 | 哀 14 | 齊 | 齊陳恆殺齊簡公 | 臣僕專擅 | 臣子爭權、君主失職 | 202 |
| 48 | BC479 | 哀 16 | 衛 | 衛己氏殺衛莊公 | 伴侶無狀、嗣親奪權、臣僕專擅 | 君臣私怨、君主失職 | 205 |